中国大运河年鉴

2022

CHINA GRAND CANAL ALMANAC

2022

主　编 / 丁延峰

副主编 / 周广骞　胡梦飞

社会科学文献出版社

SOCIAL SCIENCES ACADEMIC PRESS (CHINA)

中国大运河年鉴编委会

编纂机构简介

聊城大学运河学研究院成立于 2012 年 6 月，其前身是聊城大学运河文化研究中心，是国内首家以运河学为研究对象的院级科研实体机构，拥有山东省社会科学理论研究基地"运河文化研究基地"、山东省文化艺术科学重点学科"运河文化学"等，研究领域涵盖历史学、文学、地理学、社会学、人类学、民俗学、图书馆与情报学等多个学科门类。研究院立足于基础学术研究，同时注重服务社会、面向现实，先后承担国家社会科学及自然科学基金项目 25 项、省部级项目 50 余项，出版运河学相关著作 30 余部，发表学术论文 400 余篇，获国家、省部级以上科研奖项 30 余项，编辑出版《运河学研究》《中国大运河发展报告》《中国大运河年鉴》，建有"大运河文化数据平台"，目前已经发展成为全国运河学研究重镇。

主要编纂者简介

丁延峰（主编）　文学博士，聊城大学运河学研究院执行院长、教授；曲阜师范大学文学院特聘教授，博士生导师。国家图书馆博士后，山东省"有突出贡献的中青年专家"，中国历史文献研究会理事、《史记》研究会理事、世界运河历史文化城市合作组织（WCCO）会员等。研究方向为中国古典文献学、运河文化研究。国家社会科学基金重大招标项目"存世宋刻本叙录"（20&ZD334）首席专家，主持完成国家社会科学基金项目"海源阁藏书研究""汲古阁藏书、刻书、抄书研究"2项，主持博士后特别资助项目、全国高校古委会、国家古籍整理专项资助、山东社会科学智库沙龙重大调研咨询项目等省部级项目10余项。于《文学遗产》《文献》等期刊上发表论文80余篇。出版专著《古籍文献丛考》《海源阁善本叙录》等8部。获山东省社科优秀成果一等奖、二等奖共6次，其中"海源阁藏书研究"项目成果入选《国家哲学社会科学成果文库》，获山东省社会科学重大成果奖。咨询报告"山东省大运河国家文化公园建设路径与对策研究"获山东省委主要领导肯定性批示。

周广骞（副主编）　文学博士，聊城大学运河学研究院讲师。研究方向为运河水利、运河文化及运河文献整理。主持全国高校古委会项目2项、山东省社会科学规划项目1项，参与国家社会科学基金项目1项、全国高校古委会项目1项，获聊城大学优秀社会科学成果奖1项。先后在《文献》《中国地方志》《古籍研究》《山东图书馆学刊》等刊物上发表论文20余篇，出版《山东方志运河文献研究》《海源阁杨氏诗文校注》等专著5部，参与编写《中国运河志·文献》《京杭大运河山东段志》等著作多部。

胡梦飞（副主编） 历史学博士，聊城大学运河学研究院副教授、硕士生导师，研究方向为明清史、运河文化史、文化遗产保护。主持完成山东省社会科学规划项目 2 项、山东省艺术科学重点课题 2 项，中国博士后科学基金面上资助项目、聊城市城校融合文旅项目、聊城大学校级科研基金、聊城大学博士科研启动基金、聊城市文旅局委托项目、江苏省研究生科研创新计划项目各 1 项，出版《明清时期山东运河区域民间信仰研究》《山东运河文化遗产保护、传承与利用研究》《山东运河区域非物质文化遗产调查与研究》《中国运河文化遗产概论》等著作 8 部，参编著作多部，在《历史教学问题》《江苏社会科学》《中国道教》《档案与建设》等刊物发表论文 100 余篇，多次获聊城大学及聊城市社会科学优秀成果奖。

首发词

大运河是中国历史上的伟大工程，是书写在中华大地上的壮丽史诗，具有重要的政治、经济和文化功能，其影响遍及中国社会的各个方面。大运河是古老的，有着两千多年的悠久历史，纵贯南北，连通古今，见证着民族融合、祖国统一的伟大历程；大运河又是年轻的，是独具特色的活态文化遗产，山东、江苏、浙江等省境内的运河仍承载着内河航运的重要功能，传承千年、历久弥新的运河文化更是闪耀着夺目的光彩。习近平总书记明确指出，"要古为今用，深入挖掘以大运河为核心的历史文化资源"，同时就大运河文化带建设做出重要指示：大运河是祖先留给我们的宝贵遗产，是流动的文化，要统筹保护好、传承好、利用好。这些都为我们进一步挖掘运河文化、传承运河精神指明了努力的方向。

聊城大学运河学研究院是国内成立最早的运河学实体研究机构。自成立以来，运河学研究院在各级党委、政府特别是聊城大学党委的悉心呵护与大力支持下，充分发挥"江北水城·运河聊城"的独特地域优势，专注运河学研究，取得了一系列在学术界有较大影响的研究成果。同时，研究院充分发挥专业优势，积极打造国内外运河学研究、交流与普及的专业平台，可以概括为"一书一刊一平台"。"一书"为《中国大运河蓝皮书：中国大运河发展报告》，是国内首部以大运河保护传承利用为主题的蓝皮书；"一刊"为《运河学研究》（半年刊），是国内唯一以运河为研究对象的专业学术刊物；"一平台"为"大运河文化数据平台"，是全国首个运河文化资讯、学术成果与文献资料的信息共享平台。研究院紧密对接国家战略需求，充分发挥智库作用，积极服务大运河文化带与大运河国家文化公园建设工作。编制完成《大运河国家文化公园（山东段）建设保护规划》（送审稿），"山东省大运河国家文化公园建设路径及对策研究"成功获批山东社会科学智库沙龙重大调研咨询项目，结项研究报告获时任山东省委主要领导肯定性批示。"大运河文化数据平台"获批山东省委宣传部"中华优秀传统文化传承发展工程"重点项目，得到了上级领导和社会各界的肯定与认可。

近年来，各级各部门及广大人民群众对运河的关注度越来越高，特别是国家就大运河文化保护传承利用、大运河文化带建设、大运河国家文化公园建设、大运河补水通水采取了一系列重大举措，沿运各地围绕运河河道疏浚整治、运河文化挖掘传承等做了大量工作。大运河发生了日新月异的变化，更加富有时代感、更加充满活力。这客观上需要以年鉴形式对年度运河水利、航运、文化、环保、学术交流等各类活动进行记录和梳理，以期较为全面地展现一年来中国大运河的变化。为此，我院在前期"一书一刊一平台"基础上，紧扣主线、服务社会，集中研究力量编辑《中国大运河年鉴》，力求向社会各界提供一部内容多样、信息丰富、时间集中的资料性、便览性工具书，为运河学研究及运河文化普及做出贡献。

在年鉴编纂过程中，突出"权威性""全面性""时效性"。"权威性"就是注重搜集第一手资料，确保真实可信。"全面性"就是覆盖运河的各个领域，包括各类政策法规、水利工程、航道运输、文化旅游、生态环保、学术研究等信息。"时效性"就是所收均为上一年度的新闻资讯，及时反映最新的动态、举措。

万事开头难。我院虽然积累了较为丰富的文献编辑经验，但是编辑年鉴仍然是初次尝试。我们认真借鉴各类年鉴的编辑经验，充分利用书刊、报纸及网络丰富的运河信息，努力探索编辑大运河年鉴的路子。经过不懈努力，完成了这部二十余万字的大运河专题年鉴。这是一个起点，虽然尚不完善，但毕竟走出了第一步。我们相信，在社会各界的关心与呵护下，我们一定能不断积累经验、总结教训、弥补不足、提升水平，使《中国大运河年鉴》

更加专业、更加完善、更加准确，为大运河文化保护与传承，为进一步增强文化自信、推动中华民族伟大复兴，做出新的更大的贡献！

编者

2022 年 7 月 3 日

前　言

纵观中国历史，向来都有"盛世修典"的优良传统。近些年来，年鉴编纂呈现蓬勃发展的良好势头，这与中国经济社会高质量发展的大好形势密不可分。年鉴是资料性的工具书，是独特的文献类型。从纵向来看，年鉴大多以年为时间单位，记述内容短则一年，长则数年。从横向来看，年鉴的空间范围有着巨大的差别。各类国际年鉴反映了国家、区域间的交往，国内区域年鉴反映了地域内各类经济社会活动，记载的是一个国家、一个部门、一个地域上一年经济社会发展的基本面貌和发展情况。除了按照空间范围来划分，还有不少专题类年鉴集中反映一段时间内某一领域的总体情况，具有鲜明的特色。进入21世纪，中国的各类专业年鉴大量涌现，这既是社会发展的需要，也是中国年鉴事业繁荣发展的重要标志。

近年来，聊城大学运河学研究院充分发挥运河学研究的专业优势，积累了较为扎实的运河研究基础。运河学研究院在做好学术研究的同时，高度重视服务社会各项工作。为全面细致反映中国大运河年度总体情况，我们编纂了《中国大运河年鉴》。在结构安排上，这部年鉴按照类目、分目、条目的体例编写，采用了专业年鉴的常用框架，便于全面展现各类运河资料。在内容设置上，我们充分考虑到中国大运河的独特风貌和内在机理，主要分为7个部分，分别为政策法规、水利工程、航道运输、文化旅游、生态环保、学术研究和大事记。

政策法规类目主要收录国家及各地与运河有关的政策法规，包括国家和各地方2021年发布的各类与运河有关的工作要点、实施方案、建设保护规划等。国家层面主要出台了《大运河文化保护传承利用2021年工作要点》

《大运河国家文化公园建设保护规划》，体现了国家对大运河文化的高度重视，为沿运各省（市）开展运河文化保护工作提供了重要依据。各地按照中央要求，结合本地实际，出台了一系列与大运河文化保护传承利用有关的规划、计划和实施方案，涉及大运河文化遗产保护、大运河文化旅游开发等多个方面。此外，各地高度重视大运河航运和生态功能，出台了内河水运高质量发展、大运河河道水系治理、大运河生态环境保护方面的规划和意见，对实现大运河的可持续发展发挥了重要作用。

水利工程类目主要包括大运河河道整治及运河水利设施的修建与维护。山东、江苏、浙江省内的运河仍具有很高的通航价值。繁忙的运输与巨大的运量给运河设施的修建与维护提出了更高的要求。江苏、浙江等省相关部门多次召开航道整治会议，现场调研运河建设工程，实施了大量航道整治、船闸养护、航标完善工程，建设了一批堤顶道路、跨河桥梁等运河配套设施，多次举办航道整治与升级工程验收会，较为集中地体现了运河河道维护与使用的体制机制、具体举措及取得的成效。港口是重要的运河设施，山东济宁等地加大港口建设力度，对运河运力提升与设施完善发挥了重要的作用，有效增强了运河的辐射带动作用。北京、河北等地运河通水，涉及河闸建造及水利调配，有效改变了北方运河的水文条件，具有标志性的意义。

航道运输类目主要包括运河河道维护与物资运输举措等。江苏、浙江沿运地市相关部门多次组织现场考察与调研，积极召开航运综合整治专题会议，显示各级政府对运河航运的高度重视。航运数据是运河社会效益的重要指标，也是经济社会发展的晴雨表。济宁、淮安、宿迁、杭州、湖州等地运河运量显著提升，显示了沿运地域的经济活力，凸显了运河经济动脉的独特价值。各级各有关部门高度重视日常运河航运的管理工作，在防范船舶碰撞、应对低水位、处置船舶漏水、应对恶劣天气、抗击新冠肺炎疫情、加大安全检查力度、清除水下障碍等方面做了大量工作，有力保障了运河航运的高效有序。

文化旅游类目主要包括运河文化遗产保护利用及运河文旅事业发展。运河文化功能不断提升，实现了运河与旅游的有机融合。沿运省（市）就运河文化保护与运河旅游制定了符合当地实际的发展规划、实施方案和行动计划，举办了一系列运河非遗研究、运河文化带建设、运河旅游推介、运河文旅融合、运河城市论坛等专题会议，呈现出形式多样、异彩纷呈、内涵丰富的特点，凸显运河文化融入百姓生活、融入经济发展与社会进步的清晰轨迹。为推动运河文化带建设、运河文化遗产传承保护，各地开展了一系列调研活动，实地了解运河现状与特色，为各项规划与措施落地生根发挥了重要推动作用。各地高度重视运河文化项目建设，带动运河文化带建设与运河旅游协同发展。扬州中国大运河博物馆、扬州运河大剧院、杭州大运河公园等一系列有影响、大体量、高层次的运河标志性工程先后完工开放，一大批各具特色的运河主题赛事、展览、文化节、博览会、发布会、体验营等，显示了人民群众参与运河文化的热情，展现了运河文化的无穷魅力。大运河国家文化公园建设是推动运河文化保护传承利用的重要抓手，天津、山东、江苏、浙江等地大力推动大运河国家文化公园建设，取得了实实在在的巨大进展。

生态环保类目主要包括运河河道及周边生态修复与环境保护。各地高度重视运河生态环境建设，在运河水污染防治、运河生态资源保护、运河生态修复等方面，召开了系列会议，开展了大量调研，并进行了有效的运河环境督察与整治。特别是在运河环境生态脆弱区，开展了专题环境治理，有力打击了运河流域环境违法行为，减少了运河面源污染，修复了运河生态，为绿色中国、生态中国建设发挥了重要作用。

学术研究类目主要包括与运河相关的学术研究成果及学术活动。运河研究机构不断成立，越来越多的专家学者和运河文化爱好者积极参与运河研究，从运河沿线经济发展、运河文化节点城市建设、运河文化遗产保护、运河专志与蓝皮书编写、运河历史地理探讨、世界状况展示等角度，开展了大量深入细致的研究，出版了大量专著，发表了大量论文，显示了运河历史文化的丰富性、多样性，还显示了学术界对运河的关注与重视。这对深入了解认识运河、保护传承运河历史文化、服务经济社会发展具有重要的意义和价值。

大事记类目主要包括 2021 年与运河有关的举措及活动梗概。采用简洁短小的形式，以时间为序，按年度集中展示与运河有关的活动与事件，便于读者了解运河相关动态，并为进一步了解相关信息提供了有价值的线索。

《中国大运河年鉴》是一部年度运河纪事与文献资料的汇编，我们在编写过程中，着力突出资料特色、公益特色与服务特色。在资料的采集与使用方面，深入运河沿线开展实地考察，多方搜集运河资料；充分利用现有新闻、报道，精心编排现有资讯。这些材料散见于各处，虽然当前网络发达，获取信息大为便捷，但是进行系统搜集与整理仍有较大困难。本年鉴将大量分散的运河资料集中起来，为社会各界了解年度运河概况与发展脉络提供了较大的便利。在公益定位方面，避免加入主观化因素和个人研究成果，始终定位于客观展现运河现状，突出公益性，为全社会提供一部有价值的运河年鉴。在服务特色方面，始终突出服务社会、服务读者、服务运河发展的初衷与定位，搜集、整理、编辑运河类年度资料，以更好地服务社会。我们衷心希望，通过《中国大运河年鉴》这个平台，使各类丰富的运河动态得到二次传播，进一步扩大社会影响力，为更好地记述伟大的中国大运河，发挥更大的作用。

编辑年鉴，对我们来说是一次崭新的尝试，编委会缺少相关经验，编纂时间也很仓促。本年鉴采集和编排的各类资料，必然还存在不完整、不齐备、不准确的情况，可能有不少重要的年度运河信息未能收录。真诚希望相关部门及广大读者多多提出宝贵意见，以便我们在今后的工作中加以改进。

编者

2022 年 7 月 3 日

编辑说明

一、《中国大运河年鉴》由聊城大学主办，聊城大学运河学研究院主持编辑。

二、本年鉴为系统反映中国大运河政策法规、水利、航运、文化、环保及学术研究的资料汇编性工具书。本册为第 1 卷，主要记述 2021 年的内容。

三、本年鉴由类目、分目和条目组成。类目和分目按照记述内容类别划分，条目主要按地域划分，部分按类别等标准划分。条目为主要表现形式，系于类目和分目之下，主要按时间顺序排列。

四、本年鉴充分利用丰富的互联网资源，较多采用了沿运各省（市）水利、交通、文化部门网站及以运河动态、运河文化为主题的各类微信公众号发布的信息。特此说明，并深致谢忱。

五、本卷年鉴包括七个类目。

1. 政策法规：主要包括国家及各地与运河有关的政策法规。

2. 水利工程：主要包括大运河河道整治及运河水利设施的修建与维护。

3. 航道运输：主要包括运河河道维护与物资运输举措。

4. 文化旅游：主要包括运河文化遗产保护利用及运河文旅事业发展。

5. 生态环保：主要包括运河河道及周边生态修复与环境保护。

6. 学术研究：主要包括与运河相关的学术研究成果及学术活动。

7. 大事记：主要包括全年与运河有关的各类举措及活动条目梗概。

六、编纂分工。

政策法规类目由张晓冬负责，水利工程、航道运输、大事记类目由周广骞负责，文化旅游、生态环保类目由胡梦飞负责，学术研究类目由崔建利负责，丁延峰、周广骞负责统稿、审核。

目　录

一　政策法规

（一）国家

国家发展改革委印发《大运河文化保护传承利用 2021 年工作要点》

2021 年 3 月 1 日，国家发展改革委会同有关部门和沿线省（市）共同编制印发了《大运河文化保护传承利用 2021 年工作要点》（本部分简称《工作要点》）。

《工作要点》从加快规划编制实施、完善多元投入机制、加强文化遗产保护、改善生态环境质量、运河航运转型提升、推动文旅融合发展、挖掘文化价值内涵、开展宣传教育推广、推进重点建设区建设、发挥协调机制作用 10 个方面，部署了 35 项 2021 年大运河文化保护传承利用重点工作，明确了每项工作的牵头部门和完成时限。

国家发展改革委积极会同有关部门和沿线省（市），认真贯彻落实习近平总书记关于把大运河文化遗产保护同生态环境保护提升、沿线名城名镇保护修复、文化旅游融合发展、运河航运转型提升统一起来的重要指示精神[1]，推进落实《工作要点》中明确的重点任务，加强大运河标志性项目谋划实施，进一步扩大"千年运河"的品牌影响力和知名度。

---

[1]　《习近平在江苏考察时强调贯彻新发展理念构建新发展格局推动经济社会高质量发展可持续发展》，《人民日报》2020 年 11 月 15 日，第 1 版。

《大运河文化保护传承利用"十四五"实施方案》要点

国家发展改革委会同相关部门编制了《大运河文化保护传承利用"十四五"实施方案》（本部分简称《实施方案》），经大运河文化保护传承利用工作省部际联席会议审议通过，于 2021 年 7 月正式印发。

《实施方案》提出，到 2023 年，大运河相关世界文化和自然遗产保护水平迈上新台阶，有条件的河段实现旅游通航，绿色生态廊道初具规模，大运河旅游精品线路和品牌初步创立，大运河国家文化公园建设保护任务基本完成。到 2025 年，大运河沿线各类文化自然遗产保护实现全覆盖，分级分类展示体系基本形成，力争京杭大运河主要河段基本实现正常来水年份有水，绿色生态廊道基本建成，大运河文化和旅游实现深度融合，"千年运河"统一品牌基本形成，大运河国家文化公园成为向世界传播中华文化的重要标志。

《实施方案》明确了 4 个方面 47 项具体任务：一是在强化文化遗产保护传承方面，明确了加强文化遗产系统保护、保护沿线名城名镇名村、增强文化遗产传承活力、挖掘文化遗产时代价值 4 个领域 14 项任务。二是在开展生态环境保护修复方面，明确了推动绿色生态廊道建设、优化生态空间用途管控、强化生态系统保护能力、推进水环境污染防治 4 个领域 13 项任务。三是在推进运河航运转型提升方面，明确了改善河道水系资源条件、增强防洪排涝保障能力、促进岸线保护和服务提升 3 个领域 11 项任务。四是在促进文化旅游融合发展方面，明确了打造精品线路和统一品牌、推动文化旅游与相关产业融合、完善文化旅游与公共服务设施 3 个领域 9 项任务。

同时，作为"十四五"时期大运河文化保护传承利用和国家文化公园建设的重要抓手，《实施方案》进一步明确了重点推进项目及任务清单，围绕遗址遗迹考古发掘展示、特色公园建设、古镇保护、非遗活化传承、旅游线路建设、文化研究与文艺精品创作、品牌文体活动打造、重要河段通水通航 8 个领域，谋划了 137 个重点项目及任务，并明确了责任部门。

《大运河国家文化公园建设保护规划》要点

2021 年 8 月，国家文化公园建设工作领导小组印发《大运河国家文化公园建设保护规划》（本部分简称《规划》）。

1. 《规划》背景

建设大运河国家文化公园是党中央、国务院做出的重要决策部署，是国家推进实施的重大文化工程，是传承中华文明的历史文化标识、凝聚中国力量的共同精神家园、提升人民生活品质的文化体验空间。

（1）全面贯彻落实党中央、国务院重大决策部署。习近平总书记指出，大运河是祖先留给我们的宝贵遗产，是流动的文化，要统筹保护好、传承好、利用好[①]，并要求把大运河文化遗产保护同生态环境保护提升、沿线名城名镇保护修复、文化旅游融合发展、运河航运转型提升统一起来[②]，为高位推进大运河文化保护传承利用指明了方向。党的十九届五中全会明确提出，传承弘扬中华优秀传统文化，强化重要文化和自然遗产、非物质文化遗产系统性保护，建设大运河国家文化公园。中共中央办公厅、国务院办公厅（以下简称"中办、国办"）印发《关于实施中华优秀传统文化传承发展工程的意见》，为传承发展大运河文化等中华优秀传统文化明确了指导思想、方针原则、目标任务。中办、国办印发《大运河文化保护传承利用规划纲要》（本部分简称《规划纲要》），为推动大运河文化创造性转化和创新性发展，建设大运河文化带、生态带、旅游带明确了总体思路和步骤路径。中办、国办印发的《长城、大运河、长征国家文化公园建设方案》，为进一步建设大运河国家文化公园、打造大运河成为中华文化重要标志提出了具体要求。《国民经济和社会发展第十四个五年规划和 2035 年远景目标纲要》，明确建设大运河国家文化公园是"十四五"时期重点任务。

（2）加强大运河国家文化公园系统性全方位建设保护。大运河作为流

---

① 《千年运河焕发崭新活力》（现场评论），《人民日报》2020 年 12 月 14 日，第 5 版。

② 《习近平在江苏考察时强调贯彻新发展理念构建新发展格局推动经济社会高质量发展可持续发展》，《人民日报》2020 年 11 月 15 日，第 1 版。

动的文化遗产，地理空间跨度大，延续使用时间长，文化遗产资源多，经济社会发展基础好，是具有 2500 多年历史的活态遗产，是中华民族繁荣兴盛的历史见证，也是中华民族文化基因和中国特色社会主义文化的优质载体。然而，长期以来，大运河系统性、全方位的遗产保护和文化展示不足，保护、挖掘和阐释大运河所承载的丰厚优秀传统文化不够，大运河在世界上的影响力和吸引力有限，围绕大运河实体的空间管控、环境保护、产业发展、城乡建设、体制机制等工作有待完善，以文化为引领推动区域高质量发展任务仍然艰巨。推进大运河国家文化公园建设，深入阐释和生动展现大运河在推动中国历史和中华文明发展演进中的重要作用，意义重大，影响深远。

2.《规划》总体思路

大运河全长近 3200 公里，具有 2500 多年历史，涉及北京、天津、河北、江苏、浙江、安徽、山东、河南 8 个省（市），为加强系统性、全方位的遗产保护和文化展示，推动大运河文化创造性转化和创新性发展，必须加强统筹谋划和顶层设计，将大运河国家文化公园打造成为中华文化重要标志。

（1）准确把握指导思想。《规划》以习近平新时代中国特色社会主义思想为指导，深入贯彻落实党的十九大和十九届二中、三中、四中、五中全会精神，以大运河文化的科学保护、世代传承、合理利用为宗旨，以大运河沿线一系列主题明确、内涵清晰、影响突出的文物和文化资源为基础，深入挖掘大运河承载的深厚文化价值和精神内涵，生动呈现大运河文化的独特创造、价值理念和鲜明特色，全面打造管控保护、主题展示、文旅融合、传统利用四大功能分区，扎实推进保护传承、研究发掘、环境配套、文旅融合、数字再现五项重点基础工程，做大做强大运河这一中华文化重要标志，延续壮美运河的千年神韵，将大运河保护好、传承好、利用好，使之成为新时代宣传中国形象、展示中华文明、彰显文化自信的亮丽名片。

（2）全面阐释五项工作原则。按照上述思路，《规划》进一步明确了建设大运河国家文化公园的五项基本原则。一是文化引领、彰显特色。深入挖掘大运河文化精神内涵和国家文化公园建设保护要义，全面阐释大运河文化当代价值。二是保护优先、强化传承。坚持共抓大保护不搞大开发，严格落实保护为主、抢救第一、合理利用、加强管理的方针，推进真实性、完整性保护。三是统筹规划、分类指导。突出顶层设计，彰显地方特色，注重跨地区跨部门协调，形成上下联动、整体推进的工作合力，推进分类施策、分步实施，严防大拆大建、千篇一律。四是明确权责、持续发展。有效构建中央统筹、省负总责、分级管理、分段负责的工作格局，拓展投融资渠道，完善多元投入机制，确保公园建设、管理和运营实现可持续发展。五是积极稳妥、改革创新。积极探索新时代文物和文化资源保护传承利用的新路，既立足当前又着眼长远，既尽力而为又量力而行，避免过度开发、贪大求全。

（3）分阶段明确发展目标。围绕"大运河国家文化公园成为向世界传播中华优秀文化的重要标志"总体定位，《规划》提出了3个阶段建设保护目标：一是到2021年底，大运河国家文化公园建设管理机制全面建立，重点任务、重大工程、重要项目顺利启动，江苏省大运河国家文化公园重点建设区建设任务基本完成。二是到2023年底，大运河沿线文物和文化资源保护传承利用协调推进局面初步形成，权责明确、运营高效、监督规范的管理模式初具雏形，一批重大标志性项目基本建成，大运河国家文化公园建设保护任务基本完成。三是到2025年，大运河国家文化公园建设管理机制全面建立，权责明确、运营高效、监督规范的管理模式基本建成，重点任务、重大工程、重要项目得到有效落实，各类文化遗产资源保护实现全覆盖，文化和旅游与相关产业深度融合，标志性项目取得明显效益，"千年运河"统一品牌基本形成。

3. 《规划》重点任务

为深入贯彻落实习近平总书记关于保护好、传承好、利用好大运河的重要指示批示精神[①]，更好推进大运河文化保护传承利用，加快建设大运河国家文化公园，《规划》立足新形势、新阶段、新任务、新要求，明确了六项重点任务和五类重点工程。

---

① 《千年运河焕发崭新活力》（现场评论），《人民日报》2020年12月14日，第5版。

（1）着力推动六大重点任务落实。一是优化总体功能布局。按照"河为线，城为珠，珠串线，线带面"的思路，围绕大运河沿线 8 个省（市），优化形成一条主轴凸显文化引领、四类分区构筑空间形态、六大高地彰显特色底蕴的大运河国家文化公园总体功能布局。二是阐释文化价值内涵。着力将大运河打造成为彰显千年历史的文化印记、滋润美好生活的文化力量、凝聚民族精神的文化精髓，大力弘扬大运河蕴藏的民族团结追求统一、勤劳勇敢自强不息、开放包容兼收并蓄、人与自然和谐共生等时代精神。三是加大管控保护力度。从明确管控保护要求、全面强化保护措施、显著提高保护水平等方面，提出建设管控保护区的主要考虑，明确重点管控保护对象。四是加强主题展示功能。从构建多维展示格局、健全综合展示体系、丰富展示体验方式等方面，细化建设主题展示区的相关任务，明确提出 34 个核心展示园、19 个集中展示带及特色展示点。五是促进文旅融合带动。从加强优质产品开发、提升文旅发展质量、深化相关产业融合等方面，明确建设文旅融合区的具体举措，并用专栏提出文旅融合平台建设重点。六是提升传统利用水平。从保存传统文化生态、推动发展绿色产业、规范生产经营活动等方面，构建推动传统利用区发展的策略路径。

（2）全面加快五大重点工程实施。一是保护传承工程。重点推动建设一批重要遗址遗迹保护利用设施、一批大运河系列主题博物馆和特色专题文博场馆、一批特色古镇古村、一批红色纪念设施，并推进国家级非物质文化遗产保护传承利用。二是研究发掘工程。重点打造高水平大运河研究平台，出版一批展现大运河文化价值和精神内涵的代表性出版物和重点文艺作品。三是环境配套工程。重点推动建设一批以文化生态要素为核心的文化生态公园，打造融交通、文化、体验、游憩于一体的复合廊道，打造滨河生态屏障，并全面实施水环境监测治理。四是文旅融合工程。着力培育具有国际影响力的"千年运河"文化旅游品牌，打造省域及跨省大运河文化旅游精品线路，办好大运河特色主题活动。五是数字再现工程。重点提升大运河国家文化公园主题展示区数字基础设施，建设大运河国家文化公园官方网站、数字云平台、数据管理平台等。

4.《规划》实施保障

国家发展改革委将会同有关部门和大运河沿线 8 个省（市），共同推进《规划》实施，建立健全体制机制，努力完善保障举措，有序推进重点任务重点项目落实，为大运河文化保护传承利用和国家文化公园建设做出积极贡献。

（1）建立健全体制机制。一是完善管理制度。进一步健全中央统筹、省负总责、分级管理、分段负责的管理制度，发挥大运河文化保护传承利用省部际联席会议机制作用，加强对大运河国家文化公园建设的顶层设计，统筹协调推进大运河重大困难、重大问题、重点任务和重点工程。二是完善运营机制。鼓励对大运河国家文化公园的运营体制、机制保障等进行探索创新，推动国家文化公园在创新中运营、在运营中发展，引导大运河国家文化公园 4 个主体功能区根据功能类型匹配差异化的运营机制。建立健全政府部门、文博机构、文旅企业、社会组织和公众参与保护开发的长效机制，鼓励和引导社会资本通过兴办实体、资助项目、提供服务、捐赠物资等方式参与建设运营。三是深化交流机制。以大运河高水平研究、保护、开发为载体，积极推动国际文化交流合作，加强中外智库合作，加强与其他国家在文化公园建设方面的交流合作。加强同联合国教科文组织在世界文化遗产保护方面的合作，强化与世界其他主要运河相关管理机构和平台的交流，充分利用数字技术与新媒体创新表达方式，建立国际化大运河传播平台。

（2）加强规划实施保障。一是加强组织领导。各级党委、政府切实履行主体责任，认真做好重大任务、重大工程、重大措施的组织实施。二是加强规划引领。各地各部门要按照既定目标要求，对重点工作进行细化分解，明确时间表、路线图、任务书，并制定出台分省（市）建设保护规划、相关专项规划或实施方案。三是完善政策措施。中央财政统筹利用现有资金渠道支持大运河重大任务、重点项目建设，各有关部门按照职能分工研究制定具体可行的扶持政策和举措，地方各级财政综合运用相关资金渠道完善支持保障政策。四是强化宣传推广。建立大运河各类文化遗产统一宣传推广平台，引导社会各界提高文物和文化资源保护意识，主动参与大运河国家文化公园建设保护。五是强化考核监督。各地各级党委、政府要把大运河国家文化公园建设保护工作纳入综合考核评价体系，加强《规划》实施情况跟踪监测和阶段性评估。

（二）地方

北京市

《北京市大运河国家文化公园建设保护规划》要点

2021 年 10 月 9 日，北京市印发实施《北京市大运河国家文化公园建设保护规划》（本部分简称《规划》），《规划》进一步完善了长期有规划、中期有行动计划、年度有折子工程的推进实施体系。

《规划》提出，将全面打造管控保护、主题展示、文旅融合、传统利用四个功能分区，扎实推进保护传承、研究发掘、环境配套、文旅融合、数字再现五个重点工程，集成推出一批标志性项目，以线串珠，以珠带面，延续壮美运河千年神韵，打造具有首都标准、北京特色、时代气象的北京市大运河国家文化公园，使大运河成为文化之河、生态之河、发展之河、民生之河、融合之河。

《规划》从 2021 年、2023 年、2025 年 3 个时间节点对大运河国家文化公园建设目标进行了安排。到 2021 年，大运河国家文化公园建设管理机制全面建立，北运河通州段实现全线游船通航，为全面推进大运河国家文化公园建设创造良好条件。到 2023 年，大运河沿线文物和文化资源保护传承利用协调推进局面基本形成，大运河国家文化公园建设保护任务基本完成。到 2025 年，大运河各类文化遗产资源保护基本实现全覆盖，生态环境显著改善，文化旅游品牌影响力显著提高，沿线区域协同发展更加深入，大运河国家文化公园成为标志性的文化符号。

在加强大运河文化保护传承利用，建设文化之河方面，《规划》提出，推进"河道、水源""闸、桥梁""古遗址、古建筑"3 类大运河物质文化遗产与周边环境风貌、文化生态的整体性保护，打造文化保护传承与创新的典范。重点是规划建设大运河源头遗址公园，保护性修复八里桥，加快推进通州古城核心区、张家湾古镇等文物保护性修缮，建设路县故城考古遗址公园。

在推进大运河沿岸生态环境治理，建设生态之河方面，《规划》提出，修复大运河生态环境，建设观水、近水的滨水休闲空间，整体打造水城共生、人水和谐的大运河生态文化景观长廊。重点是加强河道两侧绿化提升和环境整治，建设通州堰防洪体系，到2025年，基本完成北运河、通惠河、萧太后河、坝河等重点河段综合治理，实现河道水体全面还清。

在促进大运河沿线文旅融合发展，建设发展之河方面，《规划》提出，培育大运河主题精品旅游产品，推动大运河文化旅游品牌影响力不断提升。重点是创建通州大运河国家5A级旅游景区，建设台湖演艺小镇、张家湾设计小镇等一批特色小镇，建成大运河博物馆（首博东馆）、城市副中心剧院和图书馆等重大公共文化设施，推动通惠河部分河段、潮白河部分河段实现游船通航功能。

在增进大运河两岸民生福祉，建设民生之河方面，《规划》提出，将在沿线传统生活生产区域内逐步疏导不符合保护建设要求的设施、项目等，促进环境和整体风貌提升。重点是优化鼓楼西大街、南锣鼓巷、南新仓、通惠河沿线等一批传统利用区，集中整治提升公共空间、商业业态、建筑风貌和交通秩序，建设具有大运河特色的高品质京味文化休闲区。

在推动大运河沿线交流合作，建设融合之河方面，《规划》提出，发挥大运河连接京津冀等地的轴线作用，促进沿线8个省（市）以大运河为媒介开展交流合作，探索以文化交流带动区域协同发展的新模式，持续释放协同发展活力。重点是持续办好中国（北京）国际运河文化节、运河国际艺术周、京津冀文化交流季、中国大运河文化带"京杭对话"等文化活动，加强沿线区域人文艺术交流。

天津市

《杨柳青大运河国家文化公园方案》要点

2021年4月，《杨柳青大运河国家文化公园方案》经天津市委、市政府专题会议审议通过，天津市将全力推动大运河文化保护、传承和利用。

1. 总体定位

杨柳青大运河国家文化公园分为历史名镇、元宝岛、文化学镇 3 个板块。其中，历史名镇依据城市针灸术的"再活化"，元宝岛依据城市地文的"再组织"，文化学镇依据文化风景的"再开发"。

（1）历史名镇板块——针对历史名镇板块，采取"再活化"方法，保留现存 800 余所老宅，按照"城市针灸术"理念进行历史人文修复，发展特色旅游、特色民宿等业态，把天津的文化遗产传承保护下来。天津市引进乡伴文旅集团投资合作，已经进入前期设计阶段。

（2）元宝岛板块——针对元宝岛板块，采取"再组织"方式，恢复过去的杨柳青曲苑堂、运河水街、非遗文化街等，汇集曲艺、非遗体验、中华老字号等业态，定期举办年画制作体验、民俗活动表演、运河游船等活动，打造民俗文化小镇。坚持运营前置、设计定制，把功能使用作为重要前提，全力开展招商工作，与北京德云社、天津北方演艺集团等单位合作，建设德云剧场、永安书场、丹桂剧院、人艺剧院等曲艺、京剧、话剧演出场地，常年吸引全国观众。同时与中青旅等知名运营商磋商整体运营事宜。

（3）文化学镇板块——针对文化学镇板块，采取"再开发"理念，重点发展教育文化产业，与清华大学美术学院共同建设非遗教育基地。公园建成后，将成为来津旅游主要目的地和天津文化网红打卡地，预计每年将吸引游客 300 万人次，实现各类收入 30 亿元以上。

2. "三区一环"的功能分区

杨柳青大运河国家文化公园将划分为"三区一环"的功能分区，包括：西渡口·中华传统曲艺文化体验区，东渡口·工艺美术——年文化体验区，魁阁濛雨·津沽湿地生态文化体验区，御河胜概·漕运文化活力环。近期建设的总建筑面积接近 11 万平方米。

（1）西渡口·中华传统曲艺文化体验区。围绕西渡口历史码头，以传统曲艺文化传承为功能导向的功能区。其中以曲艺研修为核心，设置相声、评书、戏曲等传统曲艺体验区，并规划餐饮、住宿等配套商业设施。

（2）东渡口·工艺美术——年文化体验区。围绕东渡口历史码头，以年画等工艺美术及其他非遗技艺传承体验为功能导向的功能区。计划将杨柳青画社迁回，形成集馆藏、展览、培训、交流于一体的国家级年画文化节点，并结合清华大学美术学院非遗传承中心，配置风筝、剪纸等民间非遗技艺体验功能，规划相应的主题接待、餐饮等配套商业设施。

（3）魁阁濛雨·津沽湿地生态文化体验区。恢复运河湿地大地景观的区域，其中包括"魁阁濛雨"文昌阁历史景观、呼应西青区花卉传统的国际花园大赛场地，还有彩灯大道、武术健身园以及作为青少年活动中心的四知书屋，同时计划结合运河河堤上演"运河人家"水秀，丰富夜间活动。

（4）御河胜概·漕运文化活力环。这是运河文化主题的活动环线，包括水上游船环线、环岛无人驾驶公交体验环线和"新杨柳青十景"步行环线。

3. 元宝岛：公园核心区

元宝岛是杨柳青大运河国家文化公园的核心区，是集中展示明清天津运河文化盛景的全域、全时、全景、全要素国际文旅目的地。

（1）修胡同，复大院——在元宝岛上恢复胡同体系，并以历史名称命名，同时恢复两片大院，把杨柳青失去的重要历史文化载体打造成可沉浸式体验的街区。

（2）开湿地，织绿斑——恢复吴承恩诗词《杨柳青》描绘的湿地景色，按照历史地图恢复湿地景观，同时结合水循环处理体系，规划一些绿斑，形成一个可自我更新的湿地系统。

（3）理交通，串动线——为了应对柳口路交通压力，在地下规划带状停车空间，设置3个出入口，形成一个以慢行为主无车的元宝岛，开辟连接3个板块的步行主要线路，串联岛上的重要项目。

《大运河（天津段）沿岸乡村产业发展规划》要点

2021年12月，《大运河（天津段）沿岸乡村产业发展规划》（本部分简称《规划》）发布。《规划》按照国家大运河规划和乡村振兴战略要求，在保护好大运河沿岸生态环境的基础上，大力发展特色产业，示范引领大运河区域乡村全面振兴，将沿岸乡村建设成为引领现代都市农业发展的产业先行区，探索乡村生态经济振兴的动能创新区，彰显天津运河文化特色的宜居示范区，逐步形成高品质生态型乡村产业创新示范带。

根据《规划》，结合大运河沿岸不同区段资源禀赋特征划分生态优化区、城乡联动区、高效产业区三大产业功能发展区，并在分区指引的基础上，划分四大乡村产业主导类型。第一类为生态农业主导型村庄，村庄位于河道 1000 米范围以内，以生态涉农产业为主导；第二类为大田高效经济作物主导型村庄，以粮食作物类农业为主导；第三类为高效果蔬设施农业主导型村庄，以果蔬设施类农业为主导；第四类为涉农二、三产业主导型村庄，多位于城市近郊区，以发展服务城市的多功能农业产业为主导。

根据运河沿岸产业发展条件，《规划》提出在运河全线布局类型多元、风格各异的 20 个特色产业风貌区。包括唐官屯桃花堤岸产业风貌区、陈官屯酱菜满园产业风貌区、双塘柳岸荷塘产业风貌区、静海运河文旅产业风貌区、独流醋国飘香产业风貌区、辛口文旅休闲产业风貌区、杨柳青文创天地产业风貌区、中北商务花园产业风貌区、北仓文旅小镇产业风貌区、双街葡萄流光产业风貌区、下伍旗果林瓜香产业风貌区、大碱厂智慧农作产业风貌区、南蔡童趣康养产业风貌区、大良清甜萝卜产业风貌区、河西务—徐官屯稻田蟹趣产业风貌区、史各庄—新开口金色麦浪产业风貌区、郝各庄锦绣桃园产业风貌区、口东潮白水乡产业风貌区、林亭口花田林海产业风貌区、黄庄辽金古韵产业风貌区。

《规划》明确了产业发展的负面清单，确保乡村产业提质升级项目的建设基于自然生态和社会生态保护。

自然生态保护类负面清单：乡村产业提质升级项目的建设不得违反大运河生态管控要求；严格禁止运河两侧 1000 米范围内新增非公益建设用地；防止以农事体验为名违法建设"大棚房"；防止以"设施农业"为名侵占耕地和永久基本农田；防止以"田园综合体"之名破坏自然与人文环境；防止以"设施农业""生态绿化""休闲景观"建设等为名违法违规侵占耕地和永久基本农田；严禁违法违规开采地热水资源，防止超采、盗采等行为破坏整体生态环境。

社会生态保护类负面清单：防止以"新产业、新业态"之名擅自扩大建设用地规模；严格禁止乡村集体经营性用地改变用途用于商品住宅；严格禁止利用农村宅基地建设别墅大院和私人会馆；防止以"特色小镇"之名开发房地产。

河北省

《邢台市大运河文化保护传承利用实施规划》要点

2021 年 5 月 14 日，邢台市委办、市政府办印发了《邢台市大运河文化保护传承利用实施规划》（本部分简称《实施规划》），以大运河流经的临西县、清河县为重点区域，有效保护传承优秀传统文化，助力邢台市区域协调发展和乡村振兴。

《实施规划》指出，大运河邢台段作为沟通南北的重要通道，历史上承担了南粮北运、商旅交通、军资调配等功能，目前在防洪排涝、生态景观、农业灌溉等方面仍发挥着重要作用。因人为破坏较少，较为完整地保持了漕运时期河道的规模与形态，体现了人工与自然结合的景观特征。

在"河为线，城为珠，线串珠，珠带面"的总体思路指导下，落实大运河河北段空间布局结构，着力打造古都家国片区，结合大运河邢台段历史文化价值特色及村镇分布特点，充分发挥大运河文化带对城乡空间的组织和优化作用，以卫运河为骨干打造大运河文化保护传承利用主轴，围绕隋唐故道（永济渠遗址），构建永济渠历史文化走廊，细化临西、清河运河文化集群，形成"一轴、一廊、两核"的大运河邢台段总体发展格局。

根据《实施规划》，邢台市将建立和完善大运河邢台段分级分类保护名录和档案，深入开展大运河物质文化遗产资源调查，围绕河工文化、商贸文化、营城文化、原生景观等历史文化价值特色，利用遥感等现代技术，对运河及相关物质文化遗产进行信息数据采集、梳理鉴定，甄别大运河遗产及关联资源，完善邢台市大运河文化遗产名录。此外，还将加快推动临清古城遗址、贝州故城遗址等的文物保护规划和考古遗址公园规划编制及实施。实施传统工艺振兴计划，将邢台市具备一定传承基础和市场前景的非物质文化遗产项目，上报至河北省传统工艺振兴目录，进行生产性保护，振兴大运河传统工艺。

《〈邢台市大运河文化保护传承利用实施规划——交通体系建设专项规划〉实施方案》任务要点

2021 年 6 月，邢台市交通局印发《〈邢台市大运河文化保护传承利用实施规划——交通体系建设专项规划〉实施方案》（本部分简称《实施方案》），明确了大运河邢台段交通体系建设的重点任务。

1. 水路

（1）积极推动航道设施建设。实施旅游通航的航段按六级航道标准把握，局部河道条件受限段落，可通过合理选择船型、采取有效安全措施等开展旅游通航。到 2035 年前，按照上级规划要求完成邢台市卫运河油坊码头—渡口驿段、卫运河河西镇—四支渠段航道通航，按三级航道标准控制，近期按六级航道标准把握。《实施方案》所列航道建设内容包括航道选线、导助航设施配布及必要的河槽扩挖，可结合河道清淤工程统筹实施，实现节约投资和加快工期的目的。

（2）适时开展旅游码头建设。在文旅资源分布相对集中、周边城镇规模较大及路网等基础设施较完善的区域设置大型旅游码头，配合运河沿线绿化景观节点、运河文化公园、文物古迹及临近特色小镇等建设，在通航段落合理布局小型旅游码头或停靠点，方便游客便捷乘船。到 2035 年前，按照上级规划要求完成渡口驿、油坊、河西、尖冢 4 座码头建设。码头和停靠点名称、数量可结合各段落实际情况进行调整。

（3）合理安排碍航设施改建。对不满足通航要求的 2 座桥梁根据实际情况研究实施拆除、改建或保留改善等措施。

2. 公路

（1）扎实推进近河慢游路网建设。依托农村公路，重点布局近河慢游路网，打造运河风景大道，发挥旅游公路作用，统筹考虑与沿河主干路（"快旅"）布局衔接和协同。重点推进农村公路建设，包括运河大道清河段（约 20 公里）、运河大道临西段（约 27 公里），2025 年前建成。

（2）加快推进大运河文化带与周边区域联系路网建设。构建大运河文化带与周边区域联系路网，由国、省干线公路和农村公路等共同组成，衔接"快旅""慢游"道路，实现大运河文化带与附近城镇节点、旅游景区、特色小镇等便捷联系。建成 23 公里农村公路，包括彭双庙至运河大道（约 11公里）、肃临线至运河大道（约 7 公里）、陈窑至运河大道（约 1 公里）、黎博寨至江村道路（约 4 公里）等，2025 年前建成。

（3）着力推进大运河主干路网建设。打造沿大运河主干路，由既有规划布局的干线公路组成。重点推动国道 G514 临西段升级改造工程，2035 年前完成。

山东省

《德州市大运河文化保护传承利用实施方案》要点

2021 年 12 月 30 日，德州市发展改革委正式印发《德州市大运河文化保护传承利用实施方案》。

《德州市大运河文化保护传承利用实施方案》明确了大运河文化保护传承利用的总体要求、发展目标和空间布局，确定了加强文化遗产系统保护、推动运河文化创新发展、推进河道水系治理管护、加强生态环境保护修复、推进文化旅游融合发展、促进城乡区域统筹协调 6 个方面的重点任务，提出将德州打造成为千年运河古貌原真城市、国际文化融合典范城市和世界文化遗产展示优秀城市，塑造"千年运河·好运德州"城市品牌，助推新时代现代化新德州建设。

《关于加快推进济宁内河水运高质量发展的意见》任务要点

2021 年 9 月，济宁市人民政府印发《关于加快推进济宁内河水运高质量发展的意见》，明确了加快推进济宁内河水运高质量发展的重点任务。

1. 统筹综合发展、完善规划体系

围绕城市化建设、产业布局调整以及综合交通运输体系发展的新要求，以《济宁港总体规划（2035 年）》为依据，衔接内河水运相关规划，形成内河水运高质量发展规划体系。研究确定航道功能，全面提升重要支流航道规划等级，形成干支成网、连线成面的航道网络布局。

2. 升级航道网络、补齐发展短板

以京杭运河主航道为骨干，全面推进全市航道网建设，完成京杭运河主航道"三改二"、下级湖湖西航道改造升级工程，实施上级湖湖西航道升级改造、京杭运河济宁至东平湖段改造提升工程，主航道实现二级通航。推进白马河、洙水河、老万福河、新万福河、郓城新河等重要支流航道建设，提升内河水运通达能力。扩大船闸枢纽通过能力，完成微山三线船闸建设，推进任城复线船闸、梁山复线船闸建设，实现京杭运河主航道双线船闸通航。依托济宁 5 个锚泊区，建设 2~3 个功能齐全的水上服务区，补齐通航水域服务短板。

3. 加强航道养护、提升管理水平

结合济宁内河水运发展实际，细化基于内河航道特征和管理需求的建设尺度，维护标准，内河航道及公共锚地建设、养护、运营、管理等具体事项。强化航道船闸日常维护，做好已达规划等级航道的养护测量、护岸维护、养护疏浚、清障扫床等日常维护工作。加强航道船闸专项养护，建立航道船闸专项养护滚动项目库并定期维护，探索建立航道船闸养护标准化和信息化建设体系，提升航道船闸养护水平。按照《交通运输领域市与县财政事权和支出责任划分改革实施方案（试行）的通知》要求，市级可结合财力情况，给予地区重要航道建设适当支持。

4. 构建港口集群、发展运河物流

结合《济宁港总体规划（2035 年）》，进一步明确港口功能定位，合理布局煤炭、焦炭、集装箱、件杂、建材、粮食等作业区。系统布局内河多式联运港口，鼓励发展"铁水联运（集装箱）＋港口＋产业＋园区"模式港口，实现内河水运与其他运输方式顺畅衔接。完成梁山港、龙拱港、太平港的绿色化、智能化、标准化、现代化示范港口建设，建成梁山、任城、邹城、嘉祥、微山、经开区等多式联运码头，引导新建港口集中布置、连片开发，形成规模效应，带动和促进临港产业集聚发展。坚持"政府主导、市场运作"的原则，有效整合港口资源，推动低效零散码头向重点港区集聚，依法依规逐步整合非多式联运、非集装箱运输的港口，实现区域港口规模化发展。优化运输结构，完善港口集疏运体系，加快太平作业区、跃进沟作业区、祥城北作业区等疏港铁路专用线以及梁山、任城、邹城、嘉祥、微山、经开区等疏港道路建设，推动大宗货物"公转铁""公转水"。发挥港口物流枢纽作用，加快推进运河物流多式联运，以港口集群促进临港产业集群，推进港、产、城融合发展。

5. 打造现代航运、提升服务水平

全力推动船舶运力结构调整，持续推进船型标准化，重点推广适应京杭运河特点的船型标准。推进港航企业规模化、集约化、专业化发展，鼓励发展年货运量 1000 万吨以上的企业。鼓励集装箱港口、航运企业与沿运、沿江、沿海港口和航运企业开展合作，继续开通集装箱运输航线，着力提升水路集装箱运输比例。优化多式联运服务模式，推动完善航运交易中心、电子口岸等功能平台建设，促进多式联运信息共享，推进航运电子货运单和铁路、公路货运单对接，实现多种运输方式间的运输信息无缝对接。促进内河水上客运与旅游、文化、城市的融合发展，推动水上客运旅游化、舒适化，提升客运服务品质。

6. 推广节能技术、建设绿色港航

严守生态保护红线，落实生态保护和生态修复措施，将节约资源和保护环境的基本国策贯穿内河水运规划、设计、施工、养护和运营全过程。在航道建设和运行中，全面落实环境保护措施，推进绿色航道建设。积极研究应用先进施工技术，鼓励采用生态影响较小的航道整治技术和施工工艺。推进水上服务区和生态护岸等建设，在有条件的航道推广建设集航运通道、绿化通道、景观通道、人文通道等多种功能于一体的绿色生态人文航道。推进港口装备技术升级改造，提高大宗散货作业清洁化水平。鼓励港口作业机械和运输车辆优先使用电能、天然气等清洁能源。强化船舶污染管理，稳步推进新能源、清洁能源船舶的新改建；推动船舶防污设备配置，严格执行船舶排放标准。推进港口码头岸电设施改造，大力提升船舶靠港岸电使用率，实现锚泊区岸电全覆盖。

7. 实施科技兴港、助力智慧港航

加快新型基础设施建设，鼓励济宁港航智慧运营大数据平台等综合性信息化平台建设，推动物联网、云计算、大数据等技术在港航业的应用推广，打造智慧港航。充分利用5G、北斗定位、电子标签、无人驾驶等技术，完善港口基础数据智能感知和采集体系。推进智能化、自动化码头建设，完成梁山港智慧港口建设，形成可复制、可推广的经验。开展大型港作机械自动化改造，鼓励建设集装箱和大宗散货码头智能调度、智能装卸、精准计量等系统，提高作业服务效率。加强自动化船闸、智能调度等智能化管控技术研究应用，建设数字化航道，建成集"政务服务、综合监管、应急指挥、业务管理、决策分析、公众服务、智能调度、污染监控"等功能于一体的智慧港航平台，实现对现有港口作业、船闸运行、设施养护、应急响应等管理模式的全面升级。实施京杭运河主航道智慧航道建设工程，打造京杭运河济宁段"水上高速"。

8. 弘扬运河文化，打造运河航运文化长廊

坚持生态优先、绿色发展，着力打造大运河文化带、生态带、旅游带，将绿色生态发展理念、制度及技术手段融入运河航运发展全过程、全领域，并与现代科技深度融合，推动传统内河航运向更绿色高效的方面转型升级。以沿线古镇、枢纽为节点，发挥内河航运旅游优势，依托航道、锚泊区、船闸等港航基础设施，传播运河文化，将京杭大运河济宁段建成生态、高效、智慧、人文的绿色现代内河航运高质量发展典范。

9. 加强安全监管，打造平安港航

坚持以人为本、安全发展的理念，坚持安全第一、预防为主、综合治理的方针，强化和落实生产经营单位的主体责任，建立生产经营单位负责、职工参与、政府监管、行业自律和社会监督的安全生产机制，保障内河水路运输安全。县级以上政府要加快水上搜救指挥平台信息化建设，推进应急管理、交通运输、自然资源和规划、生态环境、渔业和气象等部门信息互联互通和资源共享，提升预测、预防、预警能力，实现水上突发事件的全面感知、动态监测、智能预警、科学决策和快速处置。加强水上搜救机构建设，建设市、县两级内河水上搜救中心，建立完善巡航救助一体化管理机制，配备高标准、高质量的公务执法船、专业救助船和救助装备，在任城区、邹城市、微山县、鱼台县、嘉祥县、梁山县等县（市、区）建设搜救和防污染应急物资储备库，建立水上专兼职搜救队伍，按照交通运输领域事权与支出责任划分等相关规定，将应承担的水上搜救保障资金纳入同级财政预算。

河南省

《河南省大运河文化遗产保护传承规划》要点

2021 年 9 月，河南省文物局、省发展改革委联合印发《河南省大运河文化遗产保护传承规划》（本部分简称《规划》）。

《规划》系统梳理了河南省大运河文化遗产资源禀赋，挖掘大运河河南段文化遗产的价值内涵，深化大运河文化与黄河文化、中原文化的研究阐释，为加快构筑中原文化高地，全面提升大运河文化遗产保护传承利用整体水平提供了专业技术指导。

《规划》明确了规划背景和总体要求，提出了建立健全管理体制、完善保护规划体系、优化保护区划和管理规定、提升遗产监测和监管水平等任务；提出了加强物质文化遗产系统保护五项任务，即资源梳理与考古工程、运河遗产保护工程、多元遗产保护工程、革命文物保护利用工程、环境风貌整治工程；提出了提升物质文化遗产传承弘扬能力十大工程，即博物馆体系提升工程、文物建筑活化利用工程、遗址公园和文化公园建设工程、遗产线路和文化线路建设工程、革命文物利用弘扬工程、名城名镇名村建设提升工程、传承展示平台建设工程、文化遗产研学工程、宣传推广工程、国家文物保护利用示范区创建工程；提出了非物质文化遗产基础保护工程和活态传承工程等任务；提出了打造"千年运河"品牌、提升中原文化影响力等任务。

《河南省大运河文化和旅游融合发展规划》要点

2021 年 12 月，河南省印发《河南省大运河文化和旅游融合发展规划》（本部分简称《规划》）。《规划》提出了"一带一核四片区"空间总体布局，即郑汴洛运河文化旅游融合带、洛阳隋唐大运河文化旅游核心区、通济渠商丘文化旅游区、永济渠滑浚文化旅游区、永济渠焦新文化旅游区、会通河濮阳旅游协作区。

《规划》明确提出，要围绕"显形、彰文、育产、融景"总体思路，构建"六大体系"，即塑造空间展示体系、构建特色城镇体系、培育大运河文化艺术传承体系、打造产品体系、健全产业体系、完善大运河文化旅游公共服务体系。《规划》的印发实施，对于促进大运河国家文化公园（河南段）文化和旅游融合高质量发展具有重要指导引领作用。

安徽省

《大运河淮北段文化保护传承利用实施规划》要点

2021 年 3 月，中共淮北市委办公室、淮北市人民政府办公室印发《大运河淮北段文化保护传承利用实施规划》（本部分简称《实施规划》）。

《实施规划》提出，在发展定位上，将大运河淮北段打造成为继往开来的文化长廊、水清岸绿的生态长廊、古韵今风的旅游长廊；在空间布局上，按照"运河为线，城镇为珠，串珠成链，以链带面，扩面促联"的思路，构建"一轴四片区多点支撑"的空间格局框架。

《实施规划》围绕深入挖掘运河文化内涵、加强文化遗产保护传承、推进河道水系治理管护、加强生态环境保护治理、推动文化与旅游融合发展、促进城乡区域统筹协调等方面，阐明了具体任务和相关举措。

《安徽省大运河核心监控区国土空间管控规定》要点

2021 年 10 月，安徽省自然资源厅、发展改革委、农业农村厅、生态环境厅等 8 个部门联合印发《安徽省大运河核心监控区国土空间管控规定》（本部分简称《规定》）。大运河安徽段核心监控区是指宿州市泗县境内总长度约 47 公里、不连续具备条件的有水河段两岸 2000 米范围内的空间区域。核心监控区国土空间分为生态保护区、农田保护区、文化遗产保护区、城镇发展区、乡村发展区 5 个管控分区。

《规定》要求，在核心监控区生态保护红线范围内，除国家重大战略项目外，仅允许对生态功能不造成破坏的有限人为活动。重大建设项目确实难以避让的，应当符合法律法规和生态保护红线管理规定。生态保护红线外的生态保护空间，要注重地形地貌的保护，强化生态保育和生态建设，原则上限制各类开发建设活动，确需进行的开发建设活动应符合相关法律法规的规定。

农田保护区内严格耕地保护，鼓励开展高标准农田建设和土地整治活动，提高耕地质量，发展高效和生态农业。严禁违规占用耕地绿化造林、挖湖造景、超标准建设绿色通道等。农田保护区内的永久基本农田，经依法划定后，任何单位和个人不得擅自占用或改变用途，严禁通过擅自调整规划规避占用永久基本农田的审批，严禁未经审批违法违规占用永久基本农田。禁止占用永久基本农田种植苗木、草皮等用于绿化装饰以及其他破坏耕作层的植物。

核心监控区内涉及老城区改造，应当符合高层禁建区限高、限密的规定，限制各类用地调整为大型工商业项目、商务办公、住宅商品房、仓储物流设施等用地。对与传统风貌不协调的建（构）筑物应当制定逐步迁移、改造方案，控制城市景观视线走廊，注重运河沿线空间风貌延续性，促进大运河沿线景观空间风貌提升。

文化遗产保护区内禁止建设不符合文化遗产保护传承要求的项目。文物保护部门将依法依规划定核心监控区内大运河世界文化遗产的遗产区和缓冲区、文物保护单位保护范围和建设控制地带，并会同自然资源主管部门纳入国土空间规划。

江苏省

《江苏省大运河文化旅游融合发展规划》要点

2021年5月，江苏省印发《江苏省大运河文化旅游融合发展规划》（本部分简称《规划》），《规划》立足江苏大运河"美丽中轴"定位，努力打造既有"颜值"又有"气质"的运河文旅产品，努力把大运河江苏段建设成为文化旅游融合发展新高地、中国大运河旅游首选地、世界运河遗产保护传承利用典范地。

《规划》阐释大运河江苏段作为"区域经济支撑带、运河文化繁盛地、文旅资源富集区、运河旅游兴旺段"的特色优势，谋划构建"一轴三支三区多节点"的文旅融合发展空间格局，突出通扬运河—串场河、通济渠（汴河）江苏段、胥河—秦淮河在大运河文旅融合发展中的作用，体现大运河江苏段连线织网、融汇交流的特点。

《规划》确定了以下七个方面重点任务。

1. 丰富运河以文塑旅内涵

立足大运河江苏段最为丰厚的文化积淀优势，深入挖掘、展示大运河文化核心价值与精神内涵，并运用丰富多样的艺术形式进行当代表达，高水平、高质量展示与宣传大运河的文明成就。一是深入挖掘大运河文化内涵。展现遗存承载的文化，活化流淌伴生的文化，阐释地域积淀的文化，弘扬历史凝练的文化。二是拓展运河文化宣传途径和方式。加强大运河文艺精品创作，讲活江苏大运河历史和当代故事。三是促进文艺和旅游融合发展。提升艺术活动旅游吸引力，推动旅游演艺精品化。

2. 推进运河遗产赋能旅游发展

把握大运河江苏段文化遗产活态特征，树立正确保护理念，强化文化遗产系统性保护，利用文化遗产与自然风貌深度融合优势，搭建"文化遗产+

旅游"融合平台,让大运河这一跨越古今的文化大动脉焕发勃勃生机。一是加强大运河物质文化和非物质文化遗产保护。二是促进文物和旅游融合发展。提升文博场馆旅游体验,发展大运河文物旅游,推动红色旅游提档升级。三是推动非物质文化遗产和旅游融合发展。丰富沿线非遗旅游产品,推进非遗代表性项目进景区景点。

3. 构建运河特色文旅产品体系

突出运河"水"与"文化"资源特色,依托大运河江苏段丰富多元的文化价值体系,推进文旅资源古今汇合、类别融合、区域整合,推出更多文旅融合产品,让人们在领略自然之美中感悟文化之美、陶冶心灵之美。一是加强文旅融合示范建设。推动运河沿线全域旅游发展,构建运河特色文旅融合品牌体系。二是培育彰显人文运河魅力的旅游产品。如漕运航运研学游、文学艺术品鉴游、运河民俗体验游、锦绣园林观赏游、运河生态文化游、运河文化水景游。三是发展运河特色水上旅游。打造水上文化旅游线路,完善运河水上游配套服务设施。

4. 营造主客共享运河文旅空间

将运河文化融入现代公共文化服务体系建设,完善服务设施,提高服务效能,为居民和游客提供更多品质化、个性化、精细化、智能化公共服务,营造融文化、体验、游憩等于一体的主客共享运河文旅空间。一是统筹运河沿线文旅公共服务。促进运河沿线文旅公共服务设施共建共享,提升高速公路服务区文旅服务功能。二是完善运河旅游交通网络。发展"高铁+运河旅游",推进运河旅游公路交通体系建设,建设运河风景道路系统。三是打造运河公共休憩空间。打造亲水观景休憩空间,打造全域文旅乐享空间,打造山水秀丽绿色空间。四是建设国家文化公园文旅融合区。

5. 促进运河文旅产业融合发展

立足扩大内需战略基点,强化创新创意、科技赋能,推进文化和旅游产业深度融合以及与相关产业融合发展,引导运河沿线加快发展新型文旅企业、产业业态、消费模式,形成彰显江苏特色、体现行业示范性的文旅产业融合发展模式。一是优化文旅产业区域布局。建设大运河特色文化产业带,打造沿运河文化创意城市群。二是培育壮大文化和旅游市场主体。推动文旅企业做大做强，发挥文化产业园区（基地）带动作用。三是培育"文旅+"业态产品。推动乡村旅游特色化发展，开发"漫游运河"休闲度假旅游，提升研学旅游品质，打造特色工业旅游，发展体育旅游，深化中医药康养旅游。四是发展文旅产业新业态新模式。促进数字文旅产业提质增效，全面促进文旅消费扩容提质，加快发展运河夜游。

6. 提升"千年运河·水韵江苏"品牌影响力

以大运河为纽带，串珠成线，以点带面，打造各具特色的地方文旅品牌和运河文旅精品线路，全面呈现魅力运河、美丽运河、多彩运河经典形象，让大运河成为打通"绿水青山"与"金山银山"的黄金通道。一是完善运河文旅品牌体系。共塑省级标志品牌，培育运河城市文旅品牌。二是加强"千年运河·水韵江苏"品牌推广。举办大运河文化旅游博览会，拓展品牌推广渠道，构建"水韵江苏"品牌全球营销推广网络。三是推出运河文化旅游精品线路——世界遗产研学游、漕运盐运文化观光游、水利水运工程科普游、古城古镇记忆游、考古遗址遗迹游、红色文化传承游、民族工商业体验游、非遗文化感知游、运河美食品味游、风光休闲度假游。

7. 推动运河文明交流互鉴

依托大运河中华文化传播重要符号和载体，全方位、多领域推进运河文化旅游国际交流合作，弘扬运河精神，传播运河文化，增进价值认同，向世界讲好中国运河故事、江苏运河故事。一是建立完善运河文化对外交流机制。以运河为媒开展交流合作，发挥运河国际教育合作载体功能。二是积极拓展运河入境旅游。

《江苏省大运河文化遗产保护传承规划》要点

2021 年 5 月，江苏省印发《江苏省大运河文化遗产保护传承规划》（本部分简称《规划》）。《规划》着眼于江苏省大运河遗产的整体保护传承，突出江苏"水韵书香"的文化特质和大运河遗产活态传承的价值特点，突出遗产保护对运河沿线经济社会繁荣发展的积极推动作用，突出大运河在中华文明重要地标建设中的支撑引领作用，形成保护展示框架思路，明确目标任务，谋划重点工程。

《规划》涵盖江苏省大运河文化带建设范围内的各类文化遗产，包括大运河核心物质文化遗产、关联物质文化遗产和非物质文化遗产共 2080 项，形成以淮扬运河、江南运河 2 个文化遗产重点组群，黄河故道—会通河—中运河、通济渠—淮河口、宁镇运河、胥河—秦淮河、两淮盐业 5 个文化遗产组群的"2+5"遗产保护空间布局。

《规划》提出构建"7+26+N"重点工程项目体系，其中"7"代表七大工程分别为：文化遗产科学管理工程、文化遗产平安工程、大运河考古研究工程、核心文化遗产保护展示工程、关联文化遗产保护提升工程、非物质文化遗产保护传承工程、文化遗产传承弘扬工程。

《规划》创新之处有以下 3 点。

一是建立了以运河为视角的遗产资源分析框架。全省运河遗产资源分为三类：核心遗产是显示大运河突出普遍价值的重要物质载体，包括大运河河道遗存、水工遗存、制度遗产和其他相关遗存。大运河关联物质文化遗产是在文化带规划范围内、伴运河而生的能够代表江苏省大运河文化价值的其他各类物质文化遗产，如沿线的革命文物、聚落遗产、工业遗产、农业遗产等。大运河非物质文化遗产另成一类，指在文化带规划范围内世代相传，体现江苏省大运河"流动的文化"特征的各种传统文化表现形式。

二是提出以运河水系为脉络的遗产保护传承空间布局。深入研究、学习领会国家和省级上位规划"河为线，城为珠，线串珠，珠带面"的规划思路和"一轴三片多点多线"总体规划布局，认真梳理大运河水系水网与江苏丰富遗产资源的内在联系。根据遗产资源空间分布和历史文化发展脉络，以大运河主线及其主要支流为线索，突破行政区划限制，形成充分体现江苏各地文化内涵特点的"2+5"文化遗产保护传承空间布局，为保护延续江苏历史文脉、促进各地文物保护和文化旅游差异化发展提供理论支撑。

三是构建以价值为引领的遗产保护传承总体格局。深入把握江苏大运河遗产的历史价值和当代价值，统筹运河遗产和文物保护、博物馆体系建设、非物质文化遗产保护传承。结合大运河文化带和大运河国家文化公园建设需要，根据遗产的价值内涵，形成系列化、专题化遗产保护传承项目和遗产线路、遗产片区、遗产专题等保护传承措施，推动江苏省各类文化遗产的创造性转化、创新性发展。通过多样化的保护传承和利用途径，助力运河沿线城市更新和文化振兴，焕发大运河历史文化的当代价值。

《江苏省大运河现代航运建设发展规划》要点

2021 年 6 月，江苏省印发《江苏省大运河现代航运建设发展规划》（本部分简称《规划》）。《规划》紧扣"保护、传承、利用"主题，提出了顺畅运河、绿色运河、文化运河建设的主要任务。

在空间布局上，《规划》提出了以京杭运河本体为主轴，联通航道为网络，沿线八市城镇段为重点，沿线船闸、港口为节点的"一轴一网八核多节点"空间格局，从而实现"一条主轴引领全网发展，多点联动焕发蓬勃生机，点核辉映繁荣运河本体，网轴交织彰显文化特色"。

在功能定位上，《规划》提出以生态、高效、平安、智慧为主要特征，着力将大运河江苏段建设成为高效安全的顺畅运河、生态友好的绿色运河、创新发展的文化运河。以顺畅运河"通"天下，以绿色运河"显"特色，以文化运河"传"历史。

在发展目标上，《规划》提出，到 2025 年，京杭运河江苏段实现航道高效化、港口现代化、船舶标准化、发展绿色化、运输智能化、服务品质化，成为"全国内河航运标杆"；到 2035 年，全面建成安全便捷、绿色智慧、经济高效、开放融合的绿色现代航运体系，成为"世界内河航运之窗"；到 2050 年，大运河航运及航运文化发展实现国际领先、享誉世界，全面展示中华文明、传承中华文脉、彰显文化自信，成为江苏高质量发展的亮丽名片、中华民族伟大复兴中一幅辉煌的江苏画卷。

要实现这样的目标，需要完成三大任务。一是以"畅通一条水运通道、打造一个智慧平台、建设一套安全体系"为重点，建设高效安全的顺畅运河，重点实施航道扩能升级工程、港口转型提升工程、智慧运河建设工程、服务设施完善工程。二是以"示范一条绿色廊道、打造一批绿色枢纽、提升一批绿色装备"为重点，建设生态友好的绿色运河，重点实施绿色航道创建工程、绿色港口创建工程、绿色航运装备工程。三是以"保护一批航运遗产，改造一批航运设施，开展系列特色活动"为重点，建设创新发展的文化运河，重点实施航运文化标识建设工程、航运遗产活化利用工程、航运设施文化提升工程。

《规划》坚持水运特色，突出"全面"发展；坚持生态环保，突出"绿色"理念；坚持保护创新，突出"文化"传承。通过这些措施，有机融合航运设施、岸线、景观、资源、文化等要素，将大运河江苏段建设成高质量的运输、生态、文化走廊，成为江苏省名副其实的"美丽中轴"。

《江苏省大运河河道水系治理管护规划》要点

2021 年 6 月，江苏省印发《江苏省大运河河道水系治理管护规划》（本部分简称《水系规划》）。《水系规划》明确了江苏省大运河河道水系治理管护的规划目标、总体布局和主要任务，以期助力大运河一体建设高品位、高颜值、高水平的文化长廊、生态长廊、旅游长廊，实现以水文化润泽美、以水安全保障美、以水生态涵养美、以水空间营造美，打造融通古今、纵贯江苏的"美丽中轴"愿景。

《水系规划》明确了丰富治水文化保护传承、提升水安全保障能力、深化水生态保护修复、促进河湖高效管护 4 个方面任务，提出了"一轴两域八核多节点"的空间布局，依托大运河河道主干线，使水、堤、岸及附属设施等要素，与文化、景观、生态等资源有机组合、相互烘托，形成水清、岸绿、景美、文昌的廊道。多个节点联结大运河沿线重要水利枢纽，打造水工程与水文化融合发展的运河地标，成为大运河文化带建设的点睛之笔。

在丰富治水文化保护传承方面，重点包括挖掘治水文化内涵、加强治水文化保护、创新治水文化实践和提振治水文化活力。在提升水安全保障能力方面，重点包括完善防洪排涝功能、优化水资源调度配置、强化饮用水源保护。在促进河湖高效管护方面，重点包括严格水域岸线管理保护、促进水利设施提质升级、注重河湖管理能力提升。在深化水生态保护修复方面，重点包括推进生态河湖建设、保障河湖生态需水、加强重点河湖生态保护修复。

《水系规划》以专栏形式，列出了水文化载体建设、大运河骨干河道整治重点工程等项目，按照事权与支出责任相统一的原则，落实各级政府责任，推动项目组织实施。

《水系规划》明确了加强组织协调、落实经费投入、健全制度体系、加大宣传引导4项保障措施，以确保大运河河道水系治理管护各项任务落实落地。

《江苏省大运河生态环境保护修复规划》要点

2021年6月，江苏省印发《江苏省大运河生态环境保护修复规划》（本部分简称《规划》）。《规划》以打造生态健康、水清岸绿、风光旖旎、人水和谐的"美丽中轴"为总体目标，针对运河沿线生态系统整体性保护、污染治理能力、环境风险应急能力等方面的不足，坚持"污染治理"和"生态建设"两手发力，统筹推进全省高颜值生态长廊建设，让优美生态环境成为大运河文化带建设的最美底色。

《规划》明确了5个方面的重点任务。一是加强流域污染治理。强化大运河水质精准化管理，加强饮用水水源地保护，持续推进工业、农业、生活源污染防治和综合治理。二是严格环境风险防控。加强环境风险评估，强化工业园区环境风险管控以及船舶运输风险防控，提升应急处置能力。三是守护运河生态空间。严格生态空间准入管理，推进滨水生态空间建设，开展国土空间综合整治。四是筑牢自然生态基底。推进各类自然生态系统治理与修复，强化生物多样性保护。五是加强环境治理现代化建设。强化生态环境源头预防，加强生态环境监测评估与管理，加强环境执法能力建设。

《规划》提出大运河文化带生态环境保护修复将坚持3个原则。

第一，坚持保护优先、自然恢复为主的方针。一是把空间管控放到突出位置，严格大运河岸线生态空间准入。二是严格生态空间保护，明确大运河核心监控区范围内，严禁占用生态空间新建扩建高风险、高污染、高耗水产业和不利于生态环境保护的工矿企业。三是要求遵循自然规律，延续大运河各河段景观风貌特色，开展退圩还河、生态补水等保护修复，推进河湖生态环境综合整治；加强湖泊湿地修复，开展退圩还湖（湿），实施滨岸生态修复。

第二，坚持系统治理、整体保护。《规划》牢固树立山水林田湖草生命共同体理念，统筹谋划大运河整体保护、系统修复、综合治理的各项任务。一是以保护修复生态环境为核心，统筹促进经济社会发展格局、城镇空间布局、产业结构调整与资源环境承载能力相适应，推进分类施策，谋划分步实施。二是统筹水资源、水生态、水环境，系统推进工业、农业、生活、船舶污染治理，河湖生态流量保障，生态系统保护修复和风险防控等任务。

第三，坚持生态环境保护修复与文化带建设统筹推进。一方面，《规划》要求严格保护大运河文化遗产河段及遗产点的空间形态，将大运河文物保护范围和建设控制地带纳入国土空间规划；严格控制大运河沿线地区景区景点、历史文化名镇名村和传统村落、特色小镇等周边生态空间占用，对文化带的建设形成有力支撑。另一方面，《规划》要求进一步丰富大运河生态文化内涵，加强宣传推广，引导和动员社会各界参与生态文明教育和生态环境保护。

《江苏省大运河文化价值阐释弘扬规划》要点

2021 年 6 月，江苏省印发《江苏省大运河文化价值阐释弘扬规划》（本部分简称《规划》）。

《规划》根据国家和省有关规划关于大运河文化的功能定位和文化分类原则，综合大运河文化研究的学术成果，围绕物质文化、非物质文化和区域文化 3 个类型，从时空（历史、地域）、人文（社会、文明）4 个维度，系统挖掘大运河文化的内涵与特征，对应概括出：贯穿古今、流向未来的历史长河，沟通九州、连接世界的运输通道，济世惠民、承载兴亡的国运命脉，创造奇迹、拓展文明的精神源泉。

《规划》对照《关于实施中华优秀传统文化传承发展工程的意见》中的传统文化核心价值及精神内涵和《大运河文化保护传承利用规划纲要》中的大运河历史凝练文化的 4 个分类（民族精神、思想智慧、执着信念、文化态度），对应提炼出：勤劳勇敢、自强不息的民族精神，道法自然、天工开物的思想智慧，追求统一、民族团结的执着信念，兼收并蓄、开放包容的文化态度。

对于文化价值弘扬，《规划》提出了做好遗产保护传承、推进文化整理研究、贯穿国民教育过程、繁荣文学艺术创作、提升综合展示体系、打造精品文旅线路、构筑地域文化高地、加大宣传教育力度、深化对外交流合作 9 个方面任务，彰显大运河的千年底蕴、时代价值和当代形象，广泛传播大运河蕴藏的中国精神、中国价值和中国力量，让大运河文化展现永久魅力、焕发时代风采。

在文化挖掘上，对照《大运河文化保护传承利用规划纲要》提出的分类，结合江苏实际，增加了阐释地域积淀的文化内容；在阐释方法上，先分析大运河全域历史文化，再概括在江苏段的具体体现；在弘扬路径上，既贯彻国家有关规划要求，又结合省实施规划和其他专项规划内容。

《规划》统筹考虑大运河在经济、文化、社会、生态文明等各个领域的作用，概括大运河文化内涵和特征，阐释大运河文化核心价值与精神内涵，为大运河文化带和国家文化公园建设提供学术支撑和理论表述。

《规划》与江苏省"1+1+6+11"规划体系中其他规划紧密衔接，按照"十四五"期间和 2026~2035 年两个时间段，编排了 11 个工程、212 个重点项目，并实行项目动态更新机制，努力以重点项目高质量实施，带动大运河文化传承弘扬高质量推进。

《大运河江苏段核心监控区国土空间管控暂行办法》

第一章 总 则

第一条 为全面贯彻落实习近平总书记关于大运河文化带建设的重要指示批示和在江苏视察时的重要讲话精神，统筹推进大运河文化遗产保护和生态环境保护提升、沿线名城名镇保护修复、文化旅游融合发展、运河航运转型提升，为大运河沿线区域经济社会发展、人民生活改善创造有利条件，保护好、传承好、利用好大运河这一祖先留给我们的宝贵遗产，结合我省实际，制定本办法。

第二条　在大运河江苏段核心监控区内从事各类国土空间保护与开发利用活动，应遵守本办法。

第三条　本办法所称核心监控区，是指大运河江苏段主河道两岸各 2 千米的范围。滨河生态空间，是指核心监控区内，原则上除建成区（城市、建制镇）外，大运河江苏段主河道两岸各 1 千米的范围。

第四条　核心监控区涉及徐州市、宿迁市、淮安市、扬州市、镇江市、常州市、无锡市和苏州市。与大运河文化遗产保护相关的历史河道可参照本办法执行，有条件的重要支流可参照执行。

第五条　具体范围以河道岸线临水边界线为起始线，以行政区边界、自然山体、道路、建筑物及构筑物外围界线等地形地物为终止线统筹划定。

第六条　核心监控区国土空间管控应遵循保护优先、绿色发展，文化引领、永续传承，因地制宜、合理利用的原则，按照滨河生态空间、建成区（城市、建制镇）和核心监控区其他区域（"三区"）予以分类管控。

第二章　国土空间规划

第七条　落实管控范围。各地在编制国土空间规划时，应明确核心监控区和滨河生态空间具体范围，结合《中国大运河（江苏段）遗产保护规划（2011-2030）》划定的文化遗产保护区域，细化管控要求。

第八条　优化空间布局。统筹划定生态保护红线、永久基本农田、城镇开发边界，强化核心监控区内文化遗产保护、生态保护和文化创意、文化旅游、休闲游憩、绿色现代航运等与大运河文化保护传承利用相关功能建设，并与河道岸线功能分区相协调，合理安排与主导功能相符的产业布局。

第九条　提升空间品质。梳理运河沿线空间特色，加强历史文化传承保护，强化运河沿线高度、风貌、视廊、天际线等空间控制引导。针对大运河遗产保护的重点区域和重点地段，开展详细规划和城市设计。有序开展运河沿线城市更新工作，促进城市功能完善和品质提升。

第三章 国土空间准入

第十条 严格准入管理。核心监控区内，实行国土空间准入正（负）面清单管理制度，控制开发规模和强度，严禁不符合主体功能定位的各类开发活动。

第十一条 加强岸线管理。严格保护和合理利用岸线，维护岸线基本稳定。项目占用岸线须符合《中华人民共和国水法》《江苏省河道管理条例》《江苏省建设项目占用水域管理办法》等法律法规及相关规划要求。

第十二条 滨河生态空间内，严控新增非公益性建设用地，原则上不在现有农村居民点外新增集中居民点。新增建设用地项目实行正面清单管理。除以下建设项目外禁止准入：

（一）军事和外交需要用地的；

（二）由政府组织实施的能源、交通、水利、通信、邮政等基础设施建设需要用地的；

（三）由政府组织实施的科技、教育、文化、旅游、卫生、体育、生态环境和资源保护、防灾减灾、文物保护、社区综合服务、社会福利、市政公用、优抚安置、英烈保护等公共事业需要用地的；

（四）纳入国家、省大运河文化带建设规划的建设项目；

（五）国家和省人民政府同意建设的其他建设项目。

第十三条 核心监控区其他区域内，实行负面清单管理，禁止以下建设项目准入：

（一）非建成区内，大规模新建扩建房地产、大型及特大型主题公园等开发项目；

（二）新建扩建高风险、高污染、高耗水产业和不利于生态环境保护的工矿企业，以及不符合相关规划的码头工程；

（三）对大运河沿线生态环境可能产生较大影响或景观破坏的；

（四）不符合国家和省关于生态保护红线、永久基本农田、生态空间管控区域相关规定的；

（五）不符合《产业结构调整指导目录（2019年本）》《市场准入负面清单（2019年版）》《江苏省长江经济带发展负面清单实施细则》及江苏省河湖岸线保护和开发利用相关要求的；

（六）法律法规禁止或限制的其他情形。

本条款在执行过程中，国家发布的产业政策、资源利用政策等另有规定的，按国家规定办理；涉及的管理规定有新修订的，按新修订版本执行。

第十四条　建成区（城市、建制镇）内，严禁实施不符合产业政策、规划和管制要求的建设项目。

城市建成区老城改造应加强建筑高度管控，开展建筑高度影响分析，按照高层禁建区管理，落实限高、限密度的具体要求，限制各类用地调整为大型的工商业、商务办公、住宅商品房、仓储物流设施等项目用地。

第四章　国土空间用途管制

第十五条　严格落实核心监控区的"三区"准入要求，健全管制制度，根据国土空间规划的用途实施差别化管理。

第十六条　生态用途区域内，严格生态保护红线管理，在符合现行法律法规前提下，除国家重大战略项目外，仅允许对生态功能不造成破坏的有限人为活动。自然保护地核心保护区原则上禁止人为活动，其他区域严格禁止开发性、生产性建设活动。

第十七条　农业用途区域内，坚持最严格的耕地保护制度，坚决制止耕地"非农化"行为，防止耕地"非粮化"，对永久基本农田实行特殊保护，加强耕地数量、质量、生态"三位一体"保护，注重与周边自然生态系统有机结合。

第十八条　村庄建设区域内，全面保护文物古迹、历史建筑、传统民居等传统建筑。发展乡村特色产业，鼓励建设村庄公共服务设施、文旅设施、非遗传承基地、运河文化展示及其他乡村振兴项目。

第十九条　城镇开发边界范围内，鼓励与大运河国家文化公园相关的文化展示、文旅线路、文旅设施以及各类公园绿地建设；鼓励与城市功能发展定位匹配的公共服务设施和基础设施建设。建成区内鼓励优化商业、住宅、服务等各类建设用地结构，调整不合理布局。

第二十条 大运河遗产保护区域内，严禁不利于文化遗产安全及环境保护相关的项目建设。对不符合历史文化遗产保护等相关法律法规及规划要求的建设项目不予办理相关手续。对已有文化遗产及其环境产生影响的设施，应限期治理。

鼓励推进文化遗产合理保护、提升文化遗产展示水平、促进文化遗产活态利用等相关项目建设。

建设项目涉及大运河世界文化遗产和全国重点文物保护单位的大运河遗存保护范围、建设控制地带范围的，应落实建设项目遗产影响评估制度，实行工程建设考古前置制度。

第五章 国土空间整治修复

第二十一条 强化统筹治理。秉承山水林田湖草生命共同体的理念，加强政府引领，鼓励社会参与，推进大运河沿线国土空间综合整治和生态保护修复。

第二十二条 加强不合理用地空间腾退。开展主河道沿线化工企业整治提升，依法关闭不符合安全生产标准的化工企业、园区，依法关停环保不达标的化工企业、园区，依法依规淘汰化工行业落后产能。

对已存在具有历史文化遗产价值的建筑，在修复中予以保护；对于违规占压运河河道本体和岸线的建（构）筑物，按照相关要求及时处置整改，对其他不符合生态环境保护和历史文化遗产保护要求的已有项目和设施逐步搬离。滨河生态空间内腾退的土地优先用于建设公共绿地或基本公共服务设施。

第二十三条 推进国土空间综合整治。遵循自然恢复为主、人工修复为辅的原则，实施国土综合整治和生态修复重大工程，优先纳入省级国土空间生态修复规划，优先安排山水林田湖草生态保护修复、国土空间全域综合整治、废弃矿山地质环境治理等工程。因地制宜实施滨河防护林生态屏障工程，林相改造应与大运河文化相融合。

第二十四条 加强河湖湿地生态保护修复。加强水污染综合防治，促进出入江河、湖泊、塘库支流水体生境自然恢复，科学有序实施退田（圩）还湖（湿）工程。

第二十五条　推动存量资源合理流动。全面落实批而未供和闲置土地处置与新增建设用地计划安排相挂钩的机制。统筹核心监控区内、外新增建设用地布局，滨河生态空间内腾退的建设用地空间规模可作为规划期内流量指标归还。

第六章　空间形态与风貌引导

第二十六条　严格保护自然生态环境和传统历史风貌，突出世界文化遗产保护，加强全域空间形态、城乡风貌的引导和管控，实现大运河沿线自然和人文景观的整体保护和塑造。传承江苏水乡人居、城河共生文化，实现城市风光与运河风光协调辉映。

第二十七条　根据岸线所在区位，进行分段引导，体现各段的文化发展特征，与遗产环境风貌相协调，注重工商文化、革命文化的传承和弘扬。

中运河段体现古朴雄浑、尊礼重义、刚毅尚武的楚汉文化特征，突出漕运、水工技术进步为特色的文化保护传承。淮扬运河段体现精工细作、刚柔并济、雅俗共赏的淮扬文化特征，突出水工、漕运、盐业为特色的文化保护传承。江南运河段体现崇文尚教、商农并重、典雅精致的吴文化特征，突出水工、水乡聚落为特色的文化保护传承。

第二十八条　根据岸线功能分区及国土空间主导功能差异，开展分区引导。

大运河遗产保护区域内，重点控制大运河世界文化遗产的遗产区和缓冲区、大运河全国重点文物保护单位的保护范围和建设控制地带等范围内的空间形态与风貌。依据相关法律法规及依法批准的相关保护规划要求进行管控，保持和延续传统格局和历史风貌，保护历史文化遗产的真实性和完整性。

生态用途和农业用途区域内，在保护运河现有资源和尊重历史环境的前提下，以农田与自然郊野风貌为主导，形成生态绿色走廊。塑造苏北平原田野风光、苏中里下河水网地区湿地风光、江南水乡田园风光等各具特色的风貌景观。

城镇开发边界范围内，老城改造应逐步改造与传统风貌不协调的建（构）筑物，控制城市景观视线走廊，整体保护大运河沿线空间形态。新建项目建筑整体高度应与周边大多数建筑平均高度相协调。

村庄建设区域内，应持续改善农村人居环境，彰显历史文化传承和运河水生态文化独特魅力，对乡村地区分类分区提出风貌和高度控制等空间形态塑造和管控要求，体现田园风光和本土特色。

第七章　实施保障

第二十九条　明确职责分工。在省大运河文化带建设工作领导小组领导下，由省自然资源主管部门牵头做好国土空间规划和用途管制等工作，相关部门要各司其职、密切配合，强化资源整合、统筹协调和督促指导。

核心监控区内涉及大运河文化带建设的重大项目，需报省大运河文化带建设工作领导小组审定。涉及岸线利用或河道管理范围的项目，须经有权限水行政主管部门批准后实施。

核心监控区涉及的设区市人民政府应及时制定大运河核心监控区国土空间管控细则，落实管控范围，细化管控要求，明确保障措施，报省人民政府后发布实施。涉及江河共用、河湖共用的设区市，应在细则中明确差异化管控措施。

第三十条　明确阶段目标。至 2022 年，各市、县（市、区）在国土空间总体规划中明确"三区"界线并划定落地。至 2025 年，大运河江苏段文化保护传承利用格局全面形成，核心监控区内国土空间格局得到进一步优化，大运河历史文化遗产管控措施基本完善，主要污染源和违法建设项目彻底清除，沿线绿色生态廊道岸绿水清风貌初步形成。至 2035 年，大运河文化带江苏段在全国的引领示范作用有效发挥，文化价值和精神内涵得到深入挖掘和活态传承，现代化展示体系全面形成。核心监控区内不符合生态环境保护和相关规划要求的已有项目和设施全部搬离，绿色生态廊道贯通建成，生态环境根本好转，生态系统服务功能充分发挥，全面展示大运河江苏段生态优势和文化魅力。

第三十一条　创新政策机制。探索全民所有自然资源资产损害调查和赔偿制度，加快建立受国土空间用途管制影响而实施的生态补偿机制，构建生态产品价值实现机制。积极整合各类财政资金，吸引社会资本共同投入，探索推广政府和社会资本合作（PPP）等模式，拓宽投融资渠道。地方各级人民政府应结合实际，完善相关支持措施。

第三十二条　加强宣传引导。创新和丰富宣传形式，发挥舆论导向作用，积极做好政策解读，充分发挥社会公众力量，营造政府、市场等多方协同推进的良好氛围，形成管控合力。

第三十三条　强化监督管理。地方各级人民政府应严格执行文化遗产保护、产业准入政策、自然资源管理、河湖水系治理、生态环境保护等要求，省各有关部门要加强事中事后监管，适时开展专项督查、联合督查，加强审计监督，建立健全社会监督机制。

第八章　附则

第三十四条　本办法由江苏省人民政府负责解释。

第三十五条　本办法自 2021 年 4 月 1 日起施行。

浙江省

《浙江省大运河核心监控区国土空间管控通则》要点

2021 年 2 月 22 日，浙江省政府办公厅印发《浙江省大运河核心监控区国土空间管控通则》（本部分简称《通则》），明确危害大运河生态安全、破坏大运河景观风貌的项目，违法建设的建（构）筑物，违规占压运河河道管理范围的建（构）筑物、码头等，将通过整改、搬迁、关停、拆除等方式，限期逐步有序退出。

《通则》明确，浙江省大运河核心监控区为京杭大运河浙江段和浙东运河主河道两岸起始线至同岸终止线距离 2000 米内的范围，共涉及 5 个设区市及 22 个县（市、区），包括历史文化空间、生态保护空间、城镇建设空间、村庄建设空间和其他农林空间 5 类管控分区。

《通则》规定，生态保护区（生态保护红线）内，自然保护地核心保护区原则上禁止人为活动；自然保护地核心保护区外，除国家重大项目外，仅允许对生态功能不造成破坏的有限人为活动。允许的活动包括：原住居民基本生产生活；自然资源、生态环境调查监测和执法；必须且无法避让、符合县级以上国土空间规划的线性基础设施建设、防洪和供水设施建设与运行维护、已有合法水利、交通运输设施的运行和维护等；地质调查与矿产资源勘查开采等。

《通则》提出，对于历史文化空间现有不符合大运河世界文化遗产保护规划的项目，要制定整改计划，依法逐步拆除、外迁或整改，腾退用地优先用于公共绿地、文化设施、市政安全设施建设；城镇建设空间的老城改造应限制各类用地调整为大型工商业、商务办公、仓储物流和住宅商品房用地，鼓励调整为公共服务、公园绿地等公益性用途用地；村庄建设空间鼓励村庄低效用地整治，优化村居布局，充分利用村庄闲置宅基地、工业厂房等存量用地和建筑，严禁大规模新建、扩建房地产、大型及特大型主题公园项目和大型工业园区，严禁新增矿业权出让（地热、矿泉水等水气矿业权除外）；其他农林空间要加强生态修复，注重自然修复和工程治理相结合，推进河岸带生态化改造，维护大运河沿线自然景观风貌，严禁大规模新建、扩建房地产和大型及特大型主题公园等开发项目。

《大运河（宁波段）文化保护传承利用实施规划》要点

2021 年 5 月 25 日，宁波市印发《大运河（宁波段）文化保护传承利用实施规划》（本部分简称《规划》）。《规划》以大运河（宁波段）世界文化遗产为核心资源，规划范围涉及海曙、江北、镇海、北仑、鄞州、余姚等区（市）。《规划》实施期为 2020~2035 年，其中近期为 2020~2025 年，中远期为 2026~2035 年，规划展望到 2050 年。

《规划》内容涉及文化遗产保护与文化价值传承、运河名城名镇保护与功能提升、非物质文化遗产保护与传承工程、生态环境保护与滨河品质优化工程、航道整治利用与水利功能提升工程、文旅融合发展与产业活力升级工程等内容。

《规划》明确，到 2025 年，实现大运河遗产监测全覆盖，完成市级以上运河遗产点的保护修复；联合海上丝绸之路保护和联合申报世界文化遗产联盟城市共同推进"海丝申遗"工作；沿线 6 区（市）文化及相关特色产业增加值达到 660 亿元。浙东运河（宁波段）主河道（列入世界文化遗产的河段）两岸各 2000 米内的核心区范围划定为核心监控区，该区域纳入国土空间规划，实行负面清单准入管理；两岸各 1000 米范围划定为滨河生态空间，严控新增非公益建设用地，在严格保护耕地的基础上，实施滨河防护林生态屏障工程，在沿河两岸集中连片植树造林。

《规划》提出，大运河（宁波段）的空间发展格局设定为"一脉三片多组团多线路"。一脉即大运河海丝文化主动脉。三片是指以"文明起源、阳明故里"为特色的浙东文化传承发展片，主要涵盖余姚市大运河沿线乡镇（街道）；以"三江风情、丝路启航"为特色的河海文化创新发展片，主要涵盖江北区、海曙区、鄞州区沿河区片；以"东出大洋、商帮商贾"为特色的海洋文化开放发展片，主要涵盖镇海区、北仑区沿河区片。多组团包括特色文化旅游组团、时尚文体和数字文化服务组团、海洋赛事和休闲健身服务组团、传统工艺产业组团。多线路包括文明访古之路、古镇新貌之路、海上丝绸之路、浙东治学之路、山水诗画之路。

在文化遗产保护与文化价值传承工程方面将文化遗存保护作为首要任务，启动建设大运河（宁波段）国家文化公园工程，包括加快河海博物馆、天一阁博物院扩建项目的建设，积极谋划建设大西坝、小西坝、压赛堰 3 个考古遗址公园，争取列入大运河国家文化公园标志性项目。

《嘉兴市大运河世界文化遗产保护条例》

2017 年 12 月 27 日嘉兴市第八届人民代表大会常务委员会第六次会议通过。2018 年 3 月 31 日浙江省第十三届人民代表大会常务委员会第二次会议批准。根据 2021 年 8 月 19 日嘉兴市第八届人民代表大会常务委员会第三十六次会议通过。2021 年 9 月 29 日浙江省第十三届人民代表大会常务委员会第三十一次会议批准的《嘉兴市人民代表大会常务委员会关于修改〈嘉兴市大运河世界文化遗产保护条例〉等三件地方性法规的决定》修正。

第一条　为了加强嘉兴市大运河世界文化遗产保护，根据《中华人民共和国文物保护法》和有关法律、法规，结合本市实际，制定本条例。

第二条　本市行政区域内的大运河世界文化遗产（以下简称大运河遗产）保护，适用本条例。

本条例所称大运河遗产，包括：

（一）遗产河道：苏州塘、嘉兴环城河、杭州塘、崇长港、上塘河；

（二）遗产点：长虹桥、长安闸。

第三条　大运河遗产保护遵循"统一规划、分级负责、属地管理、合理利用"的原则，维护大运河遗产的真实性、完整性和延续性。

第四条　市人民政府应当加强对大运河遗产保护的组织领导。

大运河遗产所在地的县级人民政府负责本行政区域内的大运河遗产保护。

大运河遗产所在地的镇人民政府、街道办事处应当协助做好大运河遗产的保护工作。

第五条　市、县两级文物主管部门负责本辖区内大运河遗产保护工作的指导协调和监督管理：

（一）建立大运河遗产监测和预警系统，编制大运河遗产保护应急预案，协调相关部门处置应急预警事件；

（二）收集大运河遗产监测数据，提交监测报告；

（三）负责大运河遗产的研究、展示和档案资料等收集工作；

（四）依法开展大运河遗产保护的执法工作；

（五）法律、法规规定的其他职责。

发展和改革、教育、公安、财政、国土资源、环境保护、城乡规划、交通运输、水利、农业、文化、旅游、综合执法、气象等有关部门应当按照各自职责，协同做好大运河遗产保护工作。

第六条　市、县两级人民政府应当将本行政区域内的大运河遗产保护纳入本级国民经济和社会发展规划，大运河遗产保护所需经费列入本级财政预算。

鼓励通过社会捐赠等方式募集大运河遗产保护资金，用于大运河遗产保护。

第七条　公民、法人和其他组织都有依法保护大运河遗产的义务，并有权对破坏大运河遗产的行为进行劝阻、检举和控告。

鼓励新闻媒体、各类文化教育机构和志愿者参与大运河遗产保护工作。

市、县两级人民政府应当对在大运河遗产保护工作中作出突出贡献的组织或者个人给予奖励。

第八条　市文物主管部门应当会同有关部门，组织编制嘉兴市大运河世界文化遗产保护规划（以下简称市大运河遗产保护规划），报市人民政府批准后实施。

编制市大运河遗产保护规划应当广泛征求社会各界意见，并组织专家论证，必要时，应当举行听证。

市大运河遗产保护规划经批准公布后，不得擅自变更；确需变更的，应当依照原编制和报批程序执行。

第九条　市大运河遗产保护规划应当符合国家大运河遗产保护与管理总体规划、浙江省大运河世界文化遗产保护规划，并与嘉兴市城市总体规划、土地利用总体规划、环境保护规划相衔接。

水利、航道、港口等专项规划以及大运河遗产沿线区域城市详细规划、镇规划、村庄规划，应当与市大运河遗产保护规划相协调。

第十条　市大运河遗产保护规划应当包括下列主要内容：

（一）保护目标和原则；

（二）遗产构成要素；

（三）遗产综合评估；

（四）保护重点和分类保护措施；

（五）遗产区和缓冲区区划；

（六）遗产展示、考古和综合环境整治规划以及相关规划建议；

（七）保护规划分期实施方案。

遗产区和缓冲区区划应当与文物保护单位保护范围和建设控制地带区划相衔接。

第十一条　市、县两级文物主管部门应当根据市大运河遗产保护规划设置大运河遗产标志牌以及大运河遗产区、缓冲区边界界桩，并建立大运河遗产所在地标识系统，向公众提供真实、完整的大运河遗产信息。

第十二条　在大运河遗产区内，除大运河遗产保护和展示、景观维护、防洪排涝、清淤疏浚、水工设施维护、水文水质监测设施建设、航道和港口设施建设、跨河桥梁和隧道建设、游船码头和建筑物修缮等必要的建设工程外，不得进行其他工程建设或者爆破、钻探、挖掘、采石等作业。

在大运河遗产区内进行工程建设，应当符合市大运河遗产保护规划，避开大运河水工遗存相关古迹、遗址，并采取对大运河遗产影响最小的施工工艺。因特殊情况不能避开的，应当按照有关法律、法规的规定采取保护措施，实施原址保护。

第十三条　在大运河遗产区、缓冲区内进行建设工程，应当与大运河遗产的历史风貌和景观环境相协调。

第十四条　市、县两级人民政府应当在符合市大运河遗产保护规划的前提下，按照适度、合理、可持续的要求，充分发挥大运河遗产文化传播、水利航运、旅游休憩等功能。鼓励依法开展下列活动：

（一）建立运河传统民俗档案，发展运河特色文化产业；

（二）开发、推广运河特色旅游产品和旅游线路；

（三）建设展览馆、公园、参观游览区等；

（四）利用遗产河道，发挥历史延续的航运功能、水利功能；

（五）其他有利于大运河遗产保护和文化传承的活动。

第十五条　禁止从事下列行为：

（一）刻划、涂污或者以其他方式损毁不可移动文物；

（二）擅自占用、填堵、围圈、遮掩水域；

（三）损毁防护、警示设施；

（四）损毁标志牌、界桩；

（五）其他破坏大运河遗产的行为。

第十六条　在大运河遗产的保护范围和建设控制地带内进行工程建设或者开展利用活动，法律、法规已有规定的，从其规定。

第十七条　违反本条例规定的行为，法律、法规已有法律责任规定的，从其规定。

第十八条　违反本条例第十五条第三项规定，损毁防护、警示设施的，由文物主管部门责令改正，给予警告，可以并处五千元以上五万元以下罚款。

第十九条　文物主管部门、其他有关部门及其工作人员在大运河遗产保护工作中滥用职权、徇私舞弊、玩忽职守的，由有权机关依法给予处分。

第二十条　嘉兴经济技术开发区管委会应当做好本区域内大运河遗产的保护工作，并指定工作机构负责。行政处罚工作由有关主管部门依法实施。

第二十一条　对按照世界文化遗产申报相关要求和程序，补充列入大运河遗产的，依照本条例予以保护。

第二十二条　本条例自 2018 年 8 月 1 日起施行。

二 水利工程

（一）会议与调研

河北省

河北省应急管理厅副厅长林长风赴四女寺枢纽工程管理局检查防汛工作
2021 年 10 月 12 日，河北省应急管理厅副厅长林长风带队赴四女寺枢纽工程管理局检查秋汛防御工作，漳卫南局党委委员、副局长付贵增参加检查。林长风一行实地察看了四女寺枢纽工程南进洪闸、北进洪闸，听取了漳卫南运河、四女寺枢纽及北进洪闸除险加固工程情况介绍，详细了解了此次秋汛洪水情况。林长风指出，面对防秋汛严峻形势，希望各部门发扬连续作战精神，时刻关注上游来水，始终坚持以人为本理念，抓住防汛工作中的重点部位和关键环节，确保人民群众生命财产安全。付贵增指出，要继续紧绷防汛这根弦，加强值班值守，强化巡查检查，细化隐患管理，确保枢纽安全度汛。

廊坊市召开北三县城乡环境综合整治提升暨北运河旅游通航工作观摩推进会议 2021 年 11 月 23 日，廊坊市委书记杨晓和等廊坊市领导带领各县（市、区）、廊坊开发区和市直有关部门主要负责同志先后赴三河市毛坟村、康恒垃圾焚烧发电厂、大厂回族自治县煤矿路北段、小厂村、香河县北李庄村、北运河（廊坊段）中心码头，现场观摩学习美丽乡村建设、城乡环境整治、民族特色村寨建设、北运河旅游通航等方面的典型做法。

漳卫南局组织开展漳卫河灾后重建查勘调研 2021 年 11 月下旬，为落实漳卫河灾后重建工程前期工作方案有关部署要求，漳卫南局连续组织了漳卫河系灾后重建实施方案中的漳卫新河河口治理，漳卫新河（四女寺—辛集闸）后续治理，四女寺枢纽南进洪闸、节制闸除险加固和漳河干流岳城水库至徐万仓段治理项目现场查勘，并分别组织召开了座谈会。局党委委员、副局长付贵增参加现场查勘并主持座谈会。付贵增指出，漳卫河系遭遇了新中国成立以来罕见的夏汛和秋汛，漳卫河防洪工程体系经受了极大考验。付贵增强调，局属有关部门和单位要通力协作、紧密配合，进一步落实任务分工，及时对接咨询技术支撑单位，争取高起点、高站位、高标准、高质量地完成灾后重建工程前期工作任务，为推动漳卫南运河高质量发展提供有力保障。

山东省

德州市委书记田卫东检查漳卫河防汛工作 2021 年 10 月 3 日，德州市委书记田卫东现场检查漳卫河防汛工作。德州市委秘书长张安民、副市长董绍辉参加检查。田卫东一行先后赴减河魏庄险工、陈段沟涵闸、西郑分洪闸、卫运河土龙头险工等处，详细了解了当前漳卫河秋汛形势和水利工程调度运行情况，认真听取了防汛工作情况的汇报。田卫东强调，要强化洪水预测预报，科学研判洪水演进趋势，把握防汛工作主动权；要加强值班值守，压实防汛责任，保障各项措施落实到位；要加强工程巡查，及时消除隐患，全力保障防洪安全。

山东省委副书记、代省长周乃翔赴漳卫河检查指导防汛工作 2021 年 10 月 4 日，山东省委副书记、代省长周乃翔一行赴漳卫河检查指导防汛工作，漳卫南局党委书记、局长张永明参加检查。周乃翔一行先后查看漳卫河汇合口徐万仓、西郑庄分洪闸、四女寺枢纽等重点工程，听取漳卫南局防洪工作情况汇报，了解漳卫南运河流域概况和秋汛防御措施落实情况。周乃翔指出，漳卫河流域遭受了罕见的秋汛，要深入贯彻习近平总书记关于防汛救灾工作的重要指示精神，全力做好流域防汛工作；要聚焦重点和薄弱环节，科学谋划，精准施策，密切配合，确保万无一失，安全度汛；要强化预测预报，精准分析洪水变化发展，及时会商研判、发布预警；要统筹考虑流域水情，科学实施流域联合调度，加强工程巡查防守，及时排查、消除隐患；要压实工作责任，严明工作纪律，严格落实 24 小时值班和领导带班制度。张永明表示，漳卫南局立足"防抗救"相结合，时刻保持战时状态；密切监视雨水情变化，精准及时预测预报；科学精细调度水工程，充分发挥工程整体作用；深入总结前一阶段洪水防御工作，认真查找漏洞隐患和薄弱环节，完善各项应对措施，优化各项工作机制；协助地方政府加强巡查值守，落实防守责任。

山东省军区战备建设局局长何昌东赴四女寺枢纽检查防汛工作　2021 年 10 月 21 日，山东省军区战备建设局局长何昌东赴四女寺枢纽工程管理局检查防汛工作，漳卫南局党委书记、局长张永明参加检查。检查组一行实地察看了四女寺枢纽工程，认真听取了漳卫南局对漳卫南运河河系基本情况介绍，详细了解了夏汛、秋汛工作开展情况及四女寺枢纽行洪情况。何昌东指出，当前漳卫河系正处于退水期，各部门、单位要进一步强化思想认识，加强军地联系，形成合力，切实打赢防汛之战。张永明指出，各部门、单位要继续绷紧防汛安全弦，坚决克服麻痹思想和侥幸心理，强化责任，落实各项防御措施，确保洪水安全下泄，保障人民群众生命财产安全。

济宁市努力建设中国北方航运中心　2021 年 11 月 1 日，山东省政府新闻办召开"全面小康　奋进山东"主题系列新闻发布会济宁专场，济宁市委副书记、市长于永生表示，济宁持续放大"黄金水道"优势，组建了济宁港航集团，全力打造全国一流内河航运体系，努力建设中国北方内河航运中心。京杭大运河贯通南北、沟通内外、联通古今，是中国仅次于长江的"黄金水道"，济宁是运河流经最长的城市，素有"运河水脊""运河之都"之称。济宁航运能力在运河沿线 12 个港口城市中居第 1 位，是国家确定的京杭运河 6 个重点建设港口之一。为提升航运能力，济宁主动对标青岛港等大型港口，重点推进梁山港、济州港、龙拱港等千万吨以上的大型现代化港口建设，争取用 3~5 年时间，济宁港吞吐能力达到 1 亿吨。加快推进湖西主航道"三改二"和支线航道提升等工程，构建"一干双线十二支"内河航道网络。

济宁市召开港产融合发展工作现场办公会　2021年11月16日，济宁市召开港产融合发展工作现场办公会，调度建设进展情况，明确工作重点，研究解决堵点卡点问题，加快打造港产融合发展新高地。济宁市委副书记、市长于永生出席会议。于永生充分肯定了济宁市港产融合发展工作专班取得的阶段性工作成效，指出济宁是水运资源大市，济宁市委、市政府将大力发展港航产业、打造现代物流强市，作为事关济宁高质量发展全局、事关争先进位大局的战略性举措部署推进。各级各相关部门要进一步认清肩负的重大责任和历史使命，铆足干劲、坚定不移，全力以赴抓好各项工作推进落实。要准确把握发展思路方向，紧紧围绕"布局大港口、发展大物流、培育大产业"发展目标，严格按照济宁全市"一盘棋"统一行动，加快港口岸线资源整合，全面发展壮大济宁市港航产业经济。要着眼加快融入双循环和"一带一路"倡议，统筹布局、高点谋划济宁市港航物流产业，用好运河文化和微山湖品牌，编制完成济宁市港产融合发展整体规划，大力发展集装箱运输，加快济宁港由运输港向金融港、贸易港、生态港转型，实现港产互动、融合发展。要以实施龙拱港自动化集装箱码头、梁山港智慧港航、新能源船舶修造基地等一批示范工程为牵动，全面打造智慧港航。港航发展集团要进一步强化使命担当，深度研究产业，大力开拓市场，加快成长为影响全国、联通世界的大型港航物流集团，全力打造中国北方内河航运中心和港航物流新高地。

江苏省

江苏省交通运输厅港航事业发展中心检查京杭运河施桥口门段航道整治工程安全生产工作　2021年4月15日，江苏省交通运输厅港航事业发展中心主任张爱华带队赴京杭运河施桥船闸至长江口门段航道整治工程检查项目安全生产工作。检查组一行实地察看了工程钢筋加工厂、钢筋砼承台和六圩大桥建设施工现场，检查了现场安全防护措施，参观了工程展示厅，详细了解、听取了项目安全生产及工程进展情况汇报，要求项目各方认真学习贯彻习近平总书记关于安全生产重要指示论述，认真落实安全生产专项整治"集中攻坚年"和近期国家、省级安全生产工作的部署，加强现场安全管理、安全风险管控和隐患排查治理，确保项目安全顺利实施。

中国残联党组成员、副理事长相自成调研大运河无障碍环境设施提升工程　2021 年 4 月 16 日，中国残联党组成员、副理事长相自成率省、市残联相关负责人赴杭州市开展大运河无障碍环境建设公益诉讼专项监督工作调研。相自成一行先后赴大运河拱宸桥、信义坊两处码头，实地察看无障碍设施整改情况，充分肯定杭州市无障碍环境设施提升工程推进情况。

江苏省交通运输厅副厅长丁峰调研京杭运河施桥口门段航道整治工程品质工程建设工作　2021 年 5 月 27 日，江苏省交通运输厅副厅长丁峰一行赴扬州，调研京杭运河施桥船闸至长江口门段航道整治工程品质工程建设情况，实地察看了项目钢筋加工厂、钢筋砼承台、靠船墩造型模板施工现场和工程展厅，详细了解项目建设现场和智慧工地平台运行情况，听取了项目平安百年品质工程建设相关工作汇报。调研组充分肯定了项目前一阶段品质工程创建成效，要求提高对品质工程创建的认识，将品质工程创建作为江苏交通建设品牌的最基本要求，进一步落实主体责任，形成创建共识；以更高标准、更严要求推进品质工程示范项目建设，加强现场规范、安全管理，全力打造大运河文化带品质工程示范；处理好工程建设与全寿命周期建设、养护的关系，充分运用现代信息技术，注重质量通病治理，提高工程质量和本质安全水平。

淮安市淮安区现场推进京杭运河绿色现代航运示范区建设　2021 年 8 月 13 日，淮安市淮安区区长颜复带领相关部门负责人现场推进京杭运河淮安区段绿色现代航运示范区建设。颜复一行先后实地察看了井神路南侧主题公园、黄码大桥南侧堤防管理所、灯塔广场、运东电站、汇行广场、淮安船闸上游远调站、石塘镇富民物业码头等改造工程实施现场，听取各工程进展情况汇报，并对工程质量和时间节点等方面提出具体要求。颜复指出，京杭运河淮安区段绿色现代航运示范区建设是大运河文化带建设的重要内容，是增强城市服务功能、提升城市形象品质的战略工程,也是人民群众高度关注的民生工程。要精心实施项目,全力提升淮安区大运河文化带建设水平,聚力打造京杭运河淮安区段绿色现代航运示范区,推动淮安内河水运转型发展。

中国南水北调集团有限公司党组书记、董事长蒋旭光一行赴扬州市调研南水北调东线工程 2021 年 10 月 14 日,中国南水北调集团有限公司党组书记、董事长蒋旭光一行赴扬州市调研南水北调东线工程。蒋旭光一行首先到扬州三湾生态文化公园,详细了解古运河沿线环境整治和文化保护传承利用等情况,参观了扬州中国大运河博物馆主题展厅和考古研究所等功能区,深入了解大运河文化带建设,对扬州加强大运河文化保护传承利用、大力推进生态文明建设等工作予以肯定。在南水北调东线江苏数据中心、江都水利枢纽展览馆,听取有关工作介绍,详细了解南水北调东线工程建设运行、水源地生态保护、水利枢纽建设历程等情况,强调南水北调东线工程是事关国计民生的战略性基础设施,要深入学习贯彻习近平总书记在推进南水北调后续工程高质量发展座谈会上的重要讲话精神,牢牢把握"国之大者",继续加强工程运行管理,扎实推进南水北调东线后续工程规划建设,运营和保护好南水北调输水大动脉,为经济社会持续健康发展提供有力支撑。

长湖申线(苏浙省界至京杭运河段)航道整治工程第一次工地会议召开 2021 年 10 月 15 日,苏州市水运工程建设指挥部(简称"苏州水运指")召开长湖申线(苏浙省界至京杭运河段)航道整治工程第一次工地会议,标志着该项目正式进入实质性建设阶段。苏州水运指围绕计划管理、质量控制、安全管理、投资控制、文明环保、廉政管理、疫情防控等方面提出了具体的要求。长湖申线(苏浙省界至京杭运河段)航道整治工程全长22.71 公里,建设内容包括航道护岸、土方疏浚、桥梁加固以及停泊区、航道信息化、标志标牌等配套工程。

淮安市委副书记赵正兰率队调研淮安市水利工作 2021 年 10 月 19 日,淮安市委副书记赵正兰一行先后赴淮河入海水道大运河立交、大运河里运河城区段市管水利设施景观提升工程等地,详细了解入海水道二期、南水北调工程、大运河"百里画廊"、洪泽湖退圩还湖等工作开展情况。

京杭运河绿色现代航运综合整治工程（淮安船闸至宝应段）设计方案汇报会在淮安市召开 2021年11月5日，京杭运河淮安区段绿色现代航运综合整治工程（淮安船闸至宝应段）总体设计方案汇报会顺利召开。会议指出，要根据大运河"百里画廊"建设要求，明确建设范围，注重历史文物古迹的保护；设计单位要进一步细化完善方案，统筹兼顾沿线各生态景观，尽量保留现有园林绿植，做到功能完善、景观优美；积极对接国土、环保、水利等相关部门，推进施工图设计，保障项目按序实施。

宿迁航务中心组织召开京杭运河绿色现代航运综合整治工程（宿迁段）施工图设计内部审查会 2021年11月11日，宿迁航务中心组织召开京杭运河绿色现代航运综合整治工程（宿迁段）施工图设计内部审查会。中交第二航务工程勘察设计院和南京市园林规划设计院分别汇报了泗阳、刘老涧、皂河船闸管理艇靠泊护岸施工图和闸区环境及景观提升工程施工图设计方案，与会人员对设计方案进行详细审查，并提出意见和建议。会议要求，设计单位要根据审查中提出的具体意见进行实地勘察，与各船闸进行深入沟通，对设计方案进行修改完善。

江苏省交通运输厅港航事业发展中心调研宿连航道一期工程建设 2021年11月18日，江苏省交通运输厅港航事业发展中心主任陈胜武带队赴宿连航道中交一航局军屯河枢纽项目调研指导，宿迁市港航事业发展中心主任姜若松等参与调研。调研组深入施工现场，详细了解了项目建设概况、项目进展等情况，现场观摩了创新可收缩芯模、智能边坡监测系统、自走式廊道内模、智能龙门架等新工艺运用成果，对项目建设情况表示肯定。调研组要求全面加强工程建设质量管理，加强安全生产标准化管理，统筹工程建设进度、质量和安全，打造品质工程、安全工程、廉洁工程、智慧工程、标杆工程。

京杭运河江苏段绿色现代航运综合整治工程（江南段）镇江段智慧运河工程航道外场感知设施施工项目开工仪式举行 2021年11月29日，京杭运河江苏段绿色现代航运综合整治工程（江南段）镇江段智慧运河工程航道外场感知设施施工项目开工仪式在镇江航道4K+217地点举行。该项目充分运用新一代物联网、5G、大数据、云计算等现代技术手段，建设镇江航道感知网，为下一步江苏省航闸运行调度与监测服务系统提供数据支撑及技术分析，实现"上下衔接、智能高效、安全绿色、开放共享"的全省干线航道运行调度与监测体系，促进镇江航道业务职能和运输服务功能数字化、信息化、智能化，全面提升航道设施建设、维护、管理及运输服务能力。

浙江省

浙江省交通运输厅副厅长夏炳荣带队开展京杭运河二通道调研 2021年11月12日，浙江省交通运输厅党组成员、副厅长、一级巡视员夏炳荣赴现场调研京杭运河二通道项目，实地踏勘新开挖航道、八堡船闸的关键节点，听取杭州市交通运输局关于二通道项目进展情况和存在难点的汇报，并与临平区、海宁市、桐乡市交通运输局及项目业主等单位进行了座谈交流。夏炳荣要求省交通运输厅各部门加强服务指导，地方交通运输局加强对接协调，参建各方要有担当，加强联动合作；要精益求精，将京杭运河二通道打造成品质工程、智慧工程、平安工程。

（二）河道整治与设施建设维护

北京市

北运河通州段全线旅游通航 2021年6月26日，京杭大运河北京段在甘棠船闸举行通航仪式，北运河通州段40公里河道实现全线旅游通航。运河沿岸后续将规划建设慢行道、休息区、观景区等服务设施，利用此前的河堤路、巡河路，打造集骑行、步行等功能为一体的慢行系统。为确保高质量通航，北京市水务局负责实施北运河综合治理项目及甘棠船闸、榆林庄船闸建设项目。水务部门对北运河甘棠船闸至市界段28.7公里主河槽进行了疏挖，将河道拓宽为140~180米，并加高了堤防，建设了避险平台、滨水护河通道及堤顶绿道等，实施了景观绿化。

北运河（通州段）综合治理工程部分工程网完工 2021 年 7 月 23 日，由长江水利委员会长江工程建设局承担项目管理的北运河（通州段）综合治理工程的施工 1、2、3、4、8 标段及光缆标段通过单位及合同工程完工验收。

永定河全线通水跨流域多水源调度启动 2021 年 8 月 28 日，位于北京市的南水北调中线大宁水库开闸，丹江口水库来水首次汇入永定河，标志着永定河全线通水跨流域多水源调度正式启动。此次调度统筹官厅水库来水、引黄水和南水北调中线引江水、小红门再生水、北运河水等多种水源，贯通北京三家店至天津屈家店 146 公里河段，生态补水总量约 1.4 亿立方米，通水河长总计 865 公里。

温榆河综合治理工程已全部完工 2021 年 9 月 13 日，作为"通州堰"分洪体系的重要组成部分，温榆河综合治理工程全部完工，河道行洪能力得到大幅度提升。沿河同时设置"川上云烟、清波洗秋、温榆流芳"等多个景观节点。

北运河杨洼船闸开建 2021 年 11 月，位于京冀交界处的北运河杨洼船闸正式开建，2022 年夏天有望实现大运河京冀通航。杨洼船闸地处京冀交界，是北京的"门户船闸"，与甘棠船闸、榆林庄船闸并称北运河通州段"三闸"。杨洼船闸连接京冀，是运河进出京通航门户船闸。杨洼船闸建成后，可打通北运河北京段与河北段的河道通航断点，实现京冀旅游通航。在景观设计方面，杨洼船闸定位为自然化、郊野化、生态观光、郊野自然的滨水生态船闸，将在京津冀生态一体化方面发挥重要作用。

河北省

京杭大运河河北香河段旅游通航 2021 年 6 月 26 日，京杭大运河河北香河段全线实现了旅游通航。香河县设置 5 座码头、6 艘游轮，每天可运送游客 3500 人次。按照和北京通州区的规划对接，2022 年 9 月可以实现北京副中心通州区和河北香河县旅游通航。

永定河全线通水 2021年9月1日至10月底，根据《水利部海河委员会永定河综合治理与生态修复2021年度全线通水实施方案》的安排，通过官厅水库、南水北调中线以及北运河等多水源补充，永定河三家店至屈家店146公里河段贯通，其中河北廊坊境内河段67公里，实现永定河全线通水，并维持一段时间的生态水面，补水量约为1.4亿立方米。

廊坊市推动"引运济廊"通水试验 廊坊市水利局与天津武清区水务局联合开展"引运济廊"通水试验，为建设"水润之城"提供稳定水源保障。2021年10月，联合开展第一轮试通水，水头成功到达凤港引渠西端台头闸。2021年12月，联合开展第二轮试通水，12月24日水头进入廊坊市境内。"引运济廊"规划由北运河土门楼闸上的秦营干渠渠首作为引水口，经武清境内的秦营干渠、凤港引渠等进入廊坊境内凤河，再由八干渠、六干渠、大皮营引渠入龙河，经丰收渠进入永定河主槽，满足主城区水系及龙河生态水量需求。线路全长67.67公里，廊坊市境内长47.59公里，年引水量可达6000万立方米。

江苏省

京杭运河施桥口门段航道整治工程完成首个航道护岸承台浇筑 2021年1月14日，京杭运河施桥船闸至长江口门段航道整治工程完成首个航道护岸承台浇筑，标志着航道护岸主体结构全面进入施工阶段。该承台底层纵向宽7.5米、横向宽20米、厚1.3米，设计方量233.4立方米，采用造型模板混凝土施工。工程根据江苏省交通运输厅实施首件工程认可制的要求，严格把关承台施工工序，确保承台建设结实美观，打造平安百年护岸结构工程。

扬州航道重点建设工程全面复工 2021年2月21日，京杭运河施桥船闸至长江口门段航道整治工程和通扬线高邮段航道整治工程正式复工。为确保工程顺利复工，强化疫情防控举措，对返工人员进行防疫登记，查验健康码，备足防疫物资；提前落实原材料、机械设备进场计划，防止节后集中复工导致的原材料供应紧张；加强人员复工安全教育培训工作，严格开展工点安全开工条件核查，消除节后复工安全隐患。

长湖申线（苏浙省界至京杭运河段）航道整治工程正式实施　2021 年 6 月 18 日，长湖申线（苏浙省界至京杭运河段）航道整治工程项目签约仪式顺利举行。长湖申线（江苏段）航道整治工程按照三级航道整治标准，整治航道 47.25 公里，项目全部位于苏州市吴江区。该次签约实施的段落为苏浙省界至京杭运河段，共计 22.7 公里。航道整治提升后，将形成横贯沪苏浙的骨干水运通道，进一步完善长三角地区高等级航道网，为长三角区域高质量一体化发展提供有力支撑。

淮阴一号船闸大修工程正式启动　2021 年 8 月 25 日，淮阴一号船闸停航大修，工程周期共 40 天。该次大修可以解决一号船闸水工建筑物及闸、阀门等易损件老化问题，为淮阴船闸安全运行提供良好的保障，促进苏北运河高质量发展。为保证一号船闸停航大修期间二、三号船闸正常运行，淮阴船闸提前制定《淮阴一号船闸大修期间防堵保畅方案》，成立了防堵保畅工作领导小组，负责二、三号船闸的安全运行、协调保畅、考核监督、服务保障等工作。

宿迁航务中心泗阳船闸开展养护管理综合检测　2021 年 9 月 6 日，苏北航务管理处应急保障中心及华设设计集团相关人员组成检测组，对宿迁航务中心泗阳船闸进行综合检测，重点对船闸土建、闸阀门、助航设施、机械设备、电气、航道断面等进行综合检测及数据汇总。检测组专家对综合检测情况进行反馈，并提出相应整改意见。

宿迁航务中心皂河船闸完成年度阀门吊检工作　2021 年 9 月 6～11 日，宿迁航务中心皂河船闸顺利完成一号闸下游右岸 1 扇阀门和二号闸上下游 4 扇阀门的吊检工作，更换止水橡皮和压板铁约 10 米，更换主滚轮轴衬 15 只，紧固阀门吊座松动螺栓 20 只，紧固维修止水压板螺丝 110 只，吊检后阀门整体运行情况良好。

苏南运河无锡城区段航道疏浚工程开工　2021 年 9 月 7 日，苏南运河无锡城区段航道疏浚工程（二期）及运行维护疏浚项目施工监理合同正式签订，标志着该项目进入开工建设阶段。苏南运河无锡段三级航道自 2011

年建成投用以来，已运行近 10 年，航道淤积日趋严重。为保障运河安全畅通，无锡交通港航部门针对淤积航道段落分期实施疏浚工程。在 2020 年完成一期疏浚的基础上，启动二期疏浚工程。工程完成后，将有力保障苏南运河无锡段全线千吨级船舶安全通航，切实推进京杭运河绿色现代航运示范区建设，为推进大运河文化带建设贡献力量。

京杭运河无锡段绿色现代航运示范区建设加快施工图设计　2021 年 9 月 9 日，无锡市港航事业发展中心组织召开京杭运河无锡段绿色现代航运综合整治工程设计对接会。会议明确了项目整体方案的施工图设计方向，对沿线绿化景观环境提升、水上服务区建设提出了具体设计想法，对设计时间节点提出了要求；同时对应急执法基地建设提出了优化设计建议，结合"美丽河湖"行动，交流了惠山方案的总体规划、计划亮点打造和港口提升初步设想。会议认为，京杭运河绿色现代航运综合整治工程的施工设计要注重和地方规划的衔接，注重区域设计的融合，既要体现历史人文气息，又要体现交通管理服务理念，重点结合交通强国战略样板试点，融入无锡美丽河湖建设。

淮安船闸完成二号船闸阀门吊检工作　2021 年 9 月 8~13 日，淮安船闸对二号船闸上下游 4 扇阀门进行吊检，及时紧固和更换松动螺栓、磨损严重的滚轮，为中秋、国庆双节期间安全保畅提供可靠保障。检测维修人员对主侧滚轮、吊杆、吊座、背拉架、止水、门体进行全面检测，对检测不符合技术要求的设备设施进行及时更换。此次共更换磨损严重止水橡皮螺栓 7 根，主滚轮轴压板螺丝 6 根，对主滚轮法兰螺丝进行紧固。

徐州航务中心刘山一号船闸实施计划性停航大修　2021 年 9 月 22 日，刘山一号船闸大修工程正式开工，计划工期 50 天。大修停航期间，刘山二号船闸正常放行。刘山船闸是苏北运河南起第九梯级水上交通枢纽，为复线船闸，地处邳州市宿羊山镇，是京杭运河水运主通道上的重要通航枢纽。此次刘山一号船闸大修工程主要包括船闸闸门工程、阀门工程、顶底平车及启闭机工程、土建及助航工程、闸况检测工程。

京杭大运河江苏段绿色现代航运综合整治高邮先导段工程正式开工

2021 年 9 月 28 日，京杭大运河江苏段绿色现代航运综合整治高邮先导段工程正式开工。京杭大运河江苏段绿色现代航运示范区高邮先导段整治里程约 45 公里，计划总投资约 16.9 亿元，包括航道综合整治，提升承载力；生态景观亮化，提升颜值度；优化服务品质，提升功能性；打造智慧运河，提升现代感 4 个方面内容。其中，高邮先导段项目总投资约 1.7 亿元，按照"一带、三核、多点"的结构设计，即运河沿线特色生态航道修复带，锚地、水上服务中心、水上搜救中心 3 个高效水工核心工程，航标绿化、城区斜坡挡墙软化处理、老渡口修复、交界处精神堡垒、岸边标识、特色景墙、桥梁美化亮化、航道疏浚等多个景观生态和航运功能提升节点。

无锡市全面启动大运河、梁溪河"两河"整治提升工程建设　2021 年 10 月 11 日，无锡市召开美丽河湖"两河"整治提升工程建设指挥部第一次会议，全面启动大运河无锡段、梁溪河"两河"整治提升工程建设。会议要求坚决贯彻习近平生态文明思想和总书记关于大运河文化保护传承利用的重要讲话指示精神，全面落实党中央和江苏省委、省政府部署要求，从战略和全局高度把握"两河"整治提升工程重大部署，切实增强推进"两河"整治提升"一号工程"的责任感、紧迫感、使命感，打造黄金水带、生活秀带、城市绿带、人文纽带，早日实现水清岸绿、文昌人和、产旺城兴。

苏南运河 5 号航标改建工程顺利通过竣工验收　2021 年 11 月 2 日，苏南运河 5 号航标改建工程顺利通过竣工验收，标志着京杭大运河（苏州段）最高灯塔航标建设任务圆满完成。原苏南运河 5 号航标建于 20 世纪 70 年代，已无法满足现代航道通航安全需求，苏州市港航部门对其进行拆除并移位改建。新建航标位于平望草荡东北角、苏南运河和长湖申线航道交汇处，航标标体高度从原来的 6 米提高至 10 米，视距范围提高将近一倍，更好地为过往船舶提供航行引导和定位服务。

苏北运河骆马湖湖区浮鼓航标完成换装　2021 年 12 月 10 日，宿迁航务中心宿迁航道站完成对骆马湖湖区航道 24 座浮鼓航标的油漆养护工作。2021 年，受中运河三次行洪冲刷影响，苏北运河骆马湖湖区航道 24 座浮鼓航标存在不同程度的褪色、掉漆、锈蚀现象，宿迁航道站认真组织实施湖区航道浮鼓航标油漆养护工作。

浙江省

京杭运河二通道海宁段工程顺利完成年度投资目标任务 2021年，京杭运河二通道海宁段顺利完成年度投资目标任务。截至2021年12月底，完成投资额7.8亿元，100%完成年度投资计划，其中7标完成投资2.1亿元，累计完成85%，8标完成投资2.47亿元，累计完成81.2%。项目自开工累计完成投资21.3亿元，占总投资的84%。总体形象进度完成85%，其中桥梁工程完成87%，航道工程完成75%。2021年海宁段桥梁工程中，沪杭高速桥于12月1日完成交工验收正式开通，世纪大道桥于12月底具备通车（行）条件，团结桥、胜利桥基本完工，东西大道桥于12月底完成主跨合龙，黄家门桥、连杭大道桥均已完成过半。黄家门桥完成投资0.55亿元，G60拼盘桥梁（沪杭高速公路桥和连杭大道桥南北两幅）完成投资4.17亿元。航道工程方面，累计完成航道土方开挖150万立方米、护岸7500米。京杭运河二通道海宁段项目位于杭州市临平区与嘉兴市海宁市接壤处，航道主线起于人民大道南侧，沿余杭区与海宁市边界由北向南依次穿越杭海城际铁路、沪杭高铁、沪杭高速公路和G525国道，涉及航道里程4.5公里、桥梁7座、水利设施6处、服务区1处。

（三）运河配套工程

河北省

南皮县在沧州市率先完成大运河文化带堤顶路建设 2021年5月13日，大运河文化带南皮段堤顶路正式通车，标志着南皮县在沧州市率先完成大运河文化带堤顶路建设。大运河堤顶路贯通及改造提升工程，为沧州市2021年重点交通建设民生项目。

山东省

济宁市梁山港正式通航 2021 年 4 月 9 日,济宁市梁山港正式通航,成为领航运河、通江达海、辐射全国的枢纽,有力促进了济宁内河水运、多式联运、智慧港航事业发展。梁山港联通瓦日铁路和京杭运河,是目前京杭大运河通航河段最北端的港口,也是山东省最大的内河港、山东省储备煤基地。梁山港的通航,打开了济宁通江达海、连接全国、通向世界的对外开放新通道,为沿河城市经济发展注入新动力;对山东省三大经济圈、长三角经济区、京津冀经济区和共建"一带一路"地区的货物流通、资金融通、信息联通,起到有力的支撑作用。济宁是京杭大运河流经最长的城市,也是国家重点建设的 6 个运河港口之一。梁山港的正式通航,不仅更加凸显了济宁"东西互济、南通北达"的枢纽地位,也为服务全国全省战略、融入国内国际双循环注入强劲动力。

梁山港原为山东京杭铁水联运物流项目,依托连接中国东西部的重载煤运铁路通道瓦日铁路与京杭大运河交汇于梁山境内的特殊位置而建,上联"晋陕蒙"能源基地,下达京杭运河"江浙沪"经济带。该项目于 2015 年 4 月开工建设,被列入山东省重点建设项目、山东省煤炭应急储备基地、山东省多式联运示范工程,项目总概算投资 68 亿元,一期工程已全部完工,具备了年货物吞吐量 1500 万~2000 万吨的能力;二期工程已开工建设,项目整体竣工后,将具备年货物吞吐量 5000 万吨的能力,年可实现销售收入300 亿元。

菏泽市万丰港正式开港 2021 年 10 月 29 日,菏泽市万丰港正式开港。万丰港位于新万福河航道一期工程最西端,属综合性码头,水运业务可通过京杭运河直达长三角地区。万丰港以"打造智慧港口、发展数字港航"为目标,致力打造"绿色、智慧、低碳、高效"的现代化港口。万丰港的开港,为鲁西南交通产业发展、促进经济社会建设发挥积极作用。该项目为山东省"十三五"期间重点港口基础设施建设类项目,项目一期工程建设 8个 1000 吨级泊位,泊位总长 634 米,设计吞吐量 580 万吨,用地面积为 676

亩（约 45 公顷）。2020 年 2 月 10 日，项目进入全面施工阶段；2021 年 10 月 18 日，万丰港项目通过竣工验收。

京杭运河湖西航道改造工程高楼桥通车 2021 年 11 月 1 日，京杭运河湖西航道改造工程高楼桥通车，突破济宁微山县高楼乡运河东西两岸交通"瓶颈"。高楼桥作为京杭运河湖西航道改造工程的配套桥梁工程，是跨越京杭运河西线主航道、连接高楼乡东西两岸的重要交通枢纽，包含跨航道桥梁和跨顺堤河桥梁两座大桥，路线总长度 1322 米，主桥上部采用下承式钢桁架结构形式，主梁长 100 米，桁架总高 15 米，桥梁总宽 11 米。

新台高速韩庄运河特大桥顺利合龙 2021 年 11 月 24 日，新台高速韩庄运河特大桥顺利实现合龙。新台高速韩庄运河特大桥北起枣庄市台儿庄区马兰屯镇龙口村，南至台儿庄区涧头集镇太平桥村，连续跨越韩庄运河和伊家河，全长 2417 米，单跨最长达到 180 米。桥面分左右幅建设，双向四车道，桥面宽 25.5 米。大桥合龙打通了南下通道，形成山东省对接苏南、通达长三角的新通道，对促进区域交通互联互通具有重要作用。

江苏省

京杭运河宿迁港铁路专用线获江苏省发展改革委批复 2021 年 3 月，江苏省发展改革委批复同意实施运河宿迁港铁路专用线项目。该项目路线起自宿淮铁路洋河站淮安端牵出线末端，折向西沿卓玛河南岸布设，穿桥北村后，沿洋河大道北侧向西布设，上跨云帆大道后折向北进入港区，止于港口站，路线全长 6.283 公里。该项目的实施有利于落实运输结构调整、打好蓝天保卫战要求，完善港口集疏运体系，降低物流成本，促进地方经济发展。

扬州闸泵站流道层完成浇筑 2021 年 7 月 21 日，扬州闸泵站流道层完成浇筑，标志着泵站工程施工难度最大的核心工程顺利完成，为年底前完成水下工程建设目标奠定了基础。扬州闸泵站位于古运河、仪扬河流域东北部，古运河入淮河入江水道（京杭运河）西侧扬州闸处，是 2021 年扬州市主城区防洪圈重大水利工程。工程新建泵站 4 台，其中 2 台单向泵、2 台双向泵，设计抽排流量为每秒 72 立方米、抽引流量为每秒 29 立方米，在抽排城市涝水的基础上兼具生态引水功能。

宿迁市对市区内 4 座跨运河桥梁进行定期检验　2021 年 9 月 23 日起，宿迁市公路事业发展中心委托专业机构对市区 4 座跨运河桥梁，即京杭运河一号桥、京杭运河四号桥、京杭运河五号桥、京杭运河发展大道桥，进行桥梁定期检测。此次市区跨运河桥梁检测主要是对桥梁上部结构、下部结构及桥面系进行检测。

淮安加快推进古淮河绿道建设　2021 年 10 月 25 日，淮安市委副书记、代市长史志军率队调研古淮河绿道工程建设工作，指出要坚持尊重自然、顺应自然、保护自然，统筹考虑自然环境、舒适便民等综合因素，切实把绿道建设成为有利群众出行、方便市民观光的亮丽风景线，让市民有更多的获得感、幸福感。要把绿道建设与项目开发、环境整治、城中村改造等工作结合起来，努力实现经济效益、社会效益和生态效益的有机统一，让绿道真正融入百姓生活，成为观光道、健身道、幸福道。

扬州市瓜洲枢纽国家水利风景区复核　2021 年 11 月 19 日，江苏省水利厅专家组赴瓜洲泵站开展扬州市瓜洲枢纽国家水利风景区复核工作。专家组一行实地考察春江花月夜艺术馆、瓜洲古渡公园、瓜洲闸、瓜洲船闸、瓜洲泵站"清水活水"文化广场、泵文化园、瓜洲泵站工程主体等现场情况，对瓜洲枢纽国家水利风景区的建设管理工作给予了充分肯定，认为瓜洲枢纽工程在缓解城市内涝、涵养城区水系、保护区域水生态环境等方面发挥了重要作用。

京口闸遗址展示工程顺利完工　2021 年 12 月，镇江市京口闸遗址展示工程顺利完工。京口闸遗址位于镇江市润州区中华路东侧，2019 年被公布为江苏省文物保护单位，是镇江市重要的大运河文化遗产。该工程分为室内、室外 2 个部分。室内部分为京口闸遗址展示馆，展陈分为"寻文明坐标"和"赏古闸遗韵"2 个单元，"寻根探秘""京口澳闸""运河寻踪""回望千年"4 个篇章，展示了京口闸的前世今生及遗址的重要价值。室外遗址区占地约 4000 平方米，项目主要包括挡墙装饰、入口雕塑、景观船只、碑亭出新、地面意象、展示标识系统及环境优化等内容。京口闸遗址展示工程通过阐释解读、景观优化，勾勒出"古代江南运河第一闸"的沧桑历史，进一步彰显了镇江市深厚的城市历史文化内涵。

浙江省

余杭东西高架连接线合龙 2021年7月4日，杭州市余杭区崇贤至老余杭连接线（高架）工程上跨京杭大运河、下穿宁杭高铁主线桥的右幅钢箱梁顶推浮托就位，并成功完成双幅合龙。东西向快速通道高架项目起于余杭区东南部崇贤街道与杭州主城区衔接处，顺接秋石快速路余杭段疏港互通，终于余杭区西部余杭街道，设计时速80公里。建成后，余杭区、临平区之间最短通行时间将缩短至40分钟以内。

横跨杭申线（京杭古运河）南高桥主跨合龙 2021年11月8日，位于杭申线（京杭古运河）上的嘉兴桐乡石门镇南高桥改造工程主跨现浇箱梁合龙。工程全线长650米，其中桥梁全长534米，宽度12米。南高桥改造工程完工后，可有效缓解桐德线石门大桥交通压力，优化过往车辆绕行石门镇区，改善全镇交通出行情况，促进运河两岸经济、文化、旅游业发展。

（四）工程评审与验收

北京市

北运河关键节点杨洼船闸获批复 2021年9月，北京市发展改革委批复了北运河杨洼船闸建设工程项目建议书（代可行性研究报告）。原杨洼闸为2008年改建而成，主要作为"水闸"起到防洪和限泄作用，维持河道常水位，保障河道安全及景观水位需求。为实现游船贯通，此次北运河杨洼船闸建设工程项目在杨洼水闸东侧开辟航道，新建杨洼船闸。该项目将新建船闸1座，新挖扩挖航道0.8公里。杨洼船闸工程是打通北运河通航断点、实现北运河京冀段通航的关键工程。作为京冀交界的一处船闸，它将成为展现大运河文化带风貌的重要节点。

北京市"通州堰"宋庄蓄滞洪区二期工程顺利通过验收 2021年12月，北京市"通州堰"宋庄蓄滞洪区二期工程顺利通过验收，可蓄滞洪水200万立方米。一期和二期工程蓄滞洪水规模可达900万立方米，构成了城市副中心西北方的一道防线。"通州堰"的多级滞洪缓冲系统形成后，将使北京城市副中心防洪标准达到百年一遇。北运河（通州段）综合治理工程是保障城市副中心防洪防涝安全的重要工程，主要对北运河甘棠闸至市界段29公里河道进行综合治理。工程将拓宽河道过流断面，提高河道行洪排涝能力，进一步丰富、完善区域水绿空间结构，有效改善区域生态环境。

山东省

山东省交通运输厅京杭中心对京杭运河韩庄复线船闸工程开展安全生产督导 2021年4月，根据交通运输部和山东省交通运输厅关于加强公路水运工程建设领域安全生产部署要求，山东省交通运输厅京杭中心赴京杭运河韩庄复线船闸工程现场开展施工安全生产专项督导，现场检查工地安全管理措施和安全防护情况，听取各参建单位对工程进展和安全生产情况的汇报，要求严格按照规范要求落实安全防护措施，积极开展安全生产大排查大整治行动，加大隐患排查整改力度，高度关注船舶疏浚施工、临时设施拆除和工程设备撤场等风险点，确保安全、环保和文明施工；加快工程收尾施工进度，提前整理档案资料，确保2021年上半年实现项目整体交工验收。

新万福河复航工程通过工程质量交工核验 2021年7月27～28日，新万福河复航工程质量核验会议在菏泽市召开。经第三方交工质量检测，新万福河航道毕桥等9座桥梁工程、航道疏浚等14个单位工程质量核验全部合格。新万福河复航工程横跨菏泽、济宁两市5个县区，起点为新万福河巨野关桥闸下游400米，终点为新万福河河口，全长61.3公里，按三级航道标准进行建设，总投资21.24亿元。新万福河航道是横贯鲁西南地区的东西向航道，沿线是大型煤炭产区，航道建成后可作为鲁西南腹地区域煤炭、矿建材料、农副产品和其他社会生产物资运输的主要通道，对进一步优化区域交通网络布局、带动当地经济社会发展具有重要意义。

京杭运河湖西航道（二级坝—苏鲁界）改造工程完成交工验收
2021年7月31日，京杭运河湖西航道（二级坝—苏鲁界）改造工程交工验收会召开，提前一个月完成交工验收。验收组现场查看了工程实体，并分别听取了EPC、建设、设计、监理、施工、检测单位的汇报，审阅了相关资料，一致认为京杭运河湖西航道（二级坝—苏鲁界）改造工程（湖西航道工程、锚泊区工程、水利工程）已按照批复内容建设完成，工程质量符合国家相关技术标准和规范要求，满足交工验收条件，同意通过交工验收。

四女寺枢纽北进洪闸除险加固工程完成竣工验收技术鉴定工作　2021年8月29日，四女寺枢纽北进洪闸除险加固工程完成了竣工验收技术鉴定工作。为做好四女寺枢纽北进洪闸除险加固工程竣工验收准备工作，四女寺北闸建管局委托山东省水利勘测设计院开展了四女寺枢纽北进洪闸除险加固工程竣工验收技术鉴定工作。技术鉴定认为，四女寺枢纽北进洪闸除险加固工程总体布置合理，设计符合国家现行规程规范；工程质量总体满足国家现行规范及设计要求；工程初期运用正常，且经过一个汛期洪水考验，满足工程安全运用要求；现场鉴定发现的问题已处理完毕，工程已具备竣工验收条件，可以进行竣工验收。

江苏省

六圩大桥主桥钢桁梁安装专项施工方案通过评审　2021年1月21日，京杭运河施桥船闸至长江口门段航道整治工程召开六圩大桥主桥钢桁梁安装专项施工方案专家评审会，施工方案顺利通过评审。六圩大桥全长322.48米，主桥采用跨径为136.34米的钢桁梁桥。大桥的建成将使京杭运河施桥船闸下游引航道至长江口门段航道满足二级航道通航要求，对充分发挥水运主通道效益具有重要意义。

《京杭运河江苏段绿色现代航运综合整治工程初步设计（江北段）》通过江苏省发展改革委会议审查 2021 年 4 月 14 日，江苏省发展改革委、交通运输厅在南京联合组织召开了《京杭运河江苏段绿色现代航运综合整治工程初步设计（江北段）》（本部分简称《初步设计》）评审会，认为《初步设计》内容齐全、资料完整，分析论证充分，设计方案合理可行，内容与深度达到了交通运输部颁布的《航道工程初步设计文件编制规定》的要求，同意《初步设计》通过审查。京杭运河江苏段绿色现代航运综合整治工程（江北段）北起苏鲁交界处，南至施桥船闸，包含京杭运河徐扬段、中运河和湖西航道 3 段，整治里程 475 公里，全线按照国家二级航道标准设计，并充分考虑与沿线城市规划衔接，重点围绕完善航运功能、提高通航环境、坚持生态修复、传承航运文化、提升航运现代化水平，促进京杭运河航运转型提升和南水北调东线工程清水廊道建设，充分发挥京杭运河江苏段黄金水道综合效能，推进水运高质量发展。

苏南运河丹阳市区段三级航道整治工程通过档案专项验收 2021 年 4 月 22 日，苏南运河丹阳市区段三级航道整治工程顺利通过省档案馆组织的档案专项验收。江苏省交通运输厅及下属港航事业发展中心、档案馆以及镇江市相关部门参加验收。验收组认为工程档案收集及时、分类准确、资料齐全，保证了归档资料的及时性、真实性，实现了项目档案科学管理、规范高效，符合验收标准。苏南运河丹阳市区段是苏南运河的重要组成部分，全长 28.571 公里。此次整治工程共新建护岸 54177 米，修复护岸 2760 米，建设锚地 3 个、航道管理锚地 2 个、信息化工程 1 项，并实施航道标志标牌及环保、绿化等配套工程。

苏南运河常州段三级航道整治工程顺利通过竣工环保验收 2021 年 9 月 16 日，苏南运河常州段三级航道整治工程通过竣工环保验收，江苏省交通运输厅港航事业发展中心、常州市交通运输局、常州市港航事业发展中心、常州市武进区航道整治工程建设指挥部办公室、设计单位、施工单位、监理单位、咨询单位的代表和特邀专家参加会议。验收组认为该项目建设落实了环评报告及批复文件中的各项生态保护措施和污染防治措施，各项监测指标均满足相关标准要求，一致同意该工程通过竣工环境保护验收。苏南运河常州段三级航道整治工程整理航道里程共计 23.052 公里，工程分为东、西两段，建设通航等级为三级，新建、改建桥梁 12 座，建设停泊锚地 2 处，航道管理锚地 1 处。该项目于 2009 年 10 月正式开工，2014 年 12 月整体通过交工验收。

苏南运河常州段荷园里—西口门段航道疏浚工程通过竣（交）工验收

2021 年 10 月 9 日，苏南运河常州段荷园里—西口门段航道疏浚工程通过竣（交）工验收。江苏省交通运输厅港航事业发展中心副主任张爱华带领相关专家以及工程建设、设计、监理、施工单位代表参加会议。该疏浚工程的实施，有效解决了航道局部淤积问题，改善了航道通航条件，为苏南现代化示范区建设提供重要的水运支撑和保障。

苏南运河常州段全长 48.8 公里，为三级航道，由于航槽冲刷和长江大量来沙，该航段底角线泥沙大量沉积，影响船舶航行安全。为有效维护高等级航道技术标准，保障苏南运河船舶通行安全畅通，苏南运河常州段荷园里—西口门段航道疏浚工程列入 2021 年年度养护计划。工程共疏浚航道约 13 公里，疏浚土方 55.3 万立方米，工程于 2021 年 5 月 8 日正式开工，2021 年 9 月 24 日完工。

苏北运河绿色航运示范区建设标志标牌及航标工程顺利竣工并通过验收

2021 年 11 月 2 日，苏北运河绿色航运示范区建设标志标牌及航标工程顺利竣工并通过验收。至此，京杭大运河淮安两淮段、扬州邵伯湖区段航道助航标志完成全部提升整治工作。发光标牌全部优化为由明到暗的周期式可调发光标牌，航标标牌定位得到进一步强化。该工程中的邵伯湖灯塔位于邵伯船闸下游的邵伯湖畔，总高度达 40.40 米，主体为红色并附有三层白色荷花瓣，整体造型新颖大气，成为京杭大运河扬州段航道内又一个标志性建筑。

刘山一号船闸 2021 年大修工程顺利通过验收　2021 年 11 月 10 日，苏北航务管理处在徐州航务中心刘山船闸管理所组织召开刘山一号船闸 2021 年大修工程竣工验收会。苏北航务管理处、徐州航务中心和监理单位、设计单位、检测单位、施工单位及特邀专家 30 余人参加了会议。与会领导和专家对刘山一号船闸 2021 年大修工程给予了充分肯定。验收委员会认为大修工程满足设计要求，符合验收标准，评定工程质量为优良，刘山一号船闸 2021 年大修工程通过验收。

苏南运河丹阳市区段三级航道整治工程通过竣工验收　2021 年 11 月，苏南运河丹阳市区段三级航道整治工程通过江苏省交通运输厅组织的竣工验收。苏南运河是全国水运主通道之一，丹阳市区段航道是苏南运河的重要组成部分，是江苏省"两纵五横"高等级航道网中"两纵"的重要航段，也是江苏省干线航道网的主要轴线。该工程按三级航道标准设计，整治总里程 28.571 公里。整治工程贯彻了信息化技术"智慧航道"软服务理念，推动航道管养护工作的标准化、规范化、透明可视化。

刘庄船闸智能控制系统升级改造工程顺利通过交（竣）工验收　2021 年 12 月 22 日，刘庄船闸智能控制系统升级改造工程交（竣）工验收会在刘庄船闸召开。验收组听取了各参建单位及工程试运行情况汇报，对工程实体和档案资料进行了检查，观看了智能控制系统升级改造后的功能展示，一致同意工程通过交（竣）工验收。该工程于 2021 年 11 月 5 日开工，建设内容主要包括船闸运行与控制系统软件升级，网络设备更新，视频监控系统升级改造，中控室 LED 智能大屏、UPS、PLC 控制系统、空调与消防设备更新改造，全景操作空间扩建及室内环境与节能整体改造等。通过升级改造，设备利用率提高，能耗降低，实现了智慧管理，提升了服务效能，增强了船闸安全运行、应对突发事件的响应能力，符合可持续发展的要求。

刘山一号船闸上游靠船墩维修加固工程顺利通过验收　2021 年 12 月 23 日，苏北航务管理处在刘山船闸组织召开刘山一号船闸上游靠船墩维修加固工程竣工验收会。苏北航务管理处、徐州航务中心和监理单位、设计单位、施工单位以及特邀专家联合组成工程验收组，实地查勘了工程现场，审阅了相关验收资料，分别听取了建设、设计、施工、监理等参建各方关于工程建设情况的汇报、工程质量监督情况报告及竣工质量鉴定报告。根据质量鉴定意见，该工程综合评定为优良等级。

苏南运河无锡城区段、惠山段航道疏浚工程通过竣工验收　2021年12月23日，无锡市港航事业发展中心组织召开苏南运河无锡城区段航道疏浚工程（二期）、惠山段航道疏浚工程（二期）竣工验收会议。专家组认为该疏浚工程符合设计和规范要求，工程安排合理，克服弃土地点远、施工船舶多等困难，因地制宜优化设计，高效解决了挖、运、卸3个环节的船舶匹配和相互衔接问题，工程量全部完成，工程质量综合评定为优良等级，同意该项目通过竣工验收。

通扬线高邮段航道整治工程航道施工项目顺利通过交工验收　2021年12月28日，通扬线高邮段航道整治工程航道施工项目通过交工验收。江苏省交通运输厅建设管理处、江苏省交通运输厅港航事业发展中心、江苏省交通运输综合行政执法监督局、扬州市交通运输综合行政执法支队、扬州市港航事业发展中心等单位的领导及代表参加工程交工验收会议。通扬线航道是《长江三角洲地区高等级航道网规划》和《江苏省干线航道网规划》中干线航道的重要组成部分，其中高邮段全长37.65公里。通扬线高邮段航道整治工程起点位于高邮运东船闸下游武安大桥，终点位于高邮与兴化交界处，按三级航道标准整治里程35.077公里，新建、改建桥梁9座。设计航道底宽45米、水深不小于3.2米、最小弯曲半径不小于480米。

通扬线南通市区段（通栟线—幸福竖河段）航道整治工程航道工程通过交工验收　2021年12月29日，通扬线南通市区段（通栟线—幸福竖河段）航道整治工程航道工程顺利通过交工验收。通扬线航道是《江苏省干线航道网规划》确定的"两纵五横"干线航道网中的"二横"，全长约300公里，横贯苏中地区的扬州、泰州、南通，是苏中地区物资交流和对外联系的水运通道之一，是区域综合运输体系的重要组成部分。实施整治工程的通扬线南通市区段（通栟线—幸福竖河段），起自通栟线，迄于幸福竖河，航道整治里程7.931公里，主要由与通栟线共线段、平地开河段和团结河段3个部分组成。

浙江省

杭甬运河宁波段美丽航道创建工作通过验收 2021 年 1 月 12~13 日，浙江省港航管理中心美丽经济交通走廊考核组对杭甬运河宁波段美丽航道创建工作进行考核验收。考核组成员通过现场检查、听取汇报、查看台账资料等方式对杭甬运河宁波段美丽航道创建工作进行全面考核验收，对宁波美丽航道创建工作给予了充分认可，并高度肯定了美丽航道创建成果的宣传工作。该段航道顺利通过验收。宁波市港航管理中心于 2017 年启动了美丽航道创建相关工作，在省级下达的"万里美丽经济交通走廊"任务基础上，提出"建成 127 公里美丽航道，打造一条精品示范走廊（杭甬运河宁波段）"的具体创建目标，并于 2019 年全面完成创建工作。此次验收范围为杭甬运河宁波段，也是宁波美丽航道创建工作的亮点段。杭甬运河是宁波城市发展的主轴线，见证了宁波历史变迁，承载着市民情怀，美丽航道创建工作紧扣"品质""文脉""人文"等主题，打造杭甬运河"美丽交通+历史人文线""美丽交通+自然风景线""美丽交通+城市旅游线"。

京杭运河二通道海宁段项目获省级示范施工、监理合同段荣誉称号 2021 年 2 月，京杭运河二通道海宁段项目获得浙江省 2020 年交通建设平安工地省级示范施工、监理合同段荣誉称号。京杭运河二通道海宁段项目位于浙江省杭州市余杭区临平镇与嘉兴市海宁区接壤处，涉及航道里程 4.5 公里、桥梁数量 7 座、水利设施 6 座、服务区 1 处，标段划分为第 7 标段、第 8 标段，以及地方拼盘黄家门桥、连杭大道桥和沪杭高速公路桥。

杭甬运河新坝二线船闸工程初步设计通过审查 2021 年 4 月 28 日，浙江省发展改革委和浙江省交通运输厅在杭州市联合主持召开杭甬运河新坝二线船闸工程初步设计审查会议，浙江省水利厅、自然资源厅、交通运输厅、港航管理中心，杭州市发展改革委、交通运输局、园林文物局、林业水利局、交通运输行政执法队等单位代表及特邀专家参会。会议就该项目设计的合理性、对国家和行业强制性标准的执行情况等内容进行了审查，认为初步设计达到交通运输部有关文件的要求，技术审查报告符合有关规定，同意该初步设计通过审查，并形成专家组意见如下：基于船闸全寿命周期成本，进一步深化钢结构应用研究及创新；完善智慧船闸建设方案；补充施工期间对一线船闸、浙东引水萧山枢纽的运行影响分析；加快推进文物保护相关工作，做好与环保、水利等相关部门沟通和对接。

杭甬运河越城段皋埠锚泊区工程设计方案通过专家审查 2021 年 6 月 30 日，浙江省港航管理中心在绍兴主持召开杭甬运河越城段皋埠锚泊区工程设计审查会，绍兴市交通运输局及其下属机构相关单位代表及特邀专家参会。该工程设计方案通过了专家审查。杭甬运河越城段皋埠锚泊区工程位于绍兴市越城区皋埠街道杭甬运河南岸的火车货运东站（皋埠站）北侧沿线，距离上游皋北大桥约 200 米，距离下游沈江大桥约 1.2 公里。该项目作为浙江省航道养护"十四五"发展重点规划项目，总投资为 1500 万元，计划 2022 年 11 月完成项目建设。其建设目的为配合低碳经济理念，适应目前船舶不断大型化、航道流量不断增加、港口码头货物吞吐量不断攀升的现实需求，加快绍兴水运进入新发展阶段的步伐，缓解单家溇锚泊服务区船舶靠泊压力。

京杭运河嘉兴段思古大桥、九里亭桥通过质量鉴定 2021 年 10 月 28～29 日，浙江省交通工程管理中心在嘉兴组织召开京杭运河浙江段三级航道整治工程嘉兴段思古大桥、九里亭桥交工质量鉴定会。思古大桥、九里亭桥两座桥梁质量符合设计及规范要求，工序控制严格，经鉴定质量合格。

三 航道运输

（一）会议与调研

山东省

济宁市港产融合发展工作专班调度会议暨工作专班第一次全体会议召开
2021年8月25日，济宁市港航融合发展工作专班调度会议暨工作专班第一次全体会议召开。济宁市委常委、秘书长董波，济宁市人大常委会副主任、一级巡视员陈颖出席会议并讲话，济宁市政府副秘书长卞延军主持会议。会议传达学习了济宁市委龙拱港示范园区专题会议和港产融合发展专题会议精神；研究讨论了相关文件草案；专班各工作组组长汇报了工作开展情况及工作安排，并对各专班抽调人员进行业务培训。

济宁市召开港产融合发展工作专班工作会议 2021年10月11日，济宁市召开港产融合发展工作专班工作会议。会议强调，济宁市委、市政府高度重视港产融合发展工作，依托运河航运优势发展港航产业是关系济宁市未来发展的一项重大历史使命，港航产业是济宁市谋划发展的支柱产业，是推动济宁市经济高质量发展的重要引擎。会议要求，各有关部门要进一步提高站位、解放思想、拓展思路，对制约项目建设的堵点、难点问题，各牵头单位、各工作组主要负责同志要切实担负起"第一责任人"责任，对重点工作、重点项目，要亲自抓、负总责，责任到人；要进一步加强建设运营管理，细化各项指标，科学分析调度，确保工作按期推进。

江苏省

淮安市政府专题研究推进京杭运河绿色现代航运综合整治工程 2021年3月6日，淮安市政府召开专题会议，研究部署京杭运河淮安段绿色现代航运综合整治工程，市领导陈之常、赵权出席会议。陈之常指出要坚持系统思维，注重水陆统筹、水岸联动、水绿交融，统筹实施环境整治、生态修复、桥梁绿化、堤路贯通、航道工程、港口建设等重点任务，努力实现水清岸绿、景美文兴、港洁船美、高效顺畅的目标。

京杭运河宿迁段绿色航运综合整治工程座谈会召开 2021年3月15日，苏北航务管理处、宿迁市交通运输局在宿迁市组织召开京杭运河绿色航运综合整治工程宿迁段项目内容座谈会。会议讨论并修订了京杭运河宿迁段绿色航运示范区总体建设方案，明确了项目推进的职责分工，并对工程完成的时间节点提出了具体要求。京杭运河绿色航运综合整治工程为宿迁市认真贯彻落实"交通强国"战略目标的一项重要举措，对该市境内京杭运河沿岸生态环境、航运服务层次及历史文化底蕴开展进一步发掘提升，力争到2022年将京杭运河宿迁段打造成为"绿色智慧的水运通道、自然恬静的风景廊道、精彩荟萃的文化窗口"的绿色现代航运示范区。

京杭运河六圩口门段协同管理系统建设工作交流会在施桥船闸召开 2021年3月17日，京杭运河六圩口门段协同管理系统建设工作交流会在施桥船闸召开。会议听取了扬州市航道管理处关于京杭运河六圩口门段航道整治工程基本情况介绍；苏北航务管理处关于京杭运河六圩口门段航道综合整治工程信息化项目方案介绍；镇江市港航事业发展中心关于长江定易洲锚地建设基本情况介绍；南京洛普公司关于京杭运河六圩口门段协同管理系统初步需求调研情况介绍。各方结合自身业务工作，就提升六圩口门段航道与长江交汇水域的水上交通综合治理能力，提高该水域相关涉水单位的联合指挥与协同管理水平，建设京杭运河六圩口门段协同管理系统，进行了具体洽谈会商。

京杭运河施桥船闸至长江口门段航道整治工程智慧运河和航道信息化工程专题会在施桥船闸召开 2021 年 5 月 12 日，江苏省交通运输厅党组成员、苏北航务管理处党委书记童剑，苏北航务管理处处长金坚良在施桥船闸参加了京杭运河施桥船闸至长江口门段航道整治工程智慧运河和航道信息化工程专题会。会议听取了项目基本情况和近期进展情况汇报，对施工项目推进中需求及存在问题进行了讨论，对下阶段工作任务，特别是对危化品船舶的运行跟踪、无人机的应用场景、电子航道图、长江和运河船舶停泊区的管理、航道断面信息数据采集、"船讯通"后台服务、船闸运行监测、一航多方应急协调指挥平台建设等工作任务进行了分解，明确到人，要求按工期倒排进度，确保工程高质量推进和顺利完成。

京杭运河运行调度与监测系统建设工作调研会在连云港市召开 2021 年 6 月 3 日，京杭运河运行调度与监测系统建设工作调研会在连云港市召开，江苏省交通运输厅港航事业发展中心副主任张爱华，连云港市交通运输局党委委员、总工金立富，连云港市港航事业发展中心主任王东出席会议。江苏省交通运输厅港航事业发展中心相关科室，徐州市、淮安市、宿迁市及连云港市港航事业发展中心分管负责同志及船闸管理所有关人员参加了会议。华设设计集团项目组就该项建设工作做了业务说明，与参会人员进行了充分交流和讨论，并现场征集了意见建议。张爱华指出江苏省交通运输厅港航事业发展中心牵头开展京杭运河运行调度与监测系统工程深化设计及施工图设计项目研究的重要意义，要求全省港航单位充分发挥科技信息化的新技术、新功能、新理念，对船闸运行调度流程进行优化，实现船舶运行调度提效、创优、保安全的目标。

扬州航务中心主任一行赴邵伯航道站开展调研 2021 年 6 月 10 日，扬州航务中心主任刘卫东、纪委牵头负责人一行赴邵伯航道站，调研该站辖区航道通航、示范区建设和大队管理等情况。中心调研组一行乘艇查看施桥船闸至邵伯船闸段航道，先后赴茱萸湾灯塔、邵伯湖区绿色航运示范区进行实地检查，重点了解辖区内绿色现代航运示范区建设以及年度养护工程项目进展。

江苏省交通运输厅港航事业发展中心养护检查组赴扬州市检查 2021 年上半年航道养护管理工作 2021 年 7 月 15 日，江苏省交通运输厅港航事业发展中心养护检查组赴扬州航道管理站，对苏北航务管理处及闸、站上半年航道养护管理工作进行全面核查。检查组认真听取苏北航务管理处、扬州航道站上半年养护工作专题汇报，详细查阅台账资料，并乘艇查看邵伯船闸上游段航道，登标抽查航标技术状况，对全处航闸养护综合管理以及航标、船艇维护情况予以充分肯定。

苏北航务管理处赴徐州商讨京杭运河徐州段绿色现代航运综合整治工程
2021年8月26日，京杭运河江苏省交通运输厅苏北航务管理处处长金坚良一行4人，赴徐州市商讨京杭运河徐州段绿色现代航运综合整治工程建设事宜。金坚良介绍了交通运输部、江苏省交通运输厅关于该项目的总体要求和任务目标，并就2022~2025年分年度建设任务进行了阐述，提出该项目的实施，既是对运河沿线的文化景观改造，也是探索双方合作共建模式的新契机。

淮安航务中心召开京杭运河淮安区段绿色现代航运综合整治工程专题会
2021年11月4日，苏北航务管理处副处长牛恩斌，淮安航务中心主任李雷，苏北航务管理处规划计划科、航闸养护科，淮安航务中心计划养护部以及江苏省建筑园林设计院相关人员，赴淮安市淮安区就京杭运河淮安区段绿色现代航运综合整治工程进行对接，并组织召开专题会议。2021年10月下旬开始，苏北航务管理处、淮安航务中心相继与淮阴区、清江浦区、淮安区交通运输局和港航事业发展中心及设计单位相关人员沿京杭运河实地踏勘淮安区段运河航道情况，共商区域内大运河文化带建设方案，各方在踏勘现场探讨了相关泊岸建设、绿化生态修复及重要节点打造问题。

浙江省

浙江省交通运输厅召开全省内河水运项目推进会　2021年5月11日，浙江省交通运输厅召开全省内河水运项目推进会，对全年水运投资任务再部署、再动员、再推进。浙江省交通运输厅党组成员、副厅长、一级巡视员夏炳荣在会上强调，要认真贯彻落实中央"六稳""六保"决策部署，攻坚克难、真抓实干，推动水运重大项目建设再上新台阶，为"十四五"规划和交通强国建设开好局、起好步，为创建"共同富裕示范区"、献礼建党百年做出贡献。

浙江省交通运输厅副厅长胡嘉临赴杭州港航检查指导基层站所工作
2021 年 6 月 10 日，浙江省交通运输厅副厅长胡嘉临率厅法规处一行赴杭州市港航行政执法队检查指导基层站所规范化建设和执法领域突出问题整治工作，并现场召开"三服务"水运企业座谈会。胡嘉临一行检查了内河执法大队二中队、四中队基层站所规范化建设情况，听取了内河非现场执法和数字化管理工作汇报，实地了解了油污水上岸及生活污水纳管工作开展情况，随后参观了鸦雀漾水上综合服务区，现场认领了船户"微心愿"。胡嘉临充分肯定了杭州市港航行政执法队基层规范化建设和执法领域突出问题专项整治工作，要求在执法理念的提升上做好示范，及时优化管理经验，提升管理理念和管理水平；在智慧执法上做好示范，整合水上执法系统资源，推进数字化港航的建设，在更大范围的场景应用上推进数字化改革；在规范化建设上做好示范，加快"四基四化"建设，打造样板港航站所。

浙江省港航管理中心召开内河水运项目推进专班第一次例会 2021 年 6 月 16 日，浙江省港航管理中心副主任叶红主持召开了内河水运项目推进专班第一次工作例会，浙江省交通运输厅建管处、港航处，港航管理中心工程处及京杭运河二通道项目负责人参加会议并交流发言。会议听取了京杭运河二通道项目推进情况的汇报，对高压线迁改、绕城高速桥及 320 国道桥设计变更等问题进行了分析研究；听取了港航管理中心工程处关于 1~5 月水运投资完成情况及项目清单化管理的汇报。港航管理中心工程处梳理上报了18 个需省级部门协调解决的问题，会议对问题清单逐一分析和研究，明确了责任分工及协调解决时限。

浙江省级河长史济锡巡查京杭运河桐乡段 2021 年 7 月 21 日，浙江省人大常委会副主任、省级河长史济锡到京杭运河桐乡段巡河，并主持召开巡河座谈会。史济锡充分肯定了近年来各地各部门治理运河的成效，同时强调，在"碳达峰、碳中和"的新形势下将面临运河文化传承利用的挑战，需要努力回答好生态环境保护、文化传承展示的问题，做好京杭运河文化传承利用的文章，拓宽绿水青山就是金山银山的转化通道。

京杭运河通航秩序专项整治总结交流会召开 2021年11月5日，京杭运河通航秩序专项整治小组在鸦雀漾召开总结交流会。为提升京杭运河的通航秩序管理水平，强化码头企业对船舶的管控能力，杭州市港航行政执法队积极开展京杭运河通航秩序专项整治。该整治工作分为集中治理和常态化治理两个阶段，集中治理已顺利完成。通过集中治理，建立了船舶管控机制，各渣土码头企业均以公司文件形式明确了船舶管控专员的工作职责及未能履职时公司对其的处理措施；今后各渣土码头将以上报船舶清单的方式，逐步提高码头对船舶的管控力度；专门组建辖区渣土码头微信群，各码头负责人和船舶管控专员可以第一时间接收到港航执法部门发布的航行警告、通告等信息，提高工作效率。

湖州市德清县委副书记、县长王波专题调研水运交通和运河相关工作 2021年11月11日，湖州市德清县委副书记、县长王波专题调研水运交通和运河相关工作，要求用好京杭运河等水运资源，围绕生态、文化、产业等重点领域，深入谋划、精心布局，持续发挥运河"黄金水道"作用，进一步彰显德清城市魅力。要坚持科学规划，充分整合岸线资源，统筹通航功能利用、生态环境保护、城市功能拓展、文化旅游融合等，更加系统地推进水运交通的高质量发展。

（二）航运数据

山东省

济宁港前三季度货物吞吐量3440万吨 2021年1~9月，济宁港货物吞吐量3440万吨，同比增长27.2%，超越潍坊、威海、滨州等几个沿海城市大港，位居山东第5位，成为山东吞吐量最大的内河航运港口。2021年9月，济宁港开通了至武汉、太仓（上海）、南京、淮安、连云港的定班制集装箱航线，5天可达太仓、10天可至武汉。济宁港主动对标青岛港等大型港口，重点推进济州港、龙拱港等千万吨以上大型现代化港口建设，争取 3~5 年时间，吞吐能力达到 1 亿吨。其中，济州港是京杭运河山东段第一家具备集装箱装卸功能、"公铁水"多式联运、配套临港产业园的综合物流园区，被山东省政府列为"2021 年省重大项目"。

江苏省

淮阴船闸单日通过量创历史最高纪录 2021 年 5 月 11 日，淮阴船闸安全放行单机船 308 艘，船队 35 个，开放闸次 117 次，货物通过量 86.7 万吨，货物运量 54.5 万吨，创历史单日最高通过量纪录。

淮安船闸船舶单日通过量再创新高 2021 年 5 月 30 日，淮安船闸开放闸次 121 次，放行船队 39 个货轮 421 艘，船舶通过量达 104.7 万吨，再次刷新了该所 2020 年创造的单日最高通过量纪录。淮安船闸位于苏北运河与苏北灌溉总渠交汇处下游 2 公里，上游有淮河、里下河和运河 3 个方向来船，大量船舶在此汇集，是名副其实的"咽喉"之地。2016 年以来，由于苏北地区黄沙禁采，大量沙石北运，加之"北煤南运"等传统运能叠加效应，淮安船闸成为全国内河最为繁忙的船闸之一，连续两年船舶年通过量超过 3 亿吨。

2021 年上半年淮安船闸船舶通过量达到 1.5 亿吨 截至 2021 年 6 月 30 日，淮安船闸共安全开放闸 20273 次，放行货轮 67354 艘，放行船队 4210 个，船舶通过量 1.5 亿吨，同比增长 5.5%。免征集装箱过闸费 278 万元。

2021 年上半年苏北运河船闸运行数据 2021 年上半年，苏北运河 10 个梯级船闸累计开放闸次 17.9 万次，放行船队 3.5 万个，放行货轮 43.6 万艘，累计船舶通过量 11.5 亿吨，累计货物通过量 7.8 亿吨，货物运量 1.5 亿吨。苏北运河累计船舶通过量、货物通过量分别同比增长 20.9% 和 5.25%，货物运量同比增加 8.4%，其中煤炭运量 4911 万吨，同比增长 20.7%。苏北运河运输集装箱 18.2 万标准箱，同比增长 32.2%，较 2019 年同期增长 78.8%。

2021 年上半年运东船闸船舶过闸量创历史新高 2021 年 1~6 月，高邮运东船闸累计放行各类船舶 10922 艘，首次实现上半年船舶过闸数量破万，刷新船闸运行以来最高纪录；完成船舶通过量 957.7 万吨，货物通过量 658.9 万吨，为运输企业、船员减免过闸费 81.5 万元。运东船闸连接京杭运河和通扬线航道两条水运大通道，该闸克服通扬线高邮段航道整治工程桥梁施工间断停航的困难，积极做好船舶安全过闸服务保障工作，取得良好成效。

宿迁船闸单日船舶通过量再次突破百万吨 2021 年 8 月 9 日，宿迁航务中心宿迁船闸放行上水船队 17 个，单船 154 艘；下水船队 20 个，单船 203 艘，单日船舶通过量达 100.89 万吨。宿迁船闸加强航道巡查和管控，迅速与水利、海事建立水情、船情、闸情等信息共享机制，联合地方海事部门共同管控辖区内航道，针对近期泄洪流量不大和难得出现的平水位有利时机，在 8 月 9 日 7 时 40 分至 16 时，对二、三号闸实施通闸运行模式，滞留船舶快速通过，全天船舶通过量达 100.89 万吨，大大缓解了待闸压力。

邵伯船闸单日船舶通过量再破百万吨 2021 年 8 月 13 日，扬州航务中心邵伯船闸共安全开放闸 126 次，放行船队 17 个货轮 348 艘，船舶通过量达 101 万吨，再次创下了通过量超百万吨的纪录。受淮河泄洪影响，京杭运河邵伯湖段流速持续加大，给船舶安全航行造成了较大威胁。7 月 22 日起，该所开始实施白天单向通航、夜间禁航的交通管制，导致下行待闸船舶数量持续上涨，最高时待闸货轮达 600 余艘，船队 20 余个。8 月 12 日，随着京杭运河扬州段应急响应级别调整至三级，除夜间船队仍禁止通过邵伯湖以外，上下行单机船恢复双向 24 小时放行模式。

邵伯船闸连续 3 日船舶通过量破百万吨 2021 年 8 月 15 日，扬州航务中心邵伯船闸共安全开放闸 147 次，放行船队 12 个货轮 363 艘，船舶通过量达 100.7 万吨，至 8 月 15 日已连续 3 日船舶通过量突破百万吨。

苏北运河应急保障江苏电煤供应 从 2021 年 10 月初开始，苏北运河已应急保障江苏徐州、盐城、泰州、苏州等 8 市 15 家发电企业，抢运 51.4 万吨电煤过闸，确保了煤炭资源及时到港。截至 10 月底，通过苏北运河的煤炭运量达 1570 万吨，同比增长 15.6%，为社会生产生活用电提供了有力支撑。苏北运河年货运量已连续 6 年稳定在 3 亿吨以上，占京杭运河通航航段总运量的 60%, 占江苏全省各种方式运输总量的 14%。苏北运河是电煤运输的主力通道, 江苏电煤用量的 1/3 通过苏北运河运输。

2021 年 1～10 月苏北运河宿迁段船舶通过量大幅增加 2021 年 1～10 月, 苏北运河宿迁段泗阳、刘老涧、宿迁和皂河船闸的船舶通过量分别为 1.94 亿吨、1.97 亿吨、1.78 亿吨和 1.97 亿吨, 累计超 2020 年全年 0.26 亿吨; "四闸" 共放行船队 28040 个货轮 273001 艘, 货物通过量累计 4.74 亿吨, 集装箱达 51.23 万标准箱 (为 2020 年的 121%), 增幅明显。

2021 年 1～10 月泗阳船闸船舶通航数据 截至 2021 年 11 月 2 日, 泗阳船闸自年初共开放闸 31186 次, 放行船队 6761 个货轮 62829 艘, 船舶通过量达 17951.5 万吨, 货物总通过量 11771.6 万吨, 集装箱 16.2 万标准箱, 通航保证率达 100%。

2021 年苏北运河货物通过量逾 15 亿吨 2021 年, 苏北运河 10 个梯级累计开放闸 35.57 万次, 放行船队 6.4 万个货轮 85.77 万艘; 累计船舶通过量 22.68 亿吨, 同比增长 11.6%; 累计货物通过量 15.78 亿吨, 同比增长 1.2%; 货物运量 3.25 亿吨, 同比增长 4.1%, 货物周转量 653.8 亿吨公里, 同比增长 0.4%; 运输集装箱 37.45 万标准箱, 同比增长 31.4%。苏北运河常年担负着华东地区长距离大宗物资的运输任务, 特别是在矿建、煤炭、钢材、化工原料等重要生产、生活物资运输方面, 发挥了重要的基础保障作用。数据显示, 2021 年, 苏北运河矿建材料运量达 1.12 亿吨, 煤炭运量达 9716 万吨, 其中为江苏全省 71 家电厂、用电企业抢运电煤 18.8 万吨。

浙江省

2021 年一季度湖州内河集装箱吞吐量同比增长 6.5% 2021 年一季度, 湖州港共完成集装箱吞吐量 11.37 万标准箱, 同比增长 6.5%。其中出港 5.53 万标准箱, 进港 5.84 万标准箱, 重箱实载率为 63.7%。湖州港航部门全力推进航道工程建设, 加大航道标准化养护力度, 确保航道完好和畅通。一季度全市共完成航道建设养护总投资 11051 万元, 其中航道建设投资 8905 万元、航道例行养护 330 万元、航道专项养护 1816 万元。

2021 年上半年杭甬运河货物运输量创历史新高　2021 年上半年，杭甬运河宁波段船舶流量及货物运输量实现双增长，均创历史同期新高。其中，进出船舶 11268 艘次，同比增长 26.44%；运输货物总量 307.03 万吨，同比增长 38.58%。随着杭甬运河通航便利性等综合优势进一步显现，运河上游如浙江绍兴滨海热电厂等企业的煤炭运输船舶，选择杭甬运河航行的占比从原先的不到 50% 上升到 60% 以上。2021 年上半年杭甬运河煤炭运输量达172.56 万吨，同比增长 27.36%。同时，受内贸需求增长影响以及江海联运出口集装箱增势带动，杭甬运河宁波段集装箱船舶吞吐量也持续上升，2021年上半年进出集装箱运输船舶 144 艘次，运输集装箱 2841 标准箱，同比分别增长 12.61% 和 7.79%。

2021 年上半年杭州辖区船闸过闸量创历史新高　2021 年上半年，杭州辖区三堡船闸、新坝船闸、富春江船闸合计完成过闸量 5505.98 万吨，为历年同期最高，其中三堡船闸、富春江船闸分别以过闸量 2934.74 万吨、1160.39 万吨，刷新历史过闸量纪录。

2021 年上半年嘉兴内河港港口生产快速增长　2021 年上半年，嘉兴内河港实现港口货物吞吐量 5978.29 万吨、同比增长 10.98%。作为港口现代化主要标志之一的集装箱业务，上半年也实现 17.42 万标准箱，同比增长了18.27%。嘉兴内河港吞吐量排名前三位的货种依次是矿建材料、钢铁、煤炭及其制品。

三堡、新坝船闸超额完成年度任务　截至 2021 年 11 月 21 日，杭州航区三堡、新坝两船闸累计过闸船舶 122950 艘，同比增长 7.56%，完成过闸量 7941.79 万吨，同比增长 9.68%，提前超额完成 7600 万吨的年度运量评价指标。其中，三堡船闸通过船舶 74341 艘，同比增长 10.97%，完成过闸量 5281.61 万吨，同比增长 10.74%；新坝船闸通过船舶 48609 艘，同比增长 2.72%，完成过闸量 2660.18 万吨，同比增长 7.63%。

2021 年 12 月浙江省运河交通船闸运行情况　2021 年 1~12 月，杭甬运河全线货运量 3486.6 万吨，同比增长 27.7%。12 月，杭甬运河全线船闸过闸船数 9366 艘，过闸货量 279.8 万吨，同比分别下降 40.3% 和 33.3%；京杭运河（杭州段）全线船闸过闸船数 7924 艘，同比增长 5.2%，过闸货量 509.9 万吨，同比下降 4.3%。集装箱方面，杭甬运河、京杭运河（杭州段）过闸箱量分别为 6617 标准箱、1.7 万标准箱，同比分别下降 8.8% 和 11.5%。

杭州三船闸过闸量均创历史新高　2021 年，杭州辖区船闸锚定"浙江样板、行业领先、全国前茅"目标，积极落实公共服务大提升、提能增效工作各项举措，在数智赋能、精细化科学调度加持下，深度挖潜保畅通，精细管理提效能，全力保障船闸运行的安全、畅通、有序、高效。三船闸共计完成过闸量逾 1.1 亿吨，三堡、新坝和富春江船闸年过闸量分别突破 6000 万、3000 万和 2000 万吨，均创下历史新高。

（三）航运维护与管理

山东省

应对台风"烟花"京杭运河枣庄段启动防汛一级响应　2021 年 7 月 27 日 14 时，京杭运河枣庄段积极应对 2021 年第 6 号台风"烟花"，启动防汛一级响应，过往船舶暂停通过船闸，就近选择安全位置停靠，确保防台风期间水上交通安全。台儿庄船闸附近的台儿庄节制闸开启闸门，实施预泄调度，并随时根据运河水情及时启闭闸门，调节泄洪流量，保障京杭运河枣庄段船舶安全。

山东省交通运输厅深入开展省管内河水上交通安全专项整治三年行动　山东省各级交通运输部门全面推进专项整治三年行动集中攻坚，围绕客船、砂石船、长期逃避海事监管船、通航秩序等 5 个重点领域，开展五大治理行动，对船上人员安全操作、国内船舶救生设备、船舶安全配员和《船员服务簿》记载等进行现场检查，切实加强辖区渡口、渡船、港口、浮桥、航运公司、通航环境执法检查。截至 2021 年 5 月底，山东省开展船舶公司督导检查 798 次，现场监督检查船舶 12310 艘次，发现安全隐患和问题 1786 个。

京杭运河八里湾、邓楼船闸圆满完成应急泄洪任务　2021年10月20日，山东省防汛抗旱指挥部下达关闭八里湾、邓楼船闸廊道的通知。历经18天，京杭运河八里湾、邓楼船闸应急泄洪任务圆满完成。根据山东省防汛抗旱指挥部要求，为保障东平湖安全度汛，全面做好京杭运河八里湾、邓楼船闸应急泄洪工作，山东省交通运输厅召集船闸建设、运营等单位相关人员会商研究，成立工作专班，查阅有关资料，并与设计单位进行紧急会商，制定应急泄洪方案。10月2日14时起，京杭运河八里湾船闸、邓楼船闸廊道开启，经柳长河、梁济运河向南四湖分泄东平湖洪水，船闸泄洪历经18天，最大流量88米^3/秒，总计下泄洪水1亿多立方米，有力保障了东平湖安全度汛。

江苏省

无锡港航事业发展中心扎实推进船舶碰撞桥梁隐患专项治理　2021年4月，为深化无锡安全生产三年专项整治行动，无锡市港航事业发展中心制定专项方案、召开专题会议、开展专项督查等，迅速组织在全市干线航道开展船舶碰撞桥梁隐患专项治理。此次整治范围为2019年12月31日前建成投入运行的跨越无锡市省干线现状三级及以上航道的各类桥梁。

徐州航道站夜航巡查保障运河安全畅通　2021年5月18日夜，京杭运河江苏省徐州航道管理站组织开展夜间执法巡查行动，现场查看运河各航段的水位实况，积极应对低水位的严峻挑战，检查航标、桥涵标等助航设施，重点排查违章作业影响水上安全的船舶，严禁超吃水船舶航行过闸，防止发生搁浅严重碍（阻）航情形。

南通港航事业发展中心市区分中心提前完成2021年上半年航道扫床工作　2021年5月19~24日，南通港航事业发展中心市区分中心提前1个月完成2021年上半年44.63公里等级航道及29座桥梁的桥区清扫。该次清障扫床严格按照内河航道清障扫床技术规范，采用软式扫床，针对航宽较大的航道，采用多幅扫床方式扫测，为过往船舶通航安全提供有力保障，确保夏季航道安全畅通。

邳州航道站完成 2021 年度上半年航道扫床工作 2021 年 5 月 24 日，邳州航道站圆满完成辖区 2021 年上半年航道扫床工作。该次扫床历时 13 天，扫床里程 168.5 公里，清除杂物 680 公斤，块石约 1.6 吨。扫床期间，该站积极配合宿迁船闸完成其下游引航道零星浅点清除工作，及时清理宿迁船闸上游一号闸引航道内倾倒树木，保障了船舶进出闸安全。

扎实推进苏北运河低水位防堵保畅工作 2021 年 6 月 8 日，宿迁航务中心联合宿迁市交通运输综合行政执法支队开展联合执法巡航，并召开专题会议，商讨应对 2021 年苏北运河宿迁段低水位防堵保畅措施。会议总结回顾了苏北运河宿迁段 2020 年应对低水位期间所采取的防堵保畅措施以及取得的成效，预判了 2021 年低水位的形势，提出相应的应对措施。按照苏北航务管理处低水位防堵保畅工作方案要求，结合苏北运河宿迁段低水位实情，优化联合保畅方案，进一步明确职责、细化管控措施。密切关注水位动态，根据实时水位情况，及时启动低水位防堵保畅工作方案，开展船舶吃水实测工作，对超限船舶实施管控，必要时发布航道、航行通告。

邵伯航道站高效完成桥区水域航道"体检"工作 2021 年 6 月 11~15 日，邵伯航道站组织完成了辖区航道内所有桥梁的桥区水域航道测量工作，为建立"一桥一档"做好准备。邵伯航道站辖区航道全长 86 公里，共有公路桥、铁路桥以及在建桥梁等 16 座。该站人员先在岸上利用 GPS 测量每座桥梁的位置信息，尤其是新建、改造桥梁的定位；随后以每座桥梁为定位点，利用小船、测深仪对桥梁上下游指定区域完成 10 余处断面测量。测量人员利用 5 天时间顺利完成了 200 多处断面的全部测量工作。

解台船闸开展低水位时期船舶漏水现场处置实战演练 2021 年 6 月 17 日上午，解台船闸组织开展低水位时期船舶漏水现场处置实战演练。该次演练旨在模拟低水位时期待闸船舶突发漏水，通过实施应急救援预案与队伍拉动、现场实操等相结合的方式，对事故上报、指挥调度、水上救援情况进行全方位的综合检验。通过演练，工作人员积累了过闸船舶漏水现场处置实战经验，提高了安全防控和应急处置能力。

盐城港至济宁港跨省内河集装箱航线正式开通 2021 年 6 月 18 日，盐城港至济宁港跨省内河集装箱航线正式开通，完成了盐城港口集装箱板块首次焦炭箱操作。该航线目前为一周两班，未来实现天天班，将进一步充分发挥海河联运一体化优势，有力服务盐城"汽车、钢铁、新能源、电子信息"四大主导产业发展。2021年以来，盐城港口紧盯陆改水、散改集市场，把"辟航线、增效能、抢市场"作为工作的重中之重，将揽货范围扩大至"四大产业"散货生产资料产业链。焦炭集装箱业务的成功操作，不仅增添了新的集装箱运输货种，也为盐城港口更好融入共建"一带一路"、全面推进港口转型升级，提供了强有力的支撑和保障。

淮安船闸积极应对下游航道低水位 2021年6月30日17时，淮安船闸下游航道水位下降到6.3米，比前一日水位下降0.5米。淮安船闸及时启动低水位应急预案，加强大型船舶航运管理，合理调配闸次，保障航道畅通和船闸正常运行。严格做好超限船舶管理，实施船舶过闸诚信申报制，利用船舶智能调度系统合理配闸，提高船舶通过效率。与淮安市交通运输综合行政执法支队及上下游船闸实行联动联控，安排人员24小时值班，人、车、船、无人机无缝衔接巡航，全面掌握航道状况，及时处置船舶违规行为。

解台船闸完成2021年全年阀门吊检工作 2021年7月7日，解台船闸养护部门工作人员顺利完成二号闸4扇阀门吊检，至此，2021年全年阀门吊检工作全部结束。通过检测，除运转件磨损较为严重外，阀门整体运行情况良好。该次吊检更换侧滚轮1套，紧固阀门吊座松动螺栓14只，紧固及更换主滚轮轴端压板螺丝16只，紧固维修止水压板螺丝12只，修复阀门侧止水1处。

皂河船闸积极应对暴雨天气，确保船闸安全畅通 2021年7月16日，宿迁普降大到暴雨，气象部门连续发布暴雨橙色预警和雷暴橙色预警信号。皂河船闸积极部署应对措施，紧急启动汛期应急预案，迅速组织应急物资装备和救援力量，进入临战状态，及时加强对积涝部位的排水处置；关注大风、暴雨对各类宣传标牌、在建工程的影响，加强闸阀门、机电设备等重点部位巡查，严查死角不留隐患；加强巡航频率，对各类避险船舶进行有序引导，以保证船舶的停泊安全及航道的通畅；坚持24小时值班制度，所有值班人员保持通信畅通，切实做好各项防范工作，保障船闸运行安全、平稳。

宿迁船闸开展水工建筑物和助导航设施安全专项检查 2021 年 7 月 19 日，宿迁节制闸泄洪流量为 167 米³/秒，该所开展水工建筑物和助导航设施安全专项检查，分别对水工建筑物、助导航设施、机电设备设施、车船等进行检查。重点排查既有建筑物墙体、房屋整体是否有下沉变形；一、二、三号闸闸室及上下游助导航设施是否有变形、损坏脱落等。对排查出的船闸部分既有建筑物和助导航设施存在的安全隐患，现场研究制定整改措施，及时组织人员维修整改，将安全隐患消灭在萌芽状态，确保船闸安全平稳运行。

淮阴船闸扎实做好疫情防控工作 2021 年 7 月 21 日，淮阴船闸召开专题会议，第一时间传达落实疫情防控最新要求，布置落实疫情防控措施，并组织人员对疫情防控工作进行检查，确保疫情防控工作各项措施落到实处。对运调指挥大厅、闸首操作岗亭、上下游远调站服务大厅等流动人员多的场所进行消毒，对所有进入办公场所的职工、船员测量体温，查验健康码和核酸检测报告，并要求佩戴口罩、登记个人信息，统筹抓好疫情防控工作。

扬州航道站及时行动，高效落实疫情防控各项措施 2021 年 7 月 21 日，扬州航道站召开专题会议，及时传达、落实疫情防控最新要求，专人负责、分工合作，在站区及驻外大队开展环境消毒，严格落实体温监测、外来人员管控、为职工发放口罩等措施，查验职工和来站人员的健康码和行程码，提醒个人做好安全防护，并做好各项台账记录。

扬州航道管理站迅速落实防汛防台风安全管理措施 2021 年 7 月 23 日，扬州航务中心扬州航道管理站及时传达、落实江苏省交通运输厅、苏北航务管理处防汛防台风工作要求，动员全站职工迅速进入备战状态，全面检查、加固室外高空悬挂物体；各大队重点做好船艇机械设备、航道设施检查，严格加强应急值班值守，密切关注航道水情变化。该站三个大队分别巡查辖区航道，维护待闸船舶秩序，提醒船员落实防汛防台风安全措施，保障待闸及航行安全；加密航标遥测，检查标志标牌，登标检查六圩灯塔，确保灯器工况正常、有效助航。

徐州航务中心到解台船闸开展用电和消防安全专项检查 2021 年 7 月

31 日，徐州航务中心到解台船闸开展用电和消防安全专项检查，及时消除用电安全隐患，防范安全生产事故。对船闸发配电间、闸口机房、集控室、食堂用气用电设备设施的维护使用和消防安全配套设施进行专项检查，并对在建工程施工现场临时用电和疫情防控工作落实情况进行专项督查。

扬州航务中心施桥船闸织密疫情防控网确保运河主动脉畅通 2021 年 7 月底，扬州主城区新冠肺炎疫情防控形势严峻。扬州航务中心施桥船闸管理所精准研判疫情，迅速采取有效措施阻断疫情传播链。8 月 1 日开始，施桥船闸按照上级指示精神，实行内部全封闭管理，从事船闸运行的窗口岗位和相关行政管理岗位人员全部居留闸区工作生活，从严控制人员进出，全力强化防疫要求，保证了京杭运河船闸 24 小时不间断运行。

扬州航务中心施桥船闸志愿服务队助力疫情防控工作 2021 年 8 月 4 日下午，扬州航务中心施桥船闸举行疫情防控青年志愿者服务队授旗仪式，激励全体青年志愿者做好带头表率作用，全力做好区域内疫情防控工作。

宿迁航务中心开展助航设施专项安全检查 2021 年 8 月 16 日，宿迁航务中心组织开展助航设施专项安全检查，预防性排查助航设施潜在的安全问题。泗阳船闸对二、三号船闸共计 36 处浮式系船柱进行专项检查，重点检查主滚轮、侧滚轮工况及各联结部位，发现 2 处螺栓松动情况，现场处理整改到位。刘老涧船闸对 3 座船闸闸室系船钩、浮式系船柱助航设施进行专项安全检查，并将检查出的问题制成清单，要求限期加以整改。宿迁船闸对二、三号闸 24 只浮式系船柱和系船钩进行了检查，浮式系船柱状况均良好，浮桶压力、滚轮运转正常，在无水差的情况下采用人为加力均能上下浮动；发现 1 只系船钩脱落，并于近期整改到位。

宿迁航务中心宿迁航道站联合属地多部门开展专项整治巡航行动 2021 年 8 月 26 日，宿迁航务中心宿迁航道站联合宿迁市交通运输综合执法支队、宿迁市公安局水上警察支队、宿迁市农业综合行政执法支队、江苏省骆马湖渔政监督支队、宿迁市水政监察支队、皂河镇政府等单位，集中开展骆马湖及京杭运河宿迁辖区"六小""三无"船舶专项整治巡航行动。

扬州航务中心施桥船闸扎实开展"双督查" 2021 年 8 月起，面对扬州疫情防控和船闸安全保畅的双重考验与严峻挑战，扬州航务中心施桥船闸立即行动，高标布置、多措并举织密防控网。该闸纪检监察室扎实开展疫情防控和安全生产"双督查"工作，从严从实构筑疫情防控、安全生产"双防线"。先后出台了《疫情防控期间对在闸工作人员实行封闭式管理方案》《各场所疫情防控指南》等制度规范，督促各部门严格执行，抓好落实。成立了"疫情防控措施落实"和"食宿安全"两个督查小组，每日组织对船闸区域消杀、门岗值守、体温检测、进出管理、工作人员 24 小时驻闸等情况的跟踪检查。船闸实行封闭式管理后，组织常态化检查 54 次，随车对门岗、远调站等重点岗位暗访 6 次，开展对在闸人员 24 小时驻守情况专项检查和夜间突击检查 7 次，现场查纠和解决车辆消杀不到位、个人防护措施落实不力等问题 9 项。

淮安航务中心淮安船闸联合多部门开展"三无"船舶专项整治行动
2021 年 9 月 3 日，淮安航务中心淮安船闸联合地方交通综合执法部门、水警、渔政监督、航道站开展"三无"船舶专项整治行动。此次"三无"船舶专项整治行动重点是无船名船号、无船舶证书、无船籍港的船舶从事非法营运活动，整治范围在"两淮"段水域，参与单位共出动 7 艘执法船艇、38 名执法人员，通过开展上船宣传，现场取缔 23 艘"三无"船舶。

宿迁航务中心泗阳船闸强化养护管理，保证航闸畅通　2021 年 9 月 9 日起，泗阳船闸管理所分别对一、二、三号船闸的 12 个阀门进行系统性吊检维修，重点包括阀门主滚轮磨损情况的检测、阀门吊点螺栓的紧固、轴衬套和轴套螺栓的紧固、损坏止水橡皮的修复、缺损测滚轮的补修等。泗阳船闸上下游水位差常年居于 4 米以上，落差较大，日常的运行操作对闸阀门等机电设备的磨损消耗很大。为此，泗阳船闸管理所在日常养护的基础上，定期邀请专业机构对重点部件进行检测维修，确保机械设备的工作性能良好，保障船闸安全运行。

宿迁航务中心宿迁航道站联合地方水上执法单位开展专项整治行动
2021 年 9 月 10 日，宿迁航务中心宿迁航道站联合宿迁市交通运输综合行政执法支队、宿迁市公安局水上警察支队、宿迁市农业综合行政执法支队等 6

家涉水单位共同开展第五次"六小""三无"船舶专项整治行动，在京杭运河曹甸段暂扣"六小""三无"船舶9艘，严厉打击水上非法载客行为，消除水上交通安全隐患，维护良好通航秩序。

宿迁航务中心宿迁航道站与属地单位开展联合执法行动 2021年10月22日，宿迁航务中心宿迁航道站邳州航政大队与沂沭泗邳州河道管理局、邳州市地方海事处、邳州市公安局水上警察大队等部门开展联合执法护航行动，联合巡航里程40公里，依法取缔临时船舶维修点1个，管理乱停乱靠船舶30艘、船队4个，排查出临时船舶拆解点1个、待拆解船舶3艘。

京杭运河镇江段绿色现代航运综合整治工程指挥部成立 2021年11月17日，京杭运河江苏段绿色现代航运综合整治工程（江南段）镇江段工程指挥部正式成立，标志着"绿色航道"提升工程已经进入了实质性落地建设阶段。该项目充分运用新一代物联网、大数据、云计算等现代技术手段，以航道感知设备、数据中台、外场感知云、电子航道图等为支撑，建设航道运行调度与监测服务系统、港口信用管理系统和全数字化、全自动化操作船闸，实现"上下衔接、智能高效、安全绿色、开放共享"的全省干线航道运行调度与监测体系、港口信用管理体系，全面提升航道设施建设、维护、管理及运输服务能力。

镇江港航事业发展中心开展航道应急清障演练 2021年11月18日，镇江市港航事业发展中心在谏壁船闸下游引航道焦湾锚地组织实施航道应急清障演练。演练突出"实战化"导向，采用江苏省第一艘多功能艇"苏港航镇306"，运用新技术多波束水下地形扫测和新设备船载多功能吊臂进行障碍物探测及清除。该次演练设置了水下障碍物探测、设置和回收临时浮标、水下障碍物清除及复测3个科目，锻炼和检验了应急保障队伍对突发事件的响应速度、处置能力以及对多波束扫测设备、多功能船艇机械等设备的使用熟练度，有效提升了镇江港航事业发展中心对突发事件的应急处置能力，为保障航道安全畅通夯实了基础。

淮安航务中心淮安船闸积极应对下游航道低水位 2021年12月6日，淮安船闸下游航道水位下降到6.2米，已逼近6米的最低通航水位，加上冬季大雾等恶劣天气影响，给船舶通航带来压力。淮安船闸及时启动低水位应急预案，加强大型船舶航运管理，合理调配闸次，保障航道畅通和船闸运行。积极利用广播、"船讯通"、微信公众号等途径及时发布水情、待闸等信息，提醒过往船员根据船舶吃水，提前规划好航线。实施船舶过闸诚信申报制，要求过往船舶如实申报船舶吃水，并利用船舶智能调度系统合理配闸，提高船舶通过效率。

徐州航务中心刘山船闸开展区间船舶核查专项行动　2021 年 12 月 14 日，为掌握刘山船闸至解台船闸区间内船舶数量和船舶信息的真实性，打击船舶空号、套号等违法行为，维护公平有序的通航秩序，徐州航务中心刘山船闸联合解台船闸开展区间航道船舶核查专项行动。刘山船闸结合航闸智能运行系统显示的区间船舶数量，对现场登记的船舶逐一核查信息和航行轨迹，对涉嫌违反相关规定的，按程序进行处理。

宿迁航务中心皂河船闸积极应对大雾黄色预警　2021 年 12 月 22 日，宿迁地区突遭强浓雾天气，苏北运河航道能见度不足 10 米。宿迁航务中心皂河船闸即时启动恶劣天气应急预案，船闸实行临时停航，并及时通过甚高频、语音电话、广播等形式向船民公布天气、水情信息，做好预警宣传，提醒船员注意靠泊时的安全。船闸航道管理人员严格值班值守，航政艇做好待命准备，与地方执法部门加强沟通协作，及时通报信息，做好大雾天气突发险情的应急处置准备工作。

淮安航务中心淮安船闸积极开展"船证不符"问题专项整治　2021 年 12 月，淮安航务中心淮安船闸积极组织党员骨干，开展"船证不符"问题专项整治活动。此次专项整治活动重点是整治在京杭运河苏北段航行、过闸，存在船舶主尺度、船舶吨位、船舶标志标识与船舶证书所载内容不符等问题的船舶，切实保障水上交通运输安全。

洪泽湖西南线航道在江苏省率先实地应用船舶辅助导航系统　2021 年 12 月，洪泽湖西南线航道船舶辅助导航系统投入实地试应用，在江苏省率先实现了生态湖区航道"生态领航"与"安全护航"平衡的双重要求。此次建设船舶辅助导航系统的洪泽湖西南线航道位于洪泽湖湖区，东西横跨整个洪泽湖，与淮河航道、苏北灌溉总渠、洪泽湖北线航道等 8 条航道连通，是洪泽湖湖区的水运交通要道。该系统投入试运用，将切实提高船舶通行效率和安全保障，便利湖区船舶航行。

浙江省

杭州港航行政执法队多措并举应对低水位期京杭运河船舶滞留形势　为积极应对钱塘江低水位、京杭运河锚地停泊船舶饱和情况，杭州市港航行政执法队于 2021 年 10 月 31 日 20 时启动应急保畅一级联动，禁止从湖州嘉兴方向进入杭州的过闸船舶驶入杭州水域。截至 2021 年 11 月 1 日 8 时，鸦雀漾过闸登记船舶达 600 多艘，其中鸦雀漾锚地达 460 艘次左右，且有持续增多趋势。杭州港航行政执法队多措并举确保锚地与航道安全，通过非现场与现场相结合的管理体系，对锚地船舶增加巡查频次，加强值班、联动等，对锚地水域实施全方位、全天候的监管，维护锚地停泊秩序及现场通航秩序。做好锚地服务区宣传，耐心解答船员最关心的生活问题，积极宣传鸦雀漾水上服务区各项功能，方便船员舒适等待过闸指令。加强安全与防污染宣传，实时关注锚地情况，做好锚地船员安全与防污染教育，要求在锚地容量高压状况下加强现场瞭望，减少碰撞事故、堵港隐患的发生。加强人员值班，保持 24 小时信息畅通，船艇处于应急待命状态，一旦发现堵航苗头，及时出艇纠正。

（四）航运规划与创新举措

江苏省

江苏省交通运输厅出台《关于落实习近平总书记指示推进运河航运转型提升的实施意见》　2021 年 1 月，江苏省交通运输厅研究制定了《关于落实习近平总书记指示推进运河转型提升的实施意见》（本部分简称《实施意见》）。《实施意见》明确到 2023 年，京杭运河绿色现代航运综合整治工程全面推进建设，航道通航环境显著改善，运河全线 687 公里航道电子航道图建成，基本建成智慧航道。到 2025 年，运河航运转型提升取得明显成效，航运效率、航运服务品质、绿色生态水平、智能管理调度水平和航运安全水平显著提升，成为全国内河航运标杆。到 2030 年，京杭运河率先基本建成"设施一流、技术一流、管理一流、服务一流、效率一流、安全一流"的现代化航运体系，整体发展水平走在世界前列。

泗阳船闸出台大型、异型船舶调度过闸安全管理规定 2021 年 7 月 27 日，泗阳船闸管理所根据单位实际出台了《泗阳船闸大型、异型船舶调度过闸安全管理规定》，防止大型、异型船舶过闸出现搁浅、碰撞等安全问题，进一步提升服务航运转型发展能力，确保船闸运行、船舶过闸安全。该规定立足单位工作实际，对大型、异型、超高船舶界定，登记核查环节管控，调度环节管控，进出闸环节管控，现场监督环节管控，低水位时期调度管控，责任追究，规定实行时间 8 个方面进行了明确规定，为大型、异型船舶安全调度过闸提供了制度保障。

徐州制定《京杭运河桥梁标志标牌及防撞设施设置指南》 2021 年 8 月 17 日，徐州市船舶碰撞桥梁隐患专项治理领导小组联合京杭运河苏北航务管理处等部门，组织制定了《京杭运河桥梁标志标牌及防撞设施设置指南》（本部分简称《指南》）。《指南》以现行的《内河航标技术规范》《内河交通安全标志》等行业标准以及《江苏省内河通航净高标尺方案设计》等规范性文件为依据，明确了京杭运河徐州段桥梁需设置的标志标牌种类及具体尺寸、颜色、具体安装位置、维护保养等要求。《指南》要求，京杭运河桥梁必须设置桥涵标、桥名牌和通航净高提示牌。水中有桥墩的还需要设置通航净高标尺（倒水尺），并根据评估结果决定是否设置防撞设施。《指南》还结合苏北运河文化带建设相关批复要求，明确桥涵标牌可采用自发光面板材料，采用太阳能板或岸电供电方式，美化京杭运河航道。

浙江省

京杭运河杭州段发布通航新规 京杭运河杭州段通航新规于 2021 年 7

月1日起施行。新规根据京杭运河杭州段实际水流方向和船舶操纵效能,明确了京杭运河杭州段以接近三堡船闸方向为上行,以远离三堡船闸方向为下行,对于船舶避让关系和发生碰撞事故后的责任认定,有着指导作用。新规明确了京杭运河武林头至三堡船闸下游引航道为水上交通管制区。

全国首个《内河水上服务区服务管理规范》市级标准发布 2021年11月16日,湖州市交通运输局部署指导,湖州市港航管理中心牵头起草,浙江省标准化研究院全程参与的全国首个《内河水上服务区服务管理规范》市级标准经湖州市市场监督管理局批准正式实施。《内河水上服务区服务管理规范》共有6个方面50条具体要求和1个附录,从运营单位、场地和设备设施、人员管理、日常管理和安全管理等方面详细规定了内河水上服务区具体的服务管理要求。

《嘉兴市水运发展"十四五"规划》正式印发 2021年11月,《嘉兴市水运发展"十四五"规划》(本部分简称《规划》)正式印发。嘉兴着力打造长三角海河联运枢纽,全面建成富有特色的国内一流强港。《规划》提出,到2025年,嘉兴基本建成长三角海河联运枢纽,示范引领全国海河联运发展,成为"嘉兴典范"。

四　文化旅游

（一）政策发布

天津市

天津市红桥区印发《红桥区关于大运河文化保护传承利用工作落实意见》　2021年4月5日，天津市红桥区印发《红桥区关于大运河文化保护传承利用工作落实意见》（本部分简称《落实意见》）。《落实意见》提出，推动谦祥益绸缎庄旧址、北洋大学堂旧址、原天津西站主楼、瑞蚨祥绸布店旧址、天津普通中学堂旧址等文物保护单位的修缮。同时，积极推动大运河游船观光项目等，促进文化和旅游融合发展。

天津市发布《天津市北运河适宜河段旅游通航实施方案》　2021年9月下旬，天津市大运河文化保护传承利用领导小组印发《天津市北运河适宜河段旅游通航实施方案》（本部分简称《方案》）。《方案》提出，统筹水资源、旅游资源以及现状跨河桥梁等条件，重点建设津冀交界木厂闸—武清区蒙村橡胶坝段、武清区南蔡村橡胶坝—筐儿港水利枢纽段、中心城区桃花堤景区—大悲院码头段3个旅游通航区，总长约31.4公里，到2025年北运河基本实现正常来水年份全线有水。

天津市发布《大运河（天津段）沿岸乡村产业发展规划》　2021年12月下旬，《大运河（天津段）沿岸乡村产业发展规划》（本部分简称《规划》）发布。《规划》按照国家大运河规划和乡村振兴战略要求，在保护好大运河沿岸生态环境的基础上，大力发展特色产业，示范引领大运河区域乡村全面振兴，力争将沿岸乡村建设成为引领现代都市农业发展的产业先行区、乡村生态经济振兴的动能创新区以及彰显天津运河文化特色的宜居示范区。

河北省

《沧州市中心城区规划建设管理提升行动实施方案》出台　2021年3月中旬，《沧州市中心城区规划建设管理提升行动实施方案》正式印发，对如何全面开展中心城区规划建设提升行动，从强化规划引领管控、加快推进重点项目建设、全面加强城市管理、办实办好民生实事4个方面进行了部署。

山东省

山东省出台《关于推进黄河流域、大运河沿线非物质文化遗产保护传承弘扬的意见》　2021年4月28日，山东省文化和旅游厅出台《关于推进黄河流域、大运河沿线非物质文化遗产保护传承弘扬的意见》（本部分简称《意见》）。《意见》围绕推动中华优秀传统文化创造性转化、创新性发展，积极融入国家重大战略，坚持以人民为中心的工作导向，以高质量发展为主题，加强山东黄河流域、大运河沿线非物质文化遗产保护传承弘扬工作。计划到2025年，基本形成优秀传统文化传承发展体系，非物质文化遗产保护传承水平显著提升，培育一批有影响力的非遗活动品牌，建设一批特色鲜明的保护传承项目，推动山东黄河流域、大运河沿线非物质文化遗产的创造性转化、创新性发展。

《大运河（山东段）文化和旅游融合发展实施方案》审议通过　2021年5月10日，山东省委副书记、省长李干杰主持召开省政府常务会议。会议审议通过《大运河（山东段）文化和旅游融合发展实施方案》。会议强调，要深入贯彻落实习近平总书记关于大运河文化保护传承利用的重要指示批示精神，坚持保护优先、合理利用、融合发展、全域统筹，推动大运河（山东段）沿线文化和旅游全方位、深层次、宽领域融合。要深入实施大运河生态环境保护修复工程，扎实推进大运河文化有效传承、资源有效利用，丰富大运河文化旅游内涵，不断提高"好客山东·鲁风运河"品牌知名度、影响力。

《大运河（聊城段）文化和旅游融合发展实施方案（征求意见稿）》发布 2021 年 11 月 26 日，《大运河（聊城段）文化和旅游融合发展实施方案（征求意见稿）》（本部分简称《方案》）对外发布。《方案》明确以聊城段运河为纽带，以东昌湖、徒骇河和县（市、区）河湖为主要节点，聚点成线、连线成面，形成河湖相连、水系相通的水生态系统，构筑水上交通游览线路，建设全域水城。《方案》共分 10 个部分，包括实施大运河生态环境保护修复工程、大运河文化和旅游产业振兴工程、大运河文物保护工程、大运河非遗保护工程、大运河文化价值挖掘阐发工程、大运河文化旅游公共服务提质工程等。

江苏省

2021 年江苏省重点文化和旅游产业项目名单公布 2021 年 2 月 10 日，江苏省文化和旅游厅印发《关于公布 2021 年江苏省重点文化和旅游产业项目的通知》，公布了 70 个重点文化和旅游产业项目，包括竣工项目 18 个、在建项目 32 个、新开工项目 18 个、储备项目 2 个。其中，扬州中国大运河博物馆（竣工）、扬州京杭大运河（广陵段）文化带暨明清古城保护综合开发（在建）、扬州瓜洲古渡文旅小镇（在建）、扬州国家文化公园三湾核心展示园-大运河非遗文化园（在建）、扬州邵伯中格万象文旅生态项目一期（新开工）、徐州大运河国家文化公园窑湾核心展示园（新建）、常州青果巷历史文化街区（改建）、无锡锡钢浜游客集散中心（新建）、宿迁皂河龙运城（改扩建）、淮安水工科技馆暨板闸遗址公园（新建）等一批与大运河有关联的项目入选。

《宿迁市古黄河运河风光带风景名胜区管理办法》出台 2021 年 3 月 9 日，宿迁市召开"1+X"新闻发布会，宿迁市自然资源和规划局副局长张宜球对《宿迁市古黄河运河风光带风景名胜区管理办法》（本部分简称《办法》）进行了详细解读。《办法》包括立法目的和原则、管理体系和职责、规划编制和保护要求、风景名胜区审批事项、法律责任等内容，于2021年4月1日起施行，是实现城市发展与"两河"保护共赢的重要举措。

苏州市吴江区发布"运河八景"名单　2021年3月10日，苏州市吴江区文化产业高质量发展暨创建国家全域旅游示范区推进大会召开，会上发布专属于吴江的"运河八景"名单。"运河八景"包括三里飞桥、垂虹秋色、九里石塘、四河汇集、禊湖秋月、丝绸水路、慈云夕照、林海寻梦，下一步将成为吴江运河文化带建设的重点内容。

《扬州大运河（曲江段）总体概念规划与运河城市客厅概念设计方案》正式发布　2021年7月底，《扬州大运河（曲江段）总体概念规划与运河城市客厅概念设计方案》正式发布。大运河曲江段东至大运河西岸、西至运河北路、南至城南快速路、北至古运河（湾头），用地面积约292公顷，岸线长5公里。该规划方案指出，将打造扬州运河文旅新地标、商旅人共享社交主场、新时代潮流活力水岸作为扬州大运河（曲江段）未来发展的目标。

江苏首批夜间文旅消费集聚区名单对外发布　2021年8月23日，江苏省文化和旅游厅公布第一批省级夜间文化和旅游消费集聚区名单，共涉及12个设区市的22个地区。其中，无锡清名桥历史文化街区、徐州户部山-回龙窝月光经济街区、常州青果巷文旅消费集聚区、扬州瘦西湖"二分明月"文旅集聚区、扬州东关历史文化旅游区、扬州运河·盂城驿历史文化街区、镇江西津渡中央休闲区、宿迁项王故里夜间文旅消费集聚区等大运河项目入选。

江苏省文旅厅发布"运河百景"名单　2021年8月23日，江苏省文化和旅游厅官网发布了"运河百景"标志性运河文旅产品征集活动遴选结果的公示，拟推出江苏"运河百景"标志性运河文旅产品100个，涵盖旅游景区、街区、文博场馆、旅游村镇和线路等多种类型。

《江苏省"十四五"文化和旅游发展规划》出台　2021年10月15日，江苏省人民政府办公厅印发《江苏省"十四五"文化和旅游发展规划》（本部分简称《规划》）。《规划》对标对表习近平新时代中国特色社会主义思想，特别是习近平总书记关于文化和旅游工作的重要论述，系统阐明"十四五"时期江苏省文化事业、文化产业和旅游业发展重点任务，描绘文化和旅游高质量发展蓝图。

《扬州市"十四五"文化和旅游业发展规划》正式发布 2021年11月5日，《扬州市"十四五"文化和旅游业发展规划》（本部分简称《规划》）正式发布。《规划》提出，"十四五"期间，扬州将构建"主城引领，江河湖联动，全域发展"的全域文化和旅游空间格局，将努力建成国际知名文旅目的地、全国文旅融合样板区、文化保护传承特色区、全国公共文化服务示范区、全国文旅智慧治理先行区。

浙江省

《大运河诗路建设、钱塘江诗路建设、瓯江山水诗路建设三年行动计划（2021–2023）》发布 2021年4月28日，浙江省发展改革委举行新闻发布会，正式发布《大运河诗路建设、钱塘江诗路建设、瓯江山水诗路建设三年行动计划（2021–2023）》。此次发布的"三条诗路"建设行动计划，涵盖杭州、宁波、湖州、绍兴、嘉兴、衢州、金华、温州、丽水9个设区市，共包含114颗"诗路珍珠"，其文化内涵各有特色。"三条诗路"建设计划推进重点项目316项，3年投资1900亿元。其中，大运河诗路重点推进大运河世界文化遗产公园、宁波文创港、嘉兴大运河文化公园、江南（湖州）运河古镇集群提升、绍兴镜湖文化休闲园等94个项目，3年投资627亿元。

《大运河（宁波段）文化保护传承利用实施规划》正式出台 2021年5月27日，《大运河（宁波段）文化保护传承利用实施规划》正式出台，该规划以大运河（宁波段）世界文化遗产为核心资源，规划范围涉及海曙、江北、镇海、北仑、鄞州、余姚等区（市），涵盖文化遗产保护与文化价值传承、运河名城名镇保护与功能提升、非物质文化遗产保护与传承工程、生态环境保护与滨河品质优化工程、航道整治利用与水利功能提升工程、文旅融合发展与产业活力升级工程等内容。

（二）专题会议

北京市

通州区政协召开通州及大运河历史文化专家座谈会 2021年8月17日，通州区政协教文卫体委员会在台湖镇召开通州及大运河历史文化专家座谈会，邀请专家围绕通州及大运河历史文化内涵在城市副中心和特色小镇文化建设过程中的作用与影响进行座谈。

"世界运河文化对话会"在北京市通州区举办 2021年10月9日，"世界运河文化对话会"在北京城市副中心通州区举办。此次对话会为2021北京（国际）运河文化节的重要活动之一，与会专家学者共同探讨了运河文化保护传承与利用的方法和途径，为挖掘大运河文化内涵、讲好运河故事贡献智慧。

天津市

"运河菁华"系列丛书发布及运河文化座谈会在天津市西青区举行 2021年7月17日，西青区在中北镇瓷艺园举办"运河菁华"系列丛书发布及运河文化座谈会。该丛书的出版，为人们打开了认识西青区、认识天津乃至运河城市形成、变迁和文化传承的新视窗。

天津市召开大运河文化项目及专项保护规划评审会 2021年8月27日下午，天津市市长廖国勋主持召开市政府第161次常务会议。会议研究天津市大运河文化保护传承利用工作，听取天津市大运河文化博物馆选址、大运河核心监控区范围内2019年城市建成区确定标准和有关项目审核意见等情况汇报，审议《天津市大运河国家文化公园建设保护规划》《天津市大运河文化遗产保护传承专项规划》《天津市大运河生态环境保护修复专项规划》《天津市大运河河道水系治理管护专项规划》《天津市北运河适宜河段旅游通航实施方案》等文件。

河北省

《河北省大运河遗产利用与保护条例（草案）》修订研讨会召开 2021年3月23日，河北省文物保护中心、河北师范大学联合组织召开研讨会，邀请河北省司法厅法律专家和河北省大运河遗产保护专家，对《河北省大运河遗产利用与保护条例（草案）》（本部分简称《条例》）进行研讨论证。研讨会上，与会专家对《条例》"总则"部分进行了修订，并结合河北省大运河遗产保护利用实际提出了一系列建设性、实操性强的意见和建议。会后，编写组根据研讨意见和建议，对《条例》内容做出修改完善。

京津冀大运河文化保护传承利用协调推进会在香河县召开 2021年4月7~8日，京津冀大运河文化保护传承利用协调推进会——北运河旅游通航专题会议在香河县召开，与会人员对北运河旅游通航工程建设进行了实地考察。会议期间，与会人员还就建立健全大运河文化保护传承利用协调机制等重点问题进行了对接讨论。

沧州市召开大运河文化带建设专题调研座谈会 2021年7月21日，沧州市召开党代会专题调研座谈会，与会人员围绕大运河文化带建设进行了研讨交流。沧州市委常委、宣传部部长李凡主持会议并讲话。李凡指出，各级各有关部门要提高政治站位，充分认识推进大运河文化带建设的极端重要性，着力做好保护、传承、利用三篇文章，加强文化资源梳理，推动大运河文化的创造性转化、创新性发展，多角度挖掘和展示大运河文化内涵和现实价值，让大运河更好地融入当代、服务为民、造福于民。

2021年廊坊市文化旅游产业发展大会在香河县举办 2021年9月27~28日，2021年廊坊市文化旅游产业发展大会在香河县开幕。大会以"运河+"为主线，倾力打造与历史对话、与时代对话、与世界对话、与未来对话四大主题板块，内容包括大会开幕式、文化旅游发布会暨运河文化大讲堂、文化旅游工作推进会、项目观摩以及房车露营大会暨房车音乐节、香河运河宴、京津冀中幡交流大赛文旅大会成果展、运河文创产品暨非遗精品展、主题摄影展、香河北运河骑行比赛等4项主体活动与6项配套活动。

2021年沧州市旅游产业发展大会开幕 2021年10月9日，2021年沧州市旅游产业发展大会开幕式在沧州国际会议中心举行。大会在泊头市、吴桥县、东光县、南皮县、青县、沧县、运河区、新华区举办。此次大会采取线上线下相结合的形式，包括4项主体活动和2项辅助活动。开幕式上，与会人员观看了沧州市文化旅游主题宣传片，并在开幕式后对全市18个旅游产业发展项目和沧州博物馆进行观摩。

沧州市召开大运河文化宣传工作座谈会 2021年10月28日，沧州市召开大运河文化宣传工作座谈会，研究探讨弘扬运河历史文化，推进运河文化保护、传承和利用，以大运河文化宣传塑造沧州新形象，打造亮丽城市名片。沧州市委常委、宣传部部长李凡出席会议并讲话。座谈会上，来自沧州市委党校、沧州区域文化研究所、沧州大运河文化研究会等15家单位和社会组织的文化专家学者、非物质文化遗产传承人，围绕挖掘宣传弘扬沧州大运河文化、推动沧州大运河文化带建设等发表意见和建议。

香河县召开北运河沿线发展规划推进工作专题调度会议 2021年12月8日，香河县召开北运河沿线发展规划推进工作专题调度会议，就北运河沿线发展规划及起步区建设工作相关事宜进行安排部署。香河县委书记梁宝杰出席会议并强调，要又快又好推进北运河沿线项目建设，坚持内外兼修，丰富内容内涵，完善配套设施，统筹推进北运河沿线发展的各项工作，积极打造具有香河文化特色的运河沿线旅游胜地。

山东省

德州市政协召开"运河德州段整体保护开发"深度调研碰头会 2021年5月24日，德州市政协召开"运河德州段整体保护开发"深度调研碰头会，德州市政协主席翟长生指出，要以建设大运河国家文化公园为契机，全力推进大运河黄河以北段复航通航。要尽快成立调研组，制定调研方案，精准定位，细化落实。要广泛搜集掌握有关资料，尤其是国家、省、市及有关部委近年来出台的有关文件。要组织有关部门赴济宁、枣庄、聊城以及河北沧州、衡水等地开展实地调研，形成高质量、见地超前的调研报告，助推运河德州段整体保护开发。

2021 年大运河文化带建设专题研讨会在聊城市召开 2021 年 7 月 11 日，由中国地理信息产业协会大运河工作委员会、中国网议库研究室、中国网大运河频道主办，聊城大学运河学研究院、首都师范大学北京文化带研究院、水资源安全北京实验室承办的"2021 年大运河文化带建设专题研讨会"在聊城市召开。来自首都师范大学、中国水利水电科学研究院、江南大学、扬州大学、聊城大学等高校、科研机构的 40 余位运河相关领域专家、学者出席本次研讨会。与会专家围绕大运河历史文化、大运河文化价值与精神、空间信息技术在大运河文化遗产保护中的应用、运河文化带建设与遗产保护、大运河国家文化公园建设、大运河综合实习基地建设等主题展开深入交流与探讨。

山东省黄河、大运河非遗寻访调研交流活动在聊城市举办 2021 年 7 月 25 日，山东省黄河、大运河非遗寻访调研、非遗课题成果汇报暨非遗传承人群研培交流活动在聊城大学举办。来自山东省文化和旅游厅、艺术研究院、文化馆，聊城市、济南市、泰安市文化和旅游局，聊城大学、山东师范大学、山东艺术学院等单位和高校的领导、专家、学者，山东省内 20 多名黄河、大运河非遗项目传承人以及多家媒体负责人参加此次活动。

山东省第七届运河论坛在济宁微山县召开 2021 年 7 月 27~29 日，山东省第七届运河论坛在微山县顺利召开。该届论坛由山东省文化和旅游厅、山东省社科联、山东省发展改革委指导，山东运河经济文化研究中心、微山县委、微山县人民政府主办，近 60 名专家学者参加。该届论坛以"大运河·红色文化·文旅融合"为主题。与会专家学者紧扣主题，各抒己见，为山东省大运河文化带建设出谋划策，并就沿运各省（市）运河文旅融合发展提出了具有建设性的意见和建议。

《大运河德州段保护利用总体规划编制流程工作方案》汇报会召开
2021 年 8 月 18 日，《大运河德州段保护利用总体规划编制流程工作方案》汇报会召开。会议指出，大运河德州段是德州市宝贵的历史文化遗产，要坚持规划先行，突出德州特色，高起点、高标准、高质量完成规划编制工作。

要加强研究论证，结合彰卫河（德州段）防洪综合治理等工作，统筹推进文化遗产保护传承、河道水系治理管护、防洪排涝保障功能完善、生态环境保护修复、文化和旅游融合发展，切实把大运河文化保护好、传承好、利用好。

德州市政协召开"德州运河文化丛书"法务咨询会 2021年9月1日，德州市政协邀请德州市司法局、市律师协会有关法律专家、律师，就"德州运河文化丛书"编辑出版过程中相关法务问题进行咨询、研讨。与会专家对图书出版合同文本起草以及授权委托等相关细节进行了论证，并达成了一致意见。

《大运河（德州段）文化和旅游融合发展规划》编制座谈会召开 2021年9月10~11日，由山东旅游职业学院党委书记陈国忠任特邀专家的山东省工程设计院规划组赴德州市有关县（区）进行实地调研并召开座谈会。座谈会上，大运河保护利用指挥部规划设计组相关负责同志对《大运河（德州段）保护利用总体规划及重点地区城市更新规划设计》进行汇报。德州运河地域文化专家分别对德州运河历史文化情况进行讲述，并对规划编制提出建议。德城区、武城县、运河指挥部融资组负责同志，德城区文旅局、武城县文旅局、夏津县文旅局负责同志分别进行发言。

《大运河德州段保护利用总体规划》编制座谈会召开 2021年9月14日，德州市大运河保护利用指挥部组织中国建筑设计院规划团队与德州市地域文化专家召开《大运河德州段保护利用总体规划》编制座谈会。德州市政协主席翟长生要求，要立足运河文化主题高点定位、深入挖掘，打造运河文化地标。要全局性、系统性做好规划设计工作，让文旅资源连点成线、串珠成链。要做足水文章，深挖工业文化资源和文化遗产资源，让静止的遗产遗迹活起来。要研究好德州文化特色，差异化发展，避免同质化竞争。要推进运河文化和产业深度融合，推动运河文化节点与全市文化产业有效链接，打造传世之作。

济宁市召开运河文化经济带"重点项目挂图作战"主题系列新闻发布会 2021年10月28日，济宁市召开"重点项目挂图作战"主题系列新闻发布会（第 8 场），运河文化经济带建设指挥部办公室主任、市文化和旅游局四级调研员刘凤来等人共同介绍了济宁市运河文化经济带建设有关情况。发布会介绍了济宁河道总督府遗址博物馆、"运河记忆"文化街区等重点项目的建设进展情况，阐述了当前济宁市运河文化带建设的主要任务和目标，并回答了记者提问。

枣庄市召开"工业强市、产业兴市"项目建设现场推进会议 2021 年 11 月 10~12 日，枣庄市委、市政府召开全市"工业强市、产业兴市"项目建设现场推进会议。会议分现场观摩和总结会议两个阶段，11 月 10~11 日对各区（市）及枣庄高新区 29 个重点项目进行了现场观摩，11 月 12 日在市政大厦召开总结会议。在总结会议上，枣庄市委主要领导对各区（市）、枣庄高新区观摩项目进行了点评。

济宁市召开运河新城建设发展情况新闻发布会 2021 年 11 月 26 日，济宁市政府新闻办召开济宁市运河新城建设发展情况新闻发布会。发布会提出，2022 年和之后 5 年，运河新城将抢抓大运河国家文化公园建设发展机遇，深入挖掘历史悠久的隋唐运河古道和明清漕运文化优势，不断壮大智能制造、商贸物流、现代服务业集聚发展的产业优势，按照"三年成型、五年成势、十年成城"的规划目标，打造"人、城、境、业"高度和谐统一的副城区。

江苏省

苏州市文化产业高质量发展大会召开 2021 年 1 月 12 日，苏州市文化产业高质量发展大会召开。江苏省委常委、苏州市委书记许昆林出席大会并讲话。会上正式启动大运河苏州段"运河十景"建设。此外，总投资金额达到 720 亿元的 48 个重点文旅投资项目进行了现场签约，涵盖数字文化、创意设计、文化旅游等领域。会后，与会专家对《苏州"运河十景"建设工作方案》进行了解读。

大运河文化校本课程建设与推广研讨会在线上举办 2021 年 2 月 6 日，大运河文化校本课程建设与推广研讨会在线上举办。此次会议由教育部教育发展研究中心实践教育研究所指导，扬州大学中国大运河研究院、北京文献语言与文化传承研究基地主办，主动人生文化研究院、壮游人生教育科技（北京）有限公司承办。教材以中国大运河历史文化为基础，将运河沿线的不同知识板块串联起来，同时设置探究性问题，引导学生加深对运河的认识和理解，激发其对中国优秀传统文化及其所属地域历史文化、地理环境、古今科技的兴趣，培养学生的探索精神、综合思维能力和动手能力，引导学生学会在现实生活中解决问题。

江苏省发展改革委召开大运河江苏段省级专项规划评审会 2021 年 3 月 9 日，根据江苏省委、省政府推进大运河文化带建设工作部署，受江苏省大运河文化带建设工作领导小组办公室委托，江苏省发展改革委组织召开大运河江苏段文化遗产保护传承、文化价值阐释弘扬、生态环境保护修复、河道水系治理管护、现代航运建设发展、文化旅游融合发展 6 个省级专项规划评审会。会议邀请知名学者、高校教授组成专家组，江苏省委宣传部、省发展改革委、省自然资源厅、省住房和城乡建设厅、省生态环境厅、省水利厅、省交通运输厅、省文化和旅游厅（省文物局）等职能部门相关负责同志出席并发表意见。专家组审阅了规划文件，在认真讨论的基础上，原则通过了 6 个省级专项规划。

第五届全国"泰伯论坛"在无锡市召开 2021 年 4 月 7 日下午，由无锡市新吴区泰伯文化研究会、无锡市吴文化研究会主办的第五届全国"泰伯论坛"在梅村二胡文化园召开。"泰伯论坛"是由全国吴文化研究组织联合倡议发起的一个学术交流平台，旨在联络海内外至德文化、吴文化学术团体，专家学者，吴氏宗贤开展对泰伯文化的研究、发掘与传承，探讨其深远的历史意义与泰伯精神的现代意义，以传承至德文化，弘扬泰伯精神。4 月 8 日上午，该论坛举办了"泰伯祭祀"典礼和"吴文化发展大会"启动仪式等活动。

夏心旻主持召开北护城河文化旅游集聚区建设推进会 2021 年 4 月 16 日下午，扬州市委书记夏心旻主持召开北护城河文化旅游集聚区建设推进会。他强调，要深入学习贯彻习近平总书记视察江苏、视察扬州重要讲话指示精神，全力推进北护城河文化旅游集聚区建设，努力将其打造成扬州的文化旅游新亮点、城市更新新名片。

2021 世界运河古镇合作机制会议在扬州市召开 2021 年 5 月 18 日，2021 世界运河古镇合作机制会议在扬州市江都区举行，共有来自全国 8 个省（市）的 30 多个运河古镇镇长和代表等近 200 人参会。此次大会以"世界运河古镇文化遗产保护与绿色可持续发展"为主题，围绕"在乡村振兴战略中，如何在运河古镇植入新业态，实现绿色发展""运河古镇在文旅融合发展过程中，如何实现新老共生、景社共融、主客共享"等话题举办圆桌论坛。会议还通过了《深化世界运河古镇合作机制倡议》，为首批入选"中国大运河蓝皮书"的古镇颁发证书。当天下午，与会代表考察了邵伯古镇和江都水利枢纽，观看了当地国家级非遗扬剧、邵伯锣鼓小牌子、省级非遗邵伯秧号子、龙舞以及大型汉服秀表演。

淮安市大运河文化带建设工作领导小组召开会议 2021 年 5 月 20 日，淮安市大运河文化带建设工作领导小组召开会议，深入学习贯彻习近平总书记关于大运河文化带建设的重要指示批示精神和视察江苏重要讲话指示精神，认真落实省委、省政府相关部署要求，按照"对标找差、补短强特、创新实干"的思路，进一步强化认识、硬化举措、细化落实，推动淮安大运河文化带和国家文化公园建设迈上新台阶。

第三届运河品牌电商大会在宿迁市举行 2021 年 5 月 20 日，以"新理念·新循环·新品牌"为主题的第三届运河品牌电商大会在宿迁市举行。活动现场共签约 39 个项目，计划投资总额 776.9 亿元。近年来，宿迁市深化运用"互联网+"思维，聚力打造"电商名城"，加快电商载体建设，强化企业主体培育，为城市发展增能聚力，为乡村振兴注入活力。

第四届中国（淮安）大运河文化带城市非遗展筹备会召开 2021 年 5 月 24 日，淮安市召开 2021 年"文化和自然遗产日"江苏省非遗系列活动暨第四届中国（淮安）大运河文化带城市非遗展筹备会。淮安市委常委、宣传部部长周毅出席会议，并对活动筹备工作提出要求。淮安市副市长王红红主持会议。周毅要求，要牢固树立"一盘棋"思想，紧密协作、相互补位，切实增强紧迫感和责任感，以争一流的精神状态、敢创新的思路办法，扎实做好各项筹备工作。要按照"高标准、高水平、高质量"的原则，科学组织调度，精益求精做好各项工作，确保活动安全、圆满举办。

大运河公益诉讼检察论坛在扬州市举办　2021年6月3日，大运河公益诉讼检察论坛在扬州市举办。该论坛通过座谈交流、实地考察、签署跨区域协作意见等方式，总结大运河公益诉讼检察保护经验，推进大运河公益保护向纵深发展，为运河生态保护提供司法保障。

江苏省大运河文化带建设工作领导小组全体会议召开　2021年6月3日，江苏省大运河文化带建设工作领导小组举行全体会议。江苏省委书记、江苏省大运河文化带建设工作领导小组组长娄勤俭强调，要深入学习贯彻习近平总书记关于大运河文化保护传承利用的重要指示批示精神，立足新发展阶段、贯彻新发展理念、构建新发展格局，对照"争当表率、争做示范、走在前列"的使命要求，以更高标准、更高水平、更富成效的工作，推动江苏省大运河文化带建设继续走在前列。

大运河剧院联盟联席会议在南京市召开　2021年6月9~10日，来自江苏、北京、上海、河北、浙江等省（市）的28家剧院、艺术团队、制作公司的演艺界同人携手共聚于江苏大剧院，召开大运河剧院联盟联席会议，共商剧院联盟的合作与发展，进行深度交流学习。该活动以"后疫情时代剧院发展"为主题，围绕新时代、新形势下剧院联盟发展模式，探索剧院运营与演出市场经营的"机遇"与"挑战"，探讨原创剧目研发及艺术生产合作等问题，分享未来演艺产业的发展趋势，多家单位展示自家场所、业务与剧目，共谋资源合作，助力演艺创新发展。

文化遗产活化和文旅融合发展论坛在无锡市举办　2021年6月10日，由无锡市文化遗产保护基金会、无锡市旅游业协会和无锡市江南文化研究会共同主办的文化遗产活化和文旅融合发展论坛在无锡市举办。无锡市相关领导，无锡市文化遗产保护基金会、旅游业协会和江南文化研究会主要负责人，无锡市文化、文物、旅游单位负责人等120余人参与此次论坛。论坛现场，与会的专家学者共商无锡文化遗产的保护、传承与活化，就如何更高质量推进无锡文化遗产保护传承与文旅融合提出了诸多意见和建议。另外，论坛发布了《无锡共识》，向全社会发出共同做好文化遗产保护传承的倡议。清名桥古运河、惠山古镇、东林书院、徐霞客故居、宜兴陶瓷博物馆等 12家单位成为首批"无锡文化遗产旅游体验基地"。

第三届大运河文化旅游博览会文旅精品展专题部署会在苏州召开 2021年 6 月 24 日，第三届大运河文化旅游博览会（本部分简称"第三届运博会"）文旅精品展专题部署会在苏州国际博览中心召开。会议由江苏省文化和旅游厅旅游推广处牵头组织，江苏省 13 个地级市文广旅局运博会城市精品展相关业务处室主要负责人参会。此次会议主要研究部署江苏省各市参加第三届运博会文旅精品展的相关事项，一是考察第三届运博会展馆，二是进行参展工作部署及交流发言。参会人员围绕文旅融合主题和各市文旅资源特色，以及如何做好文旅精品展的策展参展、推介推广等工作做了交流。

苏州市委召开党外人士运河专题调研协商座谈会 2021 年 7 月 20 日，苏州市委召开党外人士运河专题调研协商座谈会，围绕打造"运河十景"和做好古城保护与更新两个重点课题，听取意见建议，为苏州市委科学决策、民主决策提供参考。

扬州市政协召开运河旅游产业发展专题协商会议 2021 年 7 月 22 日，扬州市政协召开主席会议，就"加快运河旅游产业发展，建设文化旅游名城"开展专题协商。参会委员围绕协商议题积极建言献策，并与有关部门负责人进行互动交流。

无锡市滨湖区召开区大运河文化带建设工作领导小组全体会议 2021年 8 月 23 日，无锡市滨湖区召开区大运河文化带建设工作领导小组全体会议。会议传达了无锡市大运河文化带建设工作领导小组全体会议精神，听取了 2020 年滨湖区大运河文化带建设工作推进情况汇报，讨论了 2021 年滨湖区大运河文化带建设工作要点。

宿迁市宿豫区召开大运河文化带重点项目建设工作推进会 2021 年 9月 4 日，宿迁市宿豫区委书记殷其国主持召开大运河文化带重点项目建设工作推进会。会议听取了中运河（老粮库）项目总体规划设计方案、运河壹库（骆运库房）设计方案，听取了中运河项目推进情况和顺河集项目推进情况。听取汇报后，殷其国强调，各相关单位和部门要进一步明确项目定位，深入挖掘宿豫特色运河文化资源、现有建筑资源，找准项目设计的切入口，充分展现大运河宿豫段的文化魅力和深刻内涵。

淮安市举行大运河"百里画廊"建设动员会 2021 年 9 月 4 日、9 月 6 日，淮安市举行大运河文化带重点项目拉练暨大运河"百里画廊"建设动员会。淮安市委书记陈之常等领导参加活动。陈之常在会上强调，全市上下要深入学习贯彻习近平总书记关于大运河文化带建设的重要指示批示精神和视察江苏重要讲话精神，进一步提高站位、深化认识，将大运河"百里画廊"建设作为事关淮安全局的战略性布局和系统性工程来整体把握和推进，高起点谋划、高标准推进、高质量打造，以更加昂扬的斗志、更加务实的作风，群策群力推进大运河"百里画廊"建设，回应老百姓对幸福美好生活的期盼，推动淮安实现高质量跨越发展，努力重现"运河之都"的辉煌盛景。

淮安市政协召开大运河"百里画廊"建设文化文史研讨会 2021 年 9 月 7 日，淮安市政协召开文化文史研讨会，就如何助力大运河"百里画廊"建设进行专题研讨。会议要求，各县区政协和文化文史专家要进一步提高政治站位、深化思想认识，充分发挥文史建言咨政作用，紧贴大运河"百里画廊"建设规划，组织力量对运河文化和历史遗存进行针对性整理、挖掘和研究，深入挖掘大运河"百里画廊"沿线特色文化资源，选定一批紧扣主题、立意高远的研究课题，推出一批贴合实际、操作性强的高质量咨政建言成果，为助推大运河"百里画廊"建设贡献政协的智慧和力量。

常州市大运河文化带建设研究院邀请地方文化专家开"云讲座" 2021 年 9 月 16 日，常州市大运河文化带建设研究院为营造浓郁的学术氛围，进一步聚焦大运河常州段的文化研究，邀请地方文化研究专家、常州市文广旅局副局长周晓东在研究院新落成的会议室开"云讲座"，通过线上线下相结合的方式，在现场开讲的同时进行直播。

第三届大运河"文旅产融"合作论坛在苏州市举行 2021 年 9 月 23 日，第三届大运河"文旅产融"合作论坛在苏州市举行。该论坛是第三届大运河文化旅游博览会两大主题论坛之一，由江苏省文投集团联合江苏省大运河文化旅游发展基金、江苏省大运河（苏州）文化旅游发展基金和大运河文旅产业联盟共同举办，以"汇运河·投文旅"为主题，围绕文旅产业"十四五"高质量发展的未来、大运河文化带建设的路径、数字文旅发展新趋势、如何投资文旅服务美好生活等话题开展多维度交流研讨。该论坛启动了 9 项大运河子基金合作项目。苏州高铁新城和常州钟楼区子基金分别与大运河母基金签约，徐州、苏州、扬州、南京 4 个市拟签约（设置）7 家三级子基金。论坛还推介发布了 3 个大运河重点投资项目，涵盖数字文旅、夜间旅游、体育文化、融资租赁等领域，并进行了运河重要节点城市、重点项目的直接对口洽谈，取得了一批意向性合作成果。

2021 中国大运河非遗旅游大会在无锡市举办 2021 年 10 月 23 日，2021 中国大运河非遗旅游大会开幕式暨中国大运河非遗论坛在无锡市举办。此次大会为期 2 天，由文化和旅游部非物质文化遗产司、资源开发司指导，中国非物质文化遗产保护协会、江苏省文化和旅游厅、无锡市人民政府主办，无锡市文化广电和旅游局、无锡市梁溪区人民政府承办。论坛以"非遗经济赋能美好生活"为主题，邀请全国知名专家、学者、企业家进行分享、交流，共同探讨推动非遗保护传承与运河文化、地方经济发展相融互促的新理念、新思路。

世界运河历史文化城市合作组织牵头召开世界运河文化项目研讨会
2021 年 10 月 25 日，世界运河历史文化城市合作组织（WCCO）、扬州市职业大学（YPC）和印度尼西亚教育大学（UPI）三方在扬州中国联通大厦国际会议厅召开世界运河文化项目论证暨合作研讨会。会议采取线上线下相结合的方式，扬州和万隆两地连线。世界运河历史文化城市合作组织秘书长邓清、扬州市职业大学副校长刘宏及印度尼西亚教育大学研究生院院长 Syihabuddin 等相关领导参加会议并致辞。研讨会就 2021～2023 年合作三方共同开展的运河文化相关活动进行了商谈，就推进人文外交、共同开发以运河文化为主题的研学基地、开展运河文化学术交流、举办世界青年运河论坛、共建印度尼西亚教育大学运河学院等以运河为纽带的常态化合作项目进行深度研讨，并达成了一致意见。

第三届大运河文化带建设智库峰会在盐城市召开 2021年11月5日，大运河文化带建设研究院盐城分院成立大会暨第三届大运河文化带建设智库峰会在盐城市召开。此次峰会由江苏省大运河文化带建设工作领导小组办公室指导，盐城市人民政府、大运河文化带建设研究院主办，盐城市委宣传部、盐城师范学院承办。峰会以"大运河文化带建设与区域经济社会发展"为主题，旨在汇聚研究力量，共商沿运区域如何利用好大运河文化推动经济社会发展的对策和思路。

淮安市委、市政府专题研究大运河"百里画廊"规划编制 2021年10月30日，淮安市委、市政府专题听取大运河"百里画廊"规划编制汇报。淮安市委书记陈之常强调，建设大运河"百里画廊"是落实习近平总书记关于大运河文化带建设重要指示批示精神的关键举措，是淮安市推进大运河文化带建设落地的具体行动，淮安市上下要从政治和发展的高度认识和把握这项工作，凝神聚力大运河"百里画廊"建设，深入思考谋划，扎实有力推进，确保各项工作实现预期目标。

苏州市吴中区举行"运启江南"大运河文化论坛 2021年11月10日，"运启江南"大运河文化论坛在苏州市吴中区澹台湖畔举行。该论坛旨在深入挖掘大运河的文化精髓和当代价值，探讨协同推进江南文化品牌塑造的路径方略，积极推动"沪苏同城化"，共建大运河文化带"最精彩一段"。

长江文化与大运河文化高层论坛在扬州市举行 2021年11月10日，江苏青年智库学者系列沙龙暨长江文化与大运河文化建设高层论坛在长江经济带和大运河文化带交汇点城市扬州市召开。10余位江苏省内外高校及研究机构的专家代表以"线上+线下"方式，通过主题演讲、圆桌论坛，共论长江经济带和大运河文化带建设的机遇与挑战，共商长江文化和大运河文化保护、传承与弘扬之策。

张宝娟主持召开2021年世界运河城市论坛专题协调会 2021年11月

15 日，扬州市委书记张宝娟主持召开 2021 年世界运河城市论坛专题协调会。张宝娟强调，要深入贯彻落实习近平总书记关于大运河文化带建设的重要指示批示精神以及视察江苏、视察扬州重要讲话指示精神，精心组织、周密安排，抓紧做好各项筹备工作，高质量、高标准办好世界运河城市论坛，努力推动扬州在大运河文化保护传承利用上走在前列。

盱眙县召开大运河"百里画廊"规划编制汇报会 2021 年 11 月 17 日，盱眙县召开大运河"百里画廊"规划编制汇报会。盱眙县委书记邓勇出席会议并讲话。邓勇强调，要聚焦规划范围，围绕全市规划定位，结合盱眙实际，认真梳理会议讨论的意见建议，凸显主题定位，推动规划文本更加精准化、品质化。要突出规划风格，紧扣淮安市对盱眙段提出的"湖山圣境"定位，突出重点，加强研究，充分发挥盱眙生态优势，进一步彰显野趣特色。要坚持交通先行，实施道路通达工程，打通与周边干线公路、城市主要干道的交通联系，加强基础设施建设，提升公共配套水平。要注重节点问题，科学合理布置重要节点，充分考虑节点项目的功能性与实用性，以还原自然风貌为主，切忌盲目新建项目，做好产业运营、资金统筹等文章。

江苏省大运河文化旅游发展基金管委会第三次会议召开 2021 年 11 月 30 日，江苏省委副书记、代省长许昆林主持召开江苏省大运河文化旅游发展基金管委会第三次会议。许昆林强调，要深入学习贯彻习近平总书记关于大运河文化带建设重要论述和对江苏工作重要指示精神，不断增强"四个意识"、坚定"四个自信"、做到"两个维护"，以"争当表率、争做示范、走在前列"的使命担当，全力以赴做好大运河文化保护传承利用这篇大文章，责无旁贷扛起大运河国家文化公园重点建设区的时代重任，努力把大运河江苏段打造成为"水韵江苏"的亮丽名片。

常州市召开大运河工业遗产保护传承利用学术研讨会 2021 年 12 月 2 日，大运河工业遗产保护传承利用学术研讨会在常州市经开区召开。研讨会由大运河文化带建设研究院常州分院、常州市大运河文化带建设研究院、江苏高校文化创意协同创新中心联合主办，围绕"传承工业文化、铸就常州辉煌"这一主题进行学术研讨。来自南京艺术学院、南京大学、南京中智文化创意研究院、大明厂常州天虹纺织有限公司、常州市大运河文化带建设研究院等高校、机构和企业的 20 位专家学者分别结合自己的研究，在研讨会上做了主题发言，并围绕大运河工业遗产与文化旅游、创新创业、工业设计融合发展、工业遗产规划定位、后续传承开发等问题进行了深入的交流和研讨。

"中国大运河蓝皮书"编委会视频会议在扬州市举行　2021 年 12 月 15 日，世界运河历史文化城市合作组织（WCCO）在秘书处与聊城大学运河学研究院召开编委会视频会议。与会领导、专家、学者围绕 2022 年 "中国大运河蓝皮书" 编撰工作进行了学术交流，就如何更好地打造 "中国大运河蓝皮书" 的权威性、时代性、专业性、原创性、广泛性、指导性进行了深入探讨，并形成多项共识。

第六届联合国中国青少年环境论坛在扬州市举行　2021 年 12 月 26 日，第六届联合国中国青少年环境论坛在扬州市举行。该届论坛以青少年学生为主体，围绕 "地球健康、人类健康" 主题，结合《联合国 2030 年可持续发展议程》、大运河文化带和国家文化公园建设等要求，开展了丰富多彩的调研、考察、培训、展示等活动，包括开幕式、专家讲座、圆桌论坛和汇报展演等，旨在呼吁广大青少年参与生态环境保护和可持续发展，将生态保护理念在青少年一代身上内化于心、外化于行并发扬光大。

"保护老街文化遗存，丰富运河文旅资源"协商议事会在扬州市瓜洲镇召开

2021 年 12 月 24 日，千年诗渡扬州市瓜洲镇召开以 "保护老街文化遗存，丰富运河文旅资源" 为主题的 "有事好商量" 协商议事会。协商议事会上，参会人员围绕瓜洲镇历史文化传承充分讨论、踊跃发言，就保护江口老街、筹建瓜洲渔文化馆等形成了 10 条意见建议。议事会召集人表示，将把协商结果报镇党委研究后公示，并跟进后续办理情况。

淮安市召开"文旅融合，助推大运河文化带振兴"党政亲商会　2021 年 12 月 27 日，淮安市委、市政府聚焦 "文旅融合，助推大运河文化带振兴" 主题，召开第十八期党政亲商会。该期亲商会通过线上报名和定向邀请方式邀请 11 位企业家代表现场交流，同时邀请 2 位专家进行咨询发言，政企学共同谋划淮安未来文旅融合发展，群策群力推动大运河文化带建设。淮安市领导史志军、肖进方、王红红、陶光辉参加活动。

扬州市举行 2021 冬季文旅活动和优惠政策发布会　2021 年 12 月 27 日，由扬州市文化广电和旅游局主办的 2021 冬季文旅活动和优惠政策发布会在扬州市图书馆举办。2021 冬季文旅活动以"冬游扬州，食泉十美"为主题，活动时间贯穿元旦、春节等传统节日，持续到 2022 年 2 月底。扬州市文旅部门将整合扬州美食、美景、温泉、非遗等文旅资源，推出十大特色文旅活动。在发布会现场，扬州市文旅部门通过短视频的形式发布了 2021 扬州冬季主题线路，推介了冬季温泉养生、非遗文化、园林山水、运河文化、冬季美食等 9 条主题旅游线路产品。

浙江省

杭州市拱墅区召开"夜运河·月光经济"动员大会　2021 年 3 月 15 日，杭州市拱墅区召开"夜运河·月光经济"动员大会，定目标、下任务，明确执行规划。接下来，拱墅区将构建以"一圈两河五区八街"为重点的总体布局，着力培育高品质综合体、高颜值步行街、高人气美食城、高品位演艺场所，建成 10 个省级夜坐标，打造 8 条国家级、省级高品质步行街区，引进 100 家国内外知名首店，全面擦亮"夜运河·月光经济"金字招牌，把拱墅区建成全国领先、全省示范的国际消费中心城市核心区。

第九届中国大运河智库论坛在杭州市举行　2021 年 5 月 7 日，第九届中国大运河智库论坛在杭州市举行。该论坛是中国大运河智库联盟发起和设立的国内第一家专门针对大运河研究的新型智库论坛。该论坛由中国大运河智库联盟、浙江省文化和旅游厅指导，浙江外国语学院、杭州市运河集团共同主办。会上，中国大运河智库联盟大运河国际研究中心揭牌成立。30 多位浙江省内外知名专家学者，从政策、市场和理论的角度对大运河的文旅融合、文旅产品、业态以及游客的需求等进行深入探讨。

"2021 国际滨湖度假大会·湖州大运河之约"论坛在湖州市举行 2021年5月28日，"2021 国际滨湖度假大会·湖州大运河之约"论坛在湖州市奥体中心举行，大运河沿线包括北京、天津、河北、山东、江苏、浙江、上海等省（市）专注于农文旅产业关联的领导、专家以及策划、运营机构代表共聚一堂，共同探讨和交流大运河文化旅游融合与高质量发展。此次论坛是由浙江省文化和旅游厅，湖州市委、湖州市人民政府、浙江省旅游投资集团主办，"大运河之约"论坛组委会承办。当天的论坛上，组委会授予嘉兴海宁长安古镇、湖州钱山漾文化交流中心、京杭大运河杭州景区、绍兴上虞丰惠古镇、宁波余姚河姆渡镇、宁波余姚阳明古镇、山东吉星房车（泰安）营地为"中国大运河研学基地"。

第二届中国大运河沿岸区县合作论坛在杭州市拱墅区召开 2021年6月22日，在中国大运河成功申遗7周年的日子里，由拱墅区委区政府、浙江大学城市学院主办的第二届中国大运河沿岸区县合作论坛在杭州市拱墅区拱宸桥畔开幕。该届论坛以"打造大运河璀璨文化带、绿色生态带、缤纷旅游带"为主题，广邀来自大运河沿岸6省2市18个区县遗产保护与开发领域的专家学者和实践者200余人，共同探讨世界遗产的保护开发，推动中国大运河国家文化公园的建设和发展。开幕式上，在第一届论坛成果《大运河文化带建设区县合作杭州共识》的基础上，沿岸区县进一步发起成立首个大运河沿岸区县合作联盟，北京市通州区、天津市西青区、山东省枣庄市台儿庄区、河南省安阳市滑县、江苏省扬州市广陵区、安徽省宿州市泗县、浙江省杭州市拱墅区、浙江省湖州市南浔区等沿岸区县代表到场启动成立仪式。合作联盟旨在为大运河沿岸各区县搭建交流合作平台，围绕大运河文化带建设、大运河国家文化公园建设，联合开展研究、交流与合作，不断探索路径、积累经验，充分发挥各自优势，开创合作共赢新模式。

浙东文化和运河文化手绘地图项目专家咨询会在宁波市举行 2021年7月21日，浙东文化和运河文化手绘地图项目专家咨询会暨宁波城市文化与社会发展研究基地授牌仪式在宁波工程学院举行，宁波市社会科学院（宁波市社会科学界联合会）党组成员、副院长、副主席童明荣应邀出席，科研处负责人及有关人员参加。浙东文化和运河文化手绘地图项目是宁波市社会科学院（宁波市社会科学界联合会）2021 年重点推进项目，旨在系统性梳理浙东学人与运河文化相关文化内核，并通过直观通俗的手绘地图形式向公众展示，为宁波打造独具魅力的文化强市发掘亮点。

嘉兴市召开《大运河（嘉兴段）遗产保护传承利用规划》初步方案专家咨询会　2021 年 8 月 4 日，嘉兴市文化广电旅游局组织召开了《大运河（嘉兴段）遗产保护传承利用规划》初步方案专家咨询会。会上，项目组对前期方案做了较为全面的汇报，专家组对该方案予以了充分肯定，对大运河保护规划中涉及的规划对象、保护区划、功能区段划分以及活化利用引导等重大问题和重点内容进行了深入探讨，并对浙江省尤其是杭州市大运河保护规划编制的一些经验进行了介绍和分享。

杭州市拱墅区召开大运河红色文化资源保护利用座谈会　2021 年 8 月 25 日，以大运河红色文化资源保护利用暨深化中共浙江省委机关旧址研究为主题的座谈会在杭州市拱墅区举行。座谈会上，与会人员纷纷表示，考证并建成省委机关旧址相关纪念设施意义重大，极具时代价值、区位价值、传播价值和示范价值。与会人员通过参观学习，深入了解了土地革命战争时期，浙江省委恢复发展全省党组织和组织发动武装斗争的光辉历程，以及 10 位省委书记或代理书记在危难中前赴后继的生动故事。与会人员就如何继续挖掘好、利用好、宣传好这一宝贵的红色文化资源进行交流发言，并提出具体意见建议。

浙东运河城镇文旅融合交流沙龙在第三届运博会上举办　2021 年 9 月 24 日，第三届大运河文化旅游博览会期间，由绍兴市上虞区丰惠镇人民政府主办，全联旅游业商会大运河文旅产业工作委员会（筹）承办的浙东运河城镇文旅融合交流沙龙在苏州国际博览中心举行。此次沙龙主题为"解码浙东运河文化，讲好浙东运河故事，打造浙东运河研学"，意在广泛挖掘和传播浙东运河文化，扩大浙东运河城镇影响力，打响浙东运河品牌。

大运河生态环境保护提升专家研讨会在杭州市举行 2021 年 10 月 22 日，2021 中国大运河文化带京杭对话正式开幕，子活动大运河生态环境保护提升专家研讨会同步举行，围绕"生态修复 水土共治"这一主题，与会专家展开讨论。研讨会就杭州大运河国家文化公园重点项目——杭钢工业旧址公园的建设分享经验，开展交流。

河南省

徐衣显主持召开洛阳市大运河文化专题会议 2021 年 7 月 14 日，洛阳市委副书记、代市长徐衣显主持召开市政府第八十七次常务会议。会议研究了大运河文化保护传承利用暨大运河国家文化公园建设等工作，强调要增强勇担责任使命的政治自觉、思想自觉，挖掘好、保护好、传承好、提升好大运河宝贵遗产，巩固提升洛阳副中心城市地位和文化影响力。要抢抓国家大运河保护机遇，争取国家、省对口部门政策支持，推动洛阳市更多项目纳入国家、省级规划建设，把大运河洛阳段打造成为展示中华文明、彰显文化自信的亮丽新名片。

辉县市召开《大运河新乡段核心监控区国土空间管控细则》工作座谈会 2021 年 11 月 23 日，辉县市自然资源和规划局组织召开《大运河新乡段核心监控区国土空间管控细则》工作座谈会，邀请市发展改革委、文旅局、水利局，胡桥街道、吴村镇、峪河镇、占城镇、北云门镇、孟庄镇、百泉镇相关负责同志到会讨论研究该细则相关内容。会上，新乡市规划设计院项目组对大运河新乡段基本情况、编制思路、管控措施等内容做了汇报，各部门对该细则相关内容进行了重点讨论，并提出了修改意见和建议。

安徽省

大运河历史文化遗产保护公开听证会在淮北市召开 2021 年 2 月 3 日，淮北市检察院、濉溪县检察院公益诉讼部门联合召开了大运河历史文化遗产保护公开听证会。此次听证会是在前期淮北市检察机关公益诉讼部门会同市、县两级文物保护部门开展调研走访、座谈交流的基础上，并运用卫星遥感技术等高科技手段进行充分调查核实的前提下召开的。会议成效显著，与会人员围绕大运河遗址保护措施达成了一致意向。

安徽省大运河文化和旅游融合发展规划专家研讨会在合肥市举行 2021年6月9日，由安徽省文化和旅游厅牵头，安徽省发展改革委、文物局，安徽大学、安徽师范大学、安徽农业大学等机关、高校的专家学者齐聚一堂，就安徽省大运河文化和旅游融合发展规划中的重点问题进行了深入的交流探讨，确保高质量推进规划编制工作。

淮北市文旅体局举办《大运河文化辞典·安徽卷》编纂专家座谈会 2021年9月11日，值中国传媒大学《大运河文化辞典·安徽卷》编纂组赴淮北市调研之际，淮北市文化旅游体育局在市博物馆举办了大运河文化保护传承利用调研暨《大运河文化辞典·安徽卷》专家座谈会。与会专家学者认为《大运河文化辞典·安徽卷》的编纂体现了传承中华文化的历史责任与担当，对于宣传和传播大运河文化具有重要意义，并针对《大运河文化辞典·安徽卷》的编纂提出了诸多意见和建议。

（三）工作调研

天津市

天津市西青区发展改革委开展《大运河文化保护传承利用规划》编制工作调研 2021年3月11日，天津市西青区发展改革委副主任刘海燕带队赴西青区大运河沿线各街镇开展实地调研工作，深入了解西青区运河沿线文化旅游资源和产业布局情况。调研人员与各街镇相关负责同志对该辖区历史人文、特色村落、重点文旅项目及"十四五"时期总体发展思路进行了充分沟通交流，为进一步完善西青区大运河文化保护传承利用提供了重要参考。

河北省

廊坊市委副书记柴宝良赴香河县进行专题调研 2021年2月9日，廊坊市委副书记柴宝良赴香河县就运河旅游通航工程进展情况进行专题调研。柴宝良强调，要进一步增强责任感、紧迫感，加强工作统筹，以真抓实干的工作作风推进各项工程建设，确保运河旅游通航工程优质、高效、按时完成。

沧州市委书记王景武调研大运河文化带建设 2021年3月17日，沧州市委书记王景武到运河区、沧县、南皮县、泊头市、东光县、吴桥县调研检查大运河文化带建设。王景武指出，要深入贯彻习近平总书记重要指示批示精神，坚持高标准高质量，扎实开展"三重四创五优化""拆促畅增优"等活动，推动大运河文化带建设取得更大成效。

河北省副省长袁桐利调研香河县北运河中心码头建设情况 2021年3月27日，河北省委常委、常务副省长袁桐利到廊坊市香河县北运河中心码头施工现场实地调研，并召开河北省大运河文化保护传承利用工作推进会，对下一步重点工作进行安排部署。袁桐利指出，要坚持政治站位，坚决贯彻习近平总书记重要指示精神，深入落实党中央、国务院决策部署，按照省委、省政府要求，进一步深化思想认识，强化推进举措，压实各方责任，切实把大运河文化保护好、传承好、利用好。

沧州市委书记王景武赴青县调研检查大运河文化带建设情况 2021年4月19日，沧州市委书记王景武赴青县调研检查大运河文化带建设情况。王景武一行先后到子牙新河穿运水利枢纽工程、青县运河滩地修复示范区、马厂炮台遗址，实地查看大运河文化带水利工程建设、两岸生态修复、历史文物保护、沿线产业发展等工作，并听取有关情况汇报。王景武强调，要深入贯彻习近平总书记重要指示精神，坚持高标准、高质量、高效率，扎实开展"三重四创五优化"活动和"拆促畅增优"等工作攻坚，抓重点、补短板，提档次、创精品，推动大运河文化带建设大见成效，以优异成绩向建党100周年献礼。

王东峰赴沧州调研检查大运河文化带建设情况 2021年6月8日，河北省委书记、省人大常委会主任王东峰在沧州市调研检查大运河文化带建设情况。王东峰指出，大运河贯穿沧州南北 215 公里，河道长度和文化遗存均居河北省首位，做好大运河生态修复工作责任重大、任务艰巨。要坚持规划引领，精心编制大运河文化带建设规划，精心组织实施，确保取得实效。要坚持保护优先，加强对大运河文化遗址和各类文物的保护，全面整治水环境、保护水生态，打造底蕴深厚、优美宜人的生态文化景观。要优化产业布局，积极建设彰显运河风情、体现沧州文化的特色小镇和美丽乡村，大力发展文化、旅游等特色产业，努力把大运河建设成为一条文化保护带、生态景观带和特色产业带，为加快沧州创新发展、绿色发展、高质量发展提供有力支撑。

王景武一行调研检查大运河文化带建设工作 2021 年 6 月 18～21 日，沧州市委书记王景武，市委副书记、市长梅世彤调研检查沧州市区大运河文化带建设工作。王景武强调，要认真学习借鉴天津市海河沿线规划建设经验做法，对标学习先进，突出文脉传承，坚持精细精致，倾力打造大运河沧州中心城区精品段，推进大运河文化带建设提质量、上水平。

康彦民等人调研沧州大运河文化带建设情况 2021 年 10 月 30 日，沧州市委书记康彦民，市委副书记、市长向辉就大运河文化带和园博园建设到中心城区调研检查。康彦民强调，要深入学习贯彻习近平总书记重要指示精神和党中央决策部署，深入挖掘运河文化，狠抓项目质量进度，切实保护好、传承好、利用好大运河宝贵遗产，高标准、高质量推进大运河文化带和园博园建设，为全面建设现代化经济强市、美丽沧州提供有力支撑。

王伟调研故城县大运河文化带建设情况 2021 年 11 月 3 日，衡水市委常委、常务副市长王伟赴故城县调研大运河文化带建设工作。王伟先后查看了故城县游客集散中心、大运河历史文化街区、挑水坝、董学园等地，对故城县境内大运河段保存完好、历史悠久、文物丰富和优美的自然生态环境给予充分肯定。王伟指出，要用长远目光谋划设计项目，深挖历史内涵，保护文化遗迹，使项目区域充分凸显历史人文与自然景观特色。要深入挖掘大运河故城段深厚的历史文化资源,统筹推进文化遗址保护利用、文化遗产挖掘梳理、非物质文化遗产传承弘扬等工作,创造性地推进大运河文化带建设。

衡水市政协副主席王成宗赴故城县、景县调研　2021年11月24日,由衡水市政协副主席王成宗带领的调研组到故城县、景县,就大运河文化保护利用和董子文化传承进行专题实地调研。王成宗指出,要扎实细致地对大运河开展基础性研究,从历史发展的视角,把握大运河宏大的历史格局和深厚的文化内涵,梳理大运河沿线文物保护清单,研究制定系统景观设计方案,形成连贯有序的整体保护格局。要善于挖掘具有地方特色的历史文化,讲好运河故事,提升文化品质,全方位展现大运河的文化之美。

山东省

《济宁大运河文化公园带总体规划》编制组赴济宁市调研　2021年3月22~26日,北京华汉文化旅游规划设计院赴济宁市就济宁大运河文化公园带规划编制工作开展勘察调研。编制组先后到太白湖新区、任城区、汶上县、梁山县、嘉祥县、鱼台县、微山县7个大运河流经的县(市、区)进行实地勘察,通过实地查看、听取讲解、座谈讨论等方式详细了解大运河沿线的历史文化、民俗风情、遗址遗迹、重大项目、城乡发展等内容,认真听取大运河保护、开发、利用、传承的意见建议。

德州市政协调研组赴沧州市调研大运河文化带建设工作　2021年6月1日,德州市政协主席、党组书记翟长生率调研组到河北省沧州市调研大运河文化带建设工作。调研组一行先后到大运河生态修复展示区、佟家花园生态修复区、百狮园建设现场,南川楼、朗吟楼片区改造现场,大运河非物质文化遗产展示中心建设现场等地,实地考察大运河文化带建设重点项目建设情况,并与有关部门负责同志深入交流。

临清市委书记刘培国调研运河文化保护传承工作　2021年8月8日,临清市委书记刘培国调研运河文化保护传承工作。刘培国到运河钞关、冀家大院、清真寺等处,详细了解遗址保护和运河文化传承情况。他指出,要深入研究运河文化内涵，采取多样化形式，建设集保护、展示、科普于一体的历史文化功能区。在明运河、二闸、鳌头矶、会通闸、临清闸等处，他指出，要畅通运河水系循环，统筹布局两岸自然生态和建筑风貌，打造运河景观带。要稳妥推进中洲古城保护利用，建设特色街区，塑造美食品牌，打造运河旅游亮点。刘培国还调研了运河文化产业园、京剧会馆、季羡林先生纪念馆、张自忠将军纪念馆。

德州大运河保护利用指挥部调研运河沿线工业遗存旧址设施情况 2021年9月9日，德州市政协主席、大运河保护利用指挥部指挥长翟长生带队到德城区开展运河沿线工业遗存旧址设施情况调研。调研组先后实地考察了机床厂老厂区、筑路机械厂老厂区、老电厂旧址、国棉厂旧址、电机厂旧址、明城墙遗址、化机厂旧厂区等地，与德城区和有关企业负责同志深入交流，全面了解掌握德州运河沿线工业发展历程，了解城市脉络和运河文化底蕴，增强做好大运河保护利用工作的责任感和紧迫感。

德州大运河保护利用指挥部开展运河沿线实物资产注入工作现场调研 2021年11月11日，德州市大运河保护利用指挥部开展运河沿线实物资产注入工作现场调研。指挥部一行在德城区杨家圈村现场查看了周边相关资源资产，就全面梳理资产、按程序注入大运河集团公司工作，提出要摸清底数，做好甄别，合规快速注入到位。同时，就大运河文化保护传承利用重点项目规划建设进行了初步探讨研究。

德州市常务副市长刘长民到漳卫南运河德州段巡河巡林 2021年12月9日，德州市委常委、常务副市长刘长民到宁津县开展漳卫南运河德州段第四季度巡河巡林活动。刘长民指出，各级各部门要高度重视水资源保护、水污染防治、水环境治理、水生态修复等工作，开展常态化巡查，确保河长制工作取得实效。各有关部门要加强协调联动，加大综合治理力度，持续进行河道整治和保护工作，构建河道治理和保护长效机制。

江苏省

张宝娟专题调研扬州运河三湾核心区建设工作 2021年1月13日下

午，扬州市市长张宝娟专题调研大运河文化带三湾核心区建设工作。她强调，要深入学习贯彻习近平总书记关于大运河文化带建设和视察江苏、视察扬州重要讲话指示精神，提高站位，服务大局，高标准高品位规划建设三湾片区，努力擦亮"好地方"扬州的窗口和名片，奋力争当大运河文化带建设先行示范。

扬州市委书记夏心旻调研大运河文化带项目建设　2021年2月17日，扬州市委书记夏心旻调研大运河文化带项目建设。他强调，要深入学习贯彻习近平总书记视察江苏、视察扬州重要讲话精神，加快整合北护城河沿线文旅资源，规划实施一批文化底蕴深厚、旅游特色鲜明的项目，串点成线打造运河文化旅游精品线路，奋力在大运河文化带建设中争当示范、走在前列，让"好地方"扬州好上加好、越来越好。

淮安市市长陈之常赴大运河和里运河交汇处调研　2021年2月18日，淮安市市长陈之常赴大运河和里运河交汇处的西南化工片区、新港物流园片区，京杭运河、古淮河、盐河、二河、淮沭新河交汇处的五河口片区，以及二河两岸，调研重点片区规划、建设、管理和发展工作。他指出，这些片区是淮安水系汇聚之地、输水航运集聚之地，是水工文化核心区、现代水工枢纽点，是展示"千秋淮扬"运河文化的重要区域，要坚持科学规划、精致建设，让历史文化与自然生态、城市建设、产业发展交相辉映。

张爱军赴扬州调研重大项目建设及文化事业发展　2021年2月23日，江苏省委常委、宣传部部长张爱军赴扬州调研中国大运河博物馆、2021世界园艺博览会等重大项目建设及文化事业发展情况。张爱军强调，建设中国大运河博物馆、举办2021世界园艺博览会是贯彻落实中央关于推动大运河文化带建设、践行绿色发展理念的重要举措，是中央交办给江苏、扬州的两项重要任务，使命光荣、责任重大。省、市两级相关部门要进一步增强责任感和使命感，紧扣开馆、开园时间节点，明确分工，密切配合，协调解决好施工进度、人员招聘、建设经费等问题，加快推进场馆建设、周边环境提升以及陈列布展等工作，提前筹备好开园、开馆仪式等活动，努力打造展示国家精神、彰显历史文化、体现时代特色的标杆性项目。

无锡市市长杜小刚深入调研黄埠墩等文保单位 2021 年 2 月 27 日，无锡市市长杜小刚深入黄埠墩、西水墩和公花园，实地调研文明城市建设工作。杜小刚强调，各地各相关部门要抓紧落实 2021 年政府工作报告提出的目标任务，充分挖掘城市文化底蕴，擦亮城市文化标识，推进文保单位活化利用，为文明城市建设赋能，着力绘就江南文化名城新画卷。

扬州市市长张宝娟专题调研运河大剧院建设情况 2021 年 3 月 9 日，扬州市市长张宝娟专题调研运河大剧院建设情况。她强调，要坚持立足扬州、代表江苏的定位，紧扣时间节点，注重细节品质，加快推进运河大剧院建设，全力打造扬州文化发展新地标，形成文旅产业发展的新增长极。

夏心旻调研督查大运河文化带三湾核心区重点工程建设 2021 年 3 月 23 日，扬州市委书记夏心旻来到大运河文化带三湾核心区，调研督查扬州中国大运河博物馆、大运河非遗文化园、三湾东门区域环境优化提升等重点项目建设。他强调，要深入学习贯彻习近平总书记视察江苏、视察扬州重要讲话指示精神，加快推进扬州中国大运河博物馆等大运河文化带三湾核心区重点工程建设，努力将其打造成展示"好地方"扬州的亮丽窗口，奋力在大运河文化带建设上争当示范。

张宝娟专题督查推进扬州中国大运河博物馆开馆筹备工作 2021 年 4 月 26 日，扬州市市长张宝娟专题督查推进扬州中国大运河博物馆开馆筹备工作。张宝娟一行首先实地察看了扬州中国大运河博物馆、运河非遗文化街区等项目建设现场，详细了解场馆工程收尾、内部装修布展、环境整治提升和三湾片区规划建设等情况。随后，张宝娟主持召开会议，听取相关单位工作汇报。她指出，扬州中国大运河博物馆是深入贯彻落实习近平总书记关于推动大运河文化带建设和视察江苏、视察扬州重要讲话指示精神的具体举措，是大运河文化带建设的标志性工程，要进一步提高政治站位，切实增强使命感和责任感，按照"至高性、系统性、协调性"要求，高标准、高质量、高效率推进，确保如期圆满完成各项工作。

张爱军调研扬州中国大运河博物馆开馆筹备工作 2021 年 5 月 18 日，

江苏省委常委、宣传部部长张爱军赴扬州调研扬州中国大运河博物馆开馆筹备工作。他强调，要深入学习领会习近平总书记关于大运河文化保护传承利用重要指示批示精神，按照江苏省委、省政府部署要求，紧扣节点，突出细节，打造精品，周密细致做好开馆各项筹备工作，努力打造传播中国大运河文化的标志性工程。

夏心旻检查扬州中国大运河博物馆开馆筹备工作　2021年6月11日，扬州市委书记夏心旻检查大运河博物馆开馆筹备工作。他强调，要认真贯彻落实习近平总书记关于大运河文化保护传承利用的重要指示批示精神，强化统筹调度，抓细抓好开馆筹备工作，确保扬州中国大运河博物馆成功开馆、精彩呈现，努力将其打造成展示"好地方"扬州的亮丽窗口。

张国梁赴清江浦区调研大运河"百里画廊"规划建设情况　2021年8月12日，淮安市委副书记张国梁赴清江浦区调研大运河"百里画廊"规划建设情况。张国梁详细了解二河沿线整体环境提升（东堤）概念方案设计和工作进展情况，指出要充分认识大运河"百里画廊"建设的重要意义，精心做好规划设计，统筹好安全、生态、景观、文化等元素，坚持问题导向、效果导向，对标群众期盼，全力提升大运河文化带"百里画廊"建设水平，真正将"百里画廊"打造成为美丽淮安的展示带、转型发展的特色带。

徐子佳调研淮安市经开区大运河文化带建设工作　2021年8月13日，淮安市经开区党工委书记徐子佳调研大运河文化带建设工作。徐子佳一行从经开区山阳泵站沿里运河步行至清隆桥，巡河同时现场查看大运河文化带建设相关项目的前期准备工作。在大运河边的堤岸路、五河口等点位，徐子佳实地了解大运河文化带建设相关项目的建设规划和实施路径。他要求经开区相关责任部门提高谋划层次，细化建设内容，解决存在问题，完善推进机制，加大推进力度，推动大运河文化带建设迈上新台阶。

无锡市委书记杜小刚专题调研梁溪河、京杭大运河　2021年8月14日，无锡市委书记杜小刚专题调研梁溪河、京杭大运河。杜小刚强调，各地各相关部门要深入学习贯彻习近平生态文明思想，认真落实习近平总书记关于大运河文化保护传承利用的重要指示批示精神，按照无锡市委十三届十三次全会部署要求，把梁溪河、大运河无锡段整治作为 2021 年"美丽河湖"行动的"一号工程"，高标准、高水平、高品位推进，全力打造造福于民的美丽河、幸福河。

朱海波调研淮安市清江浦区大运河文化带建设工作 2021 年 8 月 17日，淮安市清江浦区委书记朱海波专题调研推进大运河文化带建设暨社会治理工作。在清江浦区长西街道社会治理服务中心、人民南路城市微更新项目、御码头运河文化美食中心项目现场，朱海波详细询问了相关负责人工作进展情况，并对存在的问题提出整改要求，进行现场会办。

江苏省委书记娄勤俭在大运河苏南段考察调研 2021 年 9 月 1~3 日，江苏省委书记娄勤俭在大运河苏南段考察调研。娄勤俭强调，要深刻领会、深入贯彻习近平总书记关于大运河文化保护传承利用的重要指示批示精神，认真落实党中央决策部署，对照"争当表率、争做示范、走在前列"的使命要求，立足资源禀赋和良好基础，突出文化特色和生态优势，加快把大运河文化带江苏段建成走在前列的先导段、示范段、样板段，让江苏的"美丽中轴"在新时代更加熠熠生辉。

苏州市领导调研姑苏区"江南文化"品牌建设工作 2021 年 9 月 7 日，苏州市委常委、宣传部部长金洁，副市长王飏赴姑苏区就"江南文化"品牌建设工作进行专题调研。金洁一行先后对苏州丝绸博物馆与喜马拉雅合作项目、过云楼、玉涵堂运河文化展示馆、苏州华贸中心进行了实地调研。在随后召开的座谈会上，姑苏区相关部门负责人就"江南文化"品牌建设工作进行了专题汇报。

扬州市人大常委会专题调研大运河扬州段文化遗产保护情况 2021 年 9 月 10 日，扬州市第八届人大常委会召开第 78 次主任会议。会议听取了市政府关于扬州市大运河文化遗产保护情况的汇报和市人大常委会教科文卫工委关于扬州市大运河文化遗产保护情况的调研报告。会议认为，近年来扬州市作为大运河原点城市、申遗牵头城市，着力突出大运河文化遗产展示利用，致力于把大运河扬州段打造成为大运河文化公园先导区、示范区，取得显著成效。9月13日下午，扬州市人大常委会对大运河扬州段文化遗产保护情况进行了专题调研，并实地考察了个园、汪氏小苑、卢氏盐商住宅、盐宗庙等文物保护单位。

淮安区委书记张笑调研推进大运河文化带"百里画廊"建设　2021年10月18日，淮安市淮安区委书记张笑带领相关部门负责人调研推进大运河文化带"百里画廊"建设，实地查看运河沿线重要节点和项目建设成效。他强调，要深刻把握建设"百里画廊"对展示"象征意义"的重要意义，进一步加大力度、加快进度，以更加昂扬的斗志、更加务实的作风，整体把握和推进大运河"百里画廊"建设，以实际建设成果落实好淮安市第八次党代会精神，回应好老百姓对幸福美好生活的期盼。

江苏省政协赴镇江调研大运河文化带建设　2021年10月18日，江苏省政协副主席姚晓东率领调研组赴镇江调研大运河文化带建设工作。姚晓东一行首先到西津渡开放式协商议事联盟，考察镇江市"有事好商量"协商议事室建设情况，详细了解协商议事活动开展情况。随后，调研组乘船考察了古运河风光带建设情况，对镇江市古运河风光带建设有了比较直观的感受。10月18日下午，调研组乘船考察了京杭大运河镇江水上服务区、谏壁船闸建设情况。调研过程中，姚晓东一行实地感受了镇江市深厚的文化底蕴，充分认可镇江市在古运河风光带建设与保护方面取得的成果，并对推进镇江大运河文化带建设、进一步讲好镇江运河故事提出了意见与建议。

徐州市委常委、宣传部部长李淑侠调研徐州大运河文化集中展示带建设情况　2021年11月2日，徐州市委常委、宣传部部长李淑侠带队调研徐州大运河文化集中展示带建设情况并召开座谈会。会上，李淑侠在听取相关单位情况汇报后指出，建设大运河文化带是党中央、国务院做出的一项重大决策部署，加快推进徐州大运河文化带建设对于提升城市文化内涵具有重大意义，各相关部门要提高政治站位，围绕中央和省委、市委部署要求，深入挖掘运河文化资源禀赋和特色优势，精心梳理大运河徐州段沿线各项文化遗产，统筹推进大运河文化带建设和城市建设，坚持讲好徐州

"运河故事"。要强化工作举措，认真谋划、深入研究，进一步做好规划编制和项目实施，高质量建好蔺家坝—荆山桥集中展示带，切实推动各项重点任务落细落实。

住晋全国政协委员赴江苏省考察大运河文化带建设　2021年11月3~8日，根据全国政协统一安排，部分住晋全国政协委员赴江苏考察大运河文化带建设情况。座谈会上，江苏省委宣传部、文旅厅负责同志介绍了江苏省大运河文化带建设的有关情况。考察团还赴淮安、扬州、苏州、无锡实地考察。

江苏省教育厅副厅长顾月华到扬州市邗江区调研"大运河文化进校园"情况　2021年11月9日下午，江苏省教育厅副厅长顾月华带队到扬州市邗江区，调研"大运河文化进校园"实施情况，考察了相关新建学校的建设和使用情况。

浙江省

杭州市拱墅区开展大运河文化带建设工作专题调研活动　2021年4月19日，杭州市拱墅区开展大运河文化带建设工作专题调研活动。拱墅区委书记陈瑾强调，要深入学习领会习近平总书记关于大运河文化保护传承利用的重要指示批示精神，按照中央和浙江省委、杭州市委部署要求，提高站位，深化认识，紧紧围绕产业转型升级样板区、城市有机更新样板区、大运河国家文化公园样板区的建设目标，高标准推进大运河文化带拱墅段建设，高质量建成运河沿岸名区。

国家文物局调研杭州大运河古桥保护管理情况　2021年5月中旬，国家文物局文物古迹司（世界文化遗产司）世界遗产处调研员黄晓帆、交通运输部水运科学研究所（院）副研究员王宇川及中国文化遗产研究院一行到杭州调研。调研组一行实地考察广济桥和拱宸桥的保护状况后，在中国扇博物馆报告厅举行调研座谈会。浙江省文物局、考古所、古建院，杭州市园林文物局、交通局、城管局、运河综保中心和临平区文广旅体局等单位参加。

嘉兴市政协专题调研大运河文化带建设　2021年8月24日，嘉兴市政协副主席马玉华一行赴嘉兴市文化广电旅游局开展主席会议专题研讨，会议主要围绕大运河文化带建设的具体考察内容和考察地点展开，为10月份开展的大运河文化带建设考察工作做好前期调研准备。

河南省

河南省文物局局长田凯赴商丘市调研文物保护展示利用工作　2021年12月22日，河南省文物局局长田凯赴商丘市调研文物保护展示利用工作，就隋唐大运河商丘南关码头遗址展示、宋国故城考古、商丘古城保护利用等提出指导意见。田凯指出，隋唐大运河作为中国古代南北交通的大动脉，已经被列入世界文化遗产。文物是文化的载体，要通过遗址的考古发掘和保护展示，深化大运河商丘段资源梳理和考古研究，充分展示古代商丘的繁华景象，进一步弘扬传统文化、增强文化自信。

（四）遗产保护

山东省

德州市重点实施大运河沿线遗址遗迹考古项目　2021年3月18日，德州市召开文化和旅游重点工作动员大会，安排部署"十四五"时期及2021年重点任务，开展"十大突破行动"，抓重点带全局，以满足人民群众对美好生活的需要为目标，增优势、强弱项、惠民生、优服务，努力开创文化和旅游工作新局面，为加快建设新时代现代化新德州贡献力量。

江苏省

江苏"十四五"时期文化保护传承利用工程入库项目名单发布　2021年8月12日，江苏"十四五"时期文化保护传承利用工程入库项目名单发布，共有22个入库项目进入公示。其中，淮安的板闸遗址公园（水工科技馆一期）、里运河文化长廊"四行"系统提升项目、清口枢纽核心展示园建设项目；扬州的三湾核心展示园——大运河非遗文化园建设项目、邵伯历史文名镇保护展示项目、隋炀帝墓保护利用设施；徐州的窑湾核心展示园建设项目，户部山、状元府历史文化街区保护利用项目；宿迁的皂河龙运城保护利用项目等入选。江苏有关大运河国家文化公园的项目占比高达 50%。

江苏里运河—高邮灌区成功入选世界灌溉工程遗产名录　2021 年 11 月 24～30 日，国际灌溉排水委员会第 72 届国际执行理事会会议暨第五届非洲区域会议在摩洛哥马拉喀什召开。江苏里运河—高邮灌区成功入选 2021 年度世界灌溉工程遗产名录，是江苏首个入选的灌溉工程。此次江苏里运河—高邮灌区的入选填补了江苏世界灌溉工程遗产的空白，擦亮了江苏水利又一世界级"金名片"。

浙江省

浙江印发《浙江省大运河核心监控区建设项目准入负面清单（试行）》　2021 年 8 月 6 日，浙江省发展改革委等部门印发《浙江省大运河核心监控区建设项目准入负面清单（试行）》，明确遗产区、缓冲区以外的核心监控区的开发利用，实行负面清单管理制度。该清单自 2021 年 9 月 15 日起施行，有效期 1 年。核心监控区范围为京杭大运河浙江段和浙东运河主河道两岸起始线至同岸终止线距离 2000 米，共涉及杭州、宁波、嘉兴、湖州、绍兴 5 个设区市及杭州市上城区、拱墅区、钱塘区、滨江区、萧山区、余杭区、临平区，宁波市海曙区、江北区、镇海区、北仑区、鄞州区和余姚市，湖州市南浔区和德清县，嘉兴市南湖区、秀洲区和海宁市、桐乡市，绍兴市越城区、柯桥区、上虞区共 22 个县（市、区）。核心监控区内历史文化空间严格按照相关法律法规、保护管理规定和专项保护规划进行管控。

（五）项目建设

河北省

大运河吴桥段运河驿站项目建设完工　2021 年 9 月 20 日，大运河吴桥段 9 个运河驿站全部建设完工，驿站由南向北依次为：燕赵风情园、摆渡慈航、良店水驿、御河扬帆、戍漕军屯、安陵古郡、赵家茶棚、莫场星火、禅林殊缘。该项目综合运河沿线的历史底蕴、人文典故、区位节点等元素建设，全线衔接吴桥运河绿道，展示了运河沿线乡村的特色风情，提升了吴桥运河沿线景观风貌。

沧州市高标准高质量推进大运河文化带建设 2021 年 12 月 4 日，沧州市委书记康彦民主持召开市委专题会议，听取大运河非遗展示中心展陈设计及园博园片区、南川楼片区、中心城区 31 公里生态廊道等工作进展情况汇报，就相关工作进行研究部署。康彦民指出，中心城区大运河 31 公里生态廊道、园博园和南川楼文化街区等重点项目，是推进大运河文化带建设的重要载体，是提升城市品质和形象、打造沧州运河名片的重要抓手。各级各部门要深入学习贯彻习近平总书记重要指示精神和党中央决策部署，全面落实河北省第十次党代会精神和省委、省政府工作要求，科学编制规划，精心组织实施，高标准、高质量推进大运河文化带建设。

山东省

大运河德城段文旅融合全域旅游项目签约 2021 年 6 月 6 日，大运河德城段文旅融合全域旅游项目在第二届德州市旅游发展大会上正式签约。该项目总投资额 110 亿元，将规划建设大运河文化景观带、运河文化展示区、乡村旅游示范园区等。项目规划区域北起冀鲁交界的二屯镇第三店，南至四女寺水利枢纽，全长 45 公里，沿线分布有苏禄王墓、三弯抵一闸、闸子滚水坝、北厂漕仓遗址、电厂机房旧址、德州码头和仓储建筑群及九龙湾、窑上窑址等众多文物保护遗址。

德州市首个运河漕仓文化展馆正式开馆 2021 年 9 月 25 日，德州市首个以运河漕仓文化为主要展示内容的村级展览馆——德州运河漕仓文化展馆正式开馆，吸引了众多周边居民前来参观。展馆位于德城区二屯镇舜欣苑社区东北街村，由村内社区办公场所改造而成，占地 200 平方米，总投资 110 余万元。德州运河漕仓文化展馆深入挖掘运河文化底蕴和运河沿岸的人文故事，主要展示了京杭运河南运河二屯段漕运发展历史、北厂村居起源、民俗文化等内容。

江苏省

宿迁市部署推进大运河文化带中心城市重点项目建设工作 2021 年 1 月 8 日，宿迁市召开大运河文化带中心城市重点项目建设工作推进会。会上，宿迁市委常委、宣传部部长光华仔细听取了项目规划和建设情况介绍，详细了解项目投融资、征地拆迁、文物考古、杆线搬迁等工作进展情况，并对下一步项目建设提出意见和建议。

苏州"运河十景"之一的高新区浒墅关古镇项目正式开工 2021 年 4 月 25 日，苏州"运河十景"之一的高新区浒墅关古镇项目正式开工。该项目规划范围约 3400 余亩，总投资 164 亿元，计划于 2025 年整体建成。项目规划"一心、一轴、一环、六大片区"核心布局，以《康熙南巡图》为蓝本，打造"运河记忆、码头商驿、浒关水邑"三大主题，"运河味、运河埠、运河调、运河艺、运河尚、运河梦"六大风情片区，建成后预计年接待游客可达 500 万人次、年综合收入约 60 亿元。

无锡市江南古运河旅游度假区举行项目集中签约暨开工仪式 2021 年 5 月 20 日，无锡市江南古运河旅游度假区在清名桥广场举行项目集中签约暨开工仪式。无锡市梁溪区以创建大运河国家文化公园江南运河段示范区和国家级旅游度假区为目标，由南往北，围绕文商旅和民生福祉，全新打造了 50 余个重点项目，其中包括钱绍武文化艺术中心、古运河德懋堂文旅精品酒店、井亭国医健康产业园、接官亭老字号产业园、腾讯云无锡古运河数字化运营等创新发展项目。下一步，梁溪区将以创建大运河国家文化公园江南运河段示范区和国家级旅游度假区为目标，打包原南长、崇安和北塘的运河沿线节点，统一规划、整体发力，推进江南古运河旅游度假区高质量、高品位、可持续发展。

淮安市淮安区推进大运河文化带"百里画廊"建设 2021 年 6 月 13 日，淮安市淮安区召开大运河"百里画廊"建设工作推进会。淮安区委书记张笑强调，要深入贯彻落实淮安市委、市政府关于大运河文化带建设工作的最新要求，紧扣重点项目、中心任务和重要工程，强化使命担当、主动创新实干，进一步提升淮安区大运河文化带"百里画廊"建设水平。

《扬州中国大运河博物馆共建合作协议》签署 2021 年 6 月 15 日，江苏省文化和旅游厅与扬州市政府共同签署《扬州中国大运河博物馆共建合作协议》。根据合作协议，江苏省文化和旅游厅与扬州市政府将整合资源，在运营管理、环境打造、公共服务、文物征集、展览合作、文创开发等方面展开全面深入合作，推动扬州中国大运河博物馆高质量、可持续发展，共同将博物馆打造成为一座具有时代特征的新型专题博物馆、优秀公共文化服务单位和优质旅游目的地。同时，江苏省文化和旅游厅支持扬州将扬州中国大运河博物馆创建成为国家一级博物馆，将包括博物馆在内的运河三湾风景区打造成为国家 5A 级旅游景区。

扬州中国大运河博物馆正式建成开放 2021 年 6 月 16 日，大运河国家文化公园建设标志性项目——扬州中国大运河博物馆在扬州运河三湾生态文化公园建成开放。同日，大运河文化发展论坛在该博物馆举行，全国政协、国家文物局有关领导同志，江苏省委、省人大常委会、省政府、省政协有关领导同志，国家有关部委及江苏省有关部门、国内运河城市有关负责同志等出席。作为国内首座集文物保护、科研展陈、社会教育为一体的现代化综合性运河主题博物馆，中国大运河博物馆展出了从春秋至当代反映运河主题的古籍文献、书画、碑刻、陶瓷器、金属器、杂项等各类文物展品逾万件（套），展览通过基本陈列和各专题展示了大运河的千年底蕴、时代价值、当代形象。

淮安市里运河文化长廊"四行"系统提升项目正式实施 2021 年 7 月 8 日，淮安市发展改革委正式批复，同意实施淮安市里运河文化长廊"四行"系统提升项目（大运河国家文化公园淮安段）。项目建设范围是淮安市里运河两岸沿线（清江浦御码头桥至友谊桥段）。项目总投资约 20139.54 万元，资金来源为市、区两级财政预算安排，建设单位为淮安市大运河文化带规划建设管理办公室。根据批复，项目计划对里运河 15.6 公里核心区绿化、慢行系统以及驿站、标识标牌等配套设施和服务设施进行提升，完善服务功能，提升整体环境。

中国扬州运河大剧院正式启用　2021 年 7 月 18 日，中国扬州运河大剧院正式启用。运河大剧院是扬州打造的大运河畔文化新地标，它融合了明月文化、园林文化、玉雕文化等诸多城市特质，营造出"月圆扬州"的唯美意境，表达着"梦圆扬州"的美好祝愿。

无锡市江南运河文化公园举行开工仪式　2021 年 11 月 3 日，江南运河文化公园开工仪式在无锡市惠山高新区洛社镇举行。无锡市水利局，惠山区委、区政府、惠山高新区以及各条线部门负责人，相关设计、施工单位代表出席开工仪式。按照规划设计，江南运河文化公园主要分为运河水文化展示馆、运河科学工场、国潮美食工坊和洛社科创红馆，俱由原工业厂房更新改造。

苏州市吴江区运河文化旅游景区"頔塘新渡"启用　2021 年 11 月 24 日，"建工匠心　点亮运河"吴江运河文化旅游景区"頔塘新渡"亮灯仪式在苏州市吴江区平望镇举行，重获新生的古运河渡口正式启用。此次，"頔塘新渡"改造工程施工内容包括渡口水景、廊架以及配套设施、绿化，前后历时 3 个月。

浙江省

大运河亚运公园竣工　2021 年 10 月底，大运河亚运公园（拱墅运河体育公园）完成竣工备案。这标志着大运河亚运公园正式建成。大运河亚运公园是杭州主城区最大的新建亚运场馆，位于拱墅区申花单元，东至学院北路，西至丰潭路，南至申花路，北至留祥路，总占地面积 701 亩（约 46.7 万平方米），总建筑面积 18.5 万平方米，由"一场一馆一广场两中心"组成，将承办 2022 年杭州亚运会乒乓球、霹雳舞和曲棍球赛事，是浙江省首座集体育馆、公园、运动场、商业配套于一体的综合性城市体育公园。

安徽省

淮北市柳孜运河遗址保护项目获中央预算内资金支持　2021 年 8 月下

旬，安徽省发展改革委下达 2021 年文化保护传承利用工程中央预算内投资计划，淮北市柳孜运河遗址永久性保护大棚建设项目获批中央预算内资金 4054 万元，占安徽省此次文化保护传承利用工程中央预算内资金总量的 27%，数额居安徽省首位。该项目为淮北市大运河国家文化公园先期实施项目，总投资 1.35 亿元，主要建设柳孜运河遗址区永久性、封闭式保护大棚 10000 平方米，项目计划于 2021 年下半年开工建设。

（六）主题活动

北京市

"大运河传媒"在北京市挂牌成立 2021 年 4 月 22 日，由世界运河历史文化城市合作组织（WCCO）与扬州报业传媒集团联袂组建的"大运河传媒"在北京市成立。扬州市政协主席、世界运河历史文化城市合作组织执行副主席陈扬，中国公共外交协会会长吴海龙揭牌。据介绍，"大运河传媒"将在北京办公地开设新媒体直播室，设立"大运河传媒"网站、"大运河传媒"微信公众号、"大运河传媒"客户端等融媒体矩阵，与各中央媒体以及百度、今日头条、抖音、快手等影响力大的网络媒体进行深度融合，同时将创办杂志《运河之声》，打造反映国家大运河文化带建设成果的专业媒体平台。

北京市文物局与中国艺术研究院共建大运河文化研究中心 2021 年 6 月 1 日，北京市文物局与中国艺术研究院签署共建大运河文化研究中心协议。据悉，双方将组织开展大运河文化带重点课题研究，策划举办大运河文化论坛、大运河文化系列讲座等活动，编纂出版相关书籍资料，积极开展大运河文化宣传，为北京大运河文化的保护传承提供有力支撑。

北京市首届大运河通惠河畔文化节启动 2021 年 6 月 11 日，首届大运河通惠河畔文化节暨朝阳区高碑店地区迎接建党百年主题活动开幕。此次文化节活动将体育赛事、非遗传承、民俗体验、文创展览等系列活动与党史学习教育融合、促进经济发展与文化创新相融合，进一步弘扬运河文化，展现地域特色。

"千年大运河·文脉颂中华"公益直播活动在北京市启动 2021 年 7 月 29 日，由《中国青年报》、中国文化管理协会等共同发起的"千年大运河·文脉颂中华"公益直播活动在北京通州大运河畔正式启动。此次公益直播活动是中国青少年网络春晚的重要组成部分，主题为"弘扬运河文化，开启艺术之旅；助力家乡发展，励志青春年华"，从 7 月底持续到 10 月 31 日，在大运河沿岸 10 个代表性城市落地。

2021 北京（国际）运河文化节在通州区开幕 2021 年 10 月 9 日，由北京市委宣传部、中国新闻社主办，北京市委网信办，北京市发展改革委，北京市水务局、商务局、文旅局、体育局、文联，通州区委、区政府承办，中国文物保护基金会、中国艺术研究院、中国文物报社、大运河文化带北京段沿线各区委宣传部和文旅局协办的 2021 北京（国际）运河文化节在通州区大运河森林公园漕运码头开幕。此次运河文化节以"游运河，行大运"为主题，整合沿线文化、旅游、体育等各类资源，举办形式丰富的"游运河"文化活动，让公众通过参加活动，感受运河的文化魅力和崭新面貌，享受大运河文化带建设成果。

北京市"爱上大运河"音乐会上演 2021 年 10 月 10 日晚，北京市通州区文化馆一层剧场座无虚席，2021 北京（国际）运河文化节的重要活动之一，"爱上大运河"音乐会在北京市通州区文化馆一层剧场上演。此次音乐会邀请来自中央音乐学院、中国音乐学院、中央戏剧学院、中央歌剧院等多所顶尖艺术院校的艺术家，通过演唱或演奏各国运河沿岸不同风情的知名乐曲，展现各国运河沿线深厚的文化底蕴，为通州区人民群众奉献一场精彩纷呈的音乐文化盛宴。

"南北运河诗会"在北京市举行 2021 年 10 月 13~14 日，第六届"北京十月文学月"核心活动之一"南北运河诗会"在北京城市副中心通州区北运河畔举行。该活动由北京市委宣传部主办，北京出版集团、通州区委宣传部承办，浙江省作家协会协办，《十月》杂志社执行。来自京杭大运河沿线城市的 30 余位知名诗人参加了此次活动。

"千年运河千里行"中外媒体采风活动在通州区启动 2021 年 10 月 17 日上午，2021 "中国大运河文化带京杭对话"之"千年运河千里行"中外媒体采风活动暨"爱上大运河"全媒体行动启动仪式在北京市通州区奥体中心二号码头画舫上举行。此次活动由北京市人民政府新闻办公室、浙江省人民政府新闻办公室、杭州市人民政府、中国新闻社、世界运河历史文化城市合作组织（WCCO）共同主办。

舞台剧《京城大运河》七城巡演正式启动 2021 年 10 月 18 日，由北京市文化和旅游局出品，北京交响乐团、北京京剧院联手打造的大型京剧交响套曲《京城大运河》开启上海、杭州、南京、扬州、南通、宁波、苏州七城巡演。《京城大运河》是中国第一部以北京大运河为题材的舞台艺术作品，以传统京剧与西方交响乐融合的形式，描摹京杭大运河北京段历史发展脉络，彰显北京城独树一帜的历史文化风貌。《京城大运河》包括"一支塔影见通州""天上的星星郭守敬""漂来的北京城""致敬大运河" 4 个乐章，综合舞美、灯光、服装、多媒体等多种舞台元素共同呈现。

2021 "通武廊"文化旅游交流季活动正式启动 2021 年 12 月 21 日上午，由通州区人民政府、武清区人民政府、廊坊市人民政府主办，通州区文化和旅游局、武清区文化和旅游局、廊坊市文化广电和旅游局承办的"协同京津冀 共享通武廊"——2021 "通武廊"文化旅游交流季活动，在张家湾设计小镇正式拉开序幕。此次"通武廊"文化旅游交流季活动以"协同京津冀·共享通武廊"为主题，紧扣大运河文化带建设发展主线，聚焦"通武廊"文化传承与创新，围绕"文脉同源""戏韵同根""荟墨同声""冬梦同行""书香同悦"五大活动板块，共开展 15 场文化活动。同日，在第五届"通武廊"文化旅游交流季开幕式上，京津冀三地依托"通武廊"文旅合作联盟平台，向天津市西青区，河北省沧州市、衡水市、邯郸市等运河沿线城市发出倡议，共同成立"京津冀运河文化旅游城市合作组织"，未来将围绕大运河文化带建设及创新京津冀运河文旅供给方面开展有益探索。

北京市通州区举办运河嘉年华系列活动　2021 年 12 月 29 日，由北京市通州区文化和旅游局主办的运河嘉年华系列活动在通州区文化馆正式启动。此次运河嘉年华系列活动以"悦享生活 通运未来"为主题，开幕式分为"运河·韵""运河·蕴""运河·昀"3 个篇章，力邀芷兰舞蹈队、佳舞超群艺术团等优秀的文体团体，共同呈现了一道包括舞蹈、歌曲、戏曲、朗诵等多种艺术形式的运河文化大餐，充分展现运河嘉年华系列活动的运河元素，让市民切身感受运河的文化魅力。

天津市

第四届"运河记忆"非遗宣传展示活动在天津市西青区开展　2021 年 6 月 12 日，"文化和自然遗产日"天津非遗主场活动暨第四届"运河记忆"非遗宣传展示活动在天津市西青区开展。来自京、津、冀、鲁、豫、皖、苏、浙 8 个省（市）的 120 余个非遗项目，近 500 件非遗艺术品、非遗文创产品齐聚千年古镇杨柳青，全方位展示大运河沿岸丰富的非物质文化遗产。

"千年运河 还看津朝"大型主题报道在天津市静海区启动　2021 年 10 月 15 日，津云新媒体集团"千年运河 还看津朝"大型主题报道的首站——"沿着运河看静海"活动在天津市静海区启动。在接下来的半个月时间内，津云新媒体集团采编力量围绕运河文化和沿线经济社会发展深入挖掘，展示静海区在运河文化保护传承利用和高质量发展道路上的成果。首站之后，津云新媒体集团陆续深入大运河天津段的西青、武清等区域开展主题报道。

河北省

2021 沧州"大运河"城市定向穿越赛开赛　2021 年 4 月 24 日，2021 沧州"大运河"城市定向穿越赛在沧州市体育馆鸣枪开赛。此次沧州"大运河"城市定向穿越赛根据沧州发展需求，发掘文旅优势，将点位设置分为"魅力沧州""狮城之美""美食之旅""经济强市""冰雪之韵"五大类，同时设置有成人组、亲子组，融探索性、趣味性、团队性、健身性于一体，让每位参赛者在竞赛行程之中全面深入领略沧州运河文化。

"千年寻梦·水蕴华章"廊坊市大运河美术作品展开幕 2021年9月26日，由河北省文化和旅游厅主办，河北美术馆（河北画院）、河北省艺术研究所、廊坊市文化广电和旅游局承办，廊坊美术馆（廊坊画院）、新绎文化发展有限公司协办的"2020年河北美术家大运河采风、写生、创作展"廊坊巡展暨"千年寻梦·水蕴华章"廊坊市大运河美术作品展，在廊坊丝绸之路国际艺术交流中心吉祥广场开幕。此次展览共展出作品180件，廊坊市美术工作者精心创作的20件作品成功入选。

大型杂技秀《运河·印象》在吴桥县首演 2021年9月29日，大型杂技秀《运河·印象》在吴桥县江湖大剧院首演，这是吴桥县继杂技剧《江湖》和《时·代》之后，为第十八届中国吴桥国际杂技艺术节精心打造的又一精品力作。

大运河（沧州）摄影大展开幕 2021年10月18日，由中国摄影家协会理论委员会、河北省摄影家协会、沧州市大运河文化带建设管理办公室、沧州市文学艺术界联合会联合举办，由中国大运河摄影发展联盟、沧州市摄影家协会协办，沧曲书舍承办的"大运河（沧州）摄影大展"暨"运河城市集群影像交流会"在沧州市百狮园举办。据了解，此次展览活动是近年来沧州市举办的规模最大、规格最高的摄影展活动。摄影师用镜头生动记录了运河边居民的生活、秀美旖旎的自然风光。

山东省

聊城"初心永驻 百年芳华"党史展览、运河展览进校园活动正式启动 2021年4月26日，由聊城中国运河文化博物馆、东昌府区教体局共同开展的"初心永驻 百年芳华"党史展览、运河展览进校园活动启动仪式在东昌府区阳光小学举行。东昌府区教体局、聊城中国运河文化博物馆、阳光小学等单位相关负责同志参加活动。聊城中国运河文化博物馆作为聊城市首批"中小学校外思政课堂"，旨在借助此次活动，把党史教育、运河文化教育与思想政治教育、校园文化建设结合起来，让学生以史励志、以史铸魂、刻苦学习、增强本领，为实现中华民族伟大复兴的中国梦不懈奋斗。

"中国大运河曲艺文化联盟"第一次会员代表大会在临清市召开 2021年4月29日，以宣传大运河文化为主旨的"中国大运河曲艺文化联盟"第一次会员代表大会在临清市召开。来自中国大运河曲艺文化联盟、临清市政府、临清市文化和旅游局、临清市文化馆、聊城市曲艺家协会、临清市京杭书院、临清市曲艺家协会等单位、机构和组织的领导、专家和学者以及大运河沿岸的艺术家出席了此次会议。

"追寻生态大运河"山东媒体行活动启动 2021年5月24日，由山东省生态环境厅举办的"追寻生态大运河"山东媒体行活动在枣庄市台儿庄区正式启动。由新华社、《中国环境报》等13家新闻媒体组成的采访团，沿大运河一路北上经枣庄、济宁、聊城三市，实地采访运河生态环境保护措施及成效，传播运河生态文化，讲好运河生态环保故事。

2021枣庄第五届百合文化旅游活动周启动 2021年6月18日，2021枣庄第五届百合文化旅游活动周正式启动。此次活动由枣庄市文化和旅游局指导，薛城区文化和旅游局主办，中国食文化研究会百合分会、陶庄镇人民政府、枣庄市龙润生态园承办。该届百合文化旅游活动周以"百年大庆，百年好合，乡村振兴，活力枣庄"为主题，旨在以游为媒、以节会友，传承弘扬农耕文化、百合文化、奚仲文化，丰富乡村旅游业态，进一步擦亮"中国乡村旅游发展名区"这一名片，推动文化和旅游深度融合、创新发展。

济宁市任城区举行运河书屋集中开放仪式 2021年6月28日，济宁市任城区举行运河书屋集中开放仪式。作为2021年任城区十项民生实事项目之一，运河书屋的建设于年初正式启动，是任城区推动"书香任城"品牌建设的重要载体，也是推进文化强区建设的重大举措。任城区已建成10处运河书屋，2021年年底前将建成20处；到2022年，实现建成50处的目标，让群众拥有"家门口的图书馆、阅览室"，更好地满足群众日益增长的文化需求。

德州市德城区首届"运河古韵 幸福德城"大运河文化摄影展开幕 2021年6月28日，德州市德城区首届"运河古韵 幸福德城"大运河文化摄影展在德城区文化馆开幕。摄影展由德城区文化和旅游局主办，德城区融媒体中心、德城文化馆、长河摄影网承办。德城区委宣传部、德州市文联、德州市摄影家协会，德城区政府、德城区政协等的相关领导和各界代表参观了展览。

首届微山湖运河文化节暨第二十八届荷花节在微山开幕 2021年7月28日晚，"运河明珠 魅力荷都"首届微山湖运河文化节暨第二十八届荷花节在济宁市微山县开幕。开幕式文艺演出由山东微山湖旅游发展集团有限公司、山东广播电视台联合主办。整场演出将传承千年的运河文化与微山湖独有的历史自然风貌结合，展现了微山县作为"运河明珠 中国荷都"的独特魅力。

山东社会科学院临清运河研究院揭牌成立 2021年9月8日，山东社会科学院临清运河研究院揭牌仪式在临清市顺利举行。来自山东社会科学院、聊城市政协、聊城市委党校、聊城大学运河学研究院等单位、机构的领导、专家和学者出席并参加签约仪式。研究院将根据运河流域各县市区位、资源等优势和实际状况，总结其脱贫攻坚和乡村振兴的经验做法和基本规律，探寻持续推动全面脱贫与乡村振兴有效衔接的现实路径。针对当前地方社会治理面临的新情况、新问题、新挑战，临清运河研究院将围绕特色乡镇规划、乡村儒学和文明村镇建设等展开深入研究。

济宁市任城区"运河记忆"历史文化街区夜游启动 2021年9月30日晚，济宁市任城区"运河记忆"历史文化街区夜游启动仪式在济宁东大寺码头举行。"运河记忆"历史文化街区分为三期进行规划建设，一期打造南岸街步行街夜游览、水上游览、运河戏院、南岸街立面改造4个项目。二期完成"三街六巷"建设。三期完成整个规划范围内项目建设，真正把"运河记忆"历史文化街区项目打造成为民俗风情的集萃地、特色旅游的承载地、城市休闲的目的地和展现"运河之都"济宁的文化会客厅。

"运河国潮文化周"在临清宛园景区开幕 2021年9月30日，非遗传承·国潮来袭——第五届山东文化和旅游惠民消费季"运河国潮文化周"在临清宛园景区开幕。此次"运河国潮文化周"活动立足于"运河人家"总体定位，通过与时下流行的"新国潮"相结合，以宛园为空间，打造穿越古今的运河"衣、食、住、行、礼、乐、用、娱"8 个篇章，每个篇章均设计"运河小妹"动漫 IP 打卡区，通过开展"运河文化"精品展销、展演，带领游客开启一场运河文化穿越之旅。

山东举行"沿着大运河看山东"网络主题活动　2021 年 11 月 23 ~ 25 日，由山东省委网信办主办，山东广播电视台承办，省内各市各网站、新媒体客户端协办的"沿着大运河看山东"网络主题活动举行。活动期间，主流媒体通过"联动"播发，多形式、多样态新媒体产品和全网矩阵传播等形式，放大传播音量，进一步释放大运河文化影响力。

"2021 水城暖冬消费季·江北水城美食文化节"活动在聊城市启动　2021 年 11 月 28 日，由山东省商务厅、聊城市人民政府指导，聊城市商务和投资促进局主办的"2021 水城暖冬消费季·江北水城美食文化节"活动在聊城市古城区名人堂广场正式启动。该活动持续至 11 月 30 日，内容包括聊城地方特色主题宴席展示及评选，以及精品聊城菜、面食艺术、特色小吃、食品雕刻、厨师文化艺术现场展示及评选，旨在通过组织开展聊城市范围内的餐饮领域促消费活动，推动餐饮业健康发展，激发居民消费热情，扩大消费规模，推动消费升级，促进全市消费平稳增长。

"百万+探寻聊城文旅之美——临清胡同游"采访活动在临清市启动　2021 年 11 月 25 日，"百万+探寻聊城文旅之美——临清胡同游"采访活动在临清市启动，活动由聊城市委宣传部、聊城市文化和旅游局、聊城日报社、临清市委宣传部、临清市文化和旅游局联合举办。此次采访活动既是一次全新文旅宣传方式的创新与探索，又是大型融媒采访活动的延展，对于宣传推介聊城文旅品牌具有重要意义。

聊城市成立古韵运河经济文化研究中心　2021 年 12 月 18 日，聊城市古韵运河经济文化研究中心成立暨第一届第一次会员代表大会在聊城市召开。会议宣读了聊城市古韵运河经济文化研究中心党支部委员会名单，审议通过了中心章程和会员大会选举办法，选举产生了中心理事会组成人员、监事会组成人员等。

"河和之契：2021 黄河流域、大运河沿线非物质文化遗产交流展示周"在

泰安市举办　2021 年 12 月 23~26 日，"河和之契：2021 黄河流域、大运河沿线非物质文化遗产交流展示周"（本部分简称"交流展示周"）在泰安市泰山国际会展中心举办。据了解，交流展示周由文化和旅游部非物质文化遗产司指导，山东省文化和旅游厅、泰安市人民政府主办，山东省文化馆（省非物质文化遗产保护中心）、泰安市文化和旅游局承办，国家非遗展览展示研究中心齐鲁（邹城）展示基地等协办。整体活动采取静态展览、动态展示、活态展演的方式，展现丰富多彩的山东省优秀传统手工艺，反映"心手相牵、美好生活"的"山东手造"文化内涵，促进非遗区域性整体保护，加强非遗文化传播和交流，讲好中国故事山东篇章。

江苏省

邳州市举行大运河文化传承基地揭牌仪式　2021 年 1 月 18 日，邳州市大运河文化传承基地揭牌仪式在运河小学举行。邳州市人大常委会副主任、邳州市大运河文化研究会名誉会长袁登峰，邳州市委宣传部副部长王瑞先，邳州市大运河研究会会长刘付凡，副会长杨光正、仝建宁、萧国壮，以及研究会部分同志、运河小学师生代表参加揭牌仪式。

淮安市大运河文化研究会正式成立　2021 年 2 月 4 日，淮安市大运河文化研究会正式成立。淮安市委常委、宣传部部长周毅，副市长王红红共同为淮安市大运河文化研究会揭牌。周毅对研究会的成立表示祝贺。他指出，研究会的成立，是进一步擦亮"运河之都"城市品牌的重要举措，也是丰富大运河文化带标志性城市内涵的重要行动。要当好运河文化的守护者、弘扬者和践行者，努力使其历史价值、文化价值、科学价值和教育价值绽放光彩。

"行走大运河——2021 新春走大运"活动在无锡运河畔成功举办　2021 年 3 月 14 日，由中国运河网与无锡日报报业集团"无锡观察"融媒中心共同主办的"行走大运河——2021 新春走大运"徒步活动在无锡运河畔成功举办。该活动以"迎新春，行大运；聚人气，蓄财气；促健康、祈幸福"为口号，以"关注水生态、水生活、水文化"为主题，旨在唤起人们对优秀传统文化的热爱，更好地理解运河文化的当代传承。

江苏省首届"青绘乡村"青年文化创意设计大赛决赛在苏州市开幕
2021 年 3 月 15 日，由江苏团省委、省住房和城乡建设厅、省农业农村厅、省文化和旅游厅共同主办的江苏省首届"青绘乡村"青年文化创意设计大赛决赛在苏州拉开序幕。当日，赛事专题辅导讲座、决赛集训营、工作对接会同步举行。

中国大运河曲艺文化联盟在淮安市成立　2021 年 4 月 10 日，由中华曲艺学会指导，京杭大运河沿线北京、天津、河北、山东、江苏、浙江 6 省市近 40 家文化馆共同发起的中国大运河曲艺文化联盟在文化古都淮安成立。联盟将以运河传统文化为红线，将沿线的各种曲艺形式有机串联起来，通过信息交流、资源链接、互动提升、合作发展，把联盟打造成广大曲艺艺术家的心灵家园，并以运河沿线为根据地，推动全国群文曲艺事业的发展。

2021 江苏省大运河自行车系列赛首站在沛县开赛　2021 年 4 月 18 日，2021 江苏省大运河自行车赛首站在徐州市沛县安国镇拉开序幕，来自省内的 500 多名自行车运动爱好者参加了比赛。此次比赛以"骑行运河之堤　驱动梦想之旅"为主题，由江苏省委宣传部、江苏省体育局、徐州市人民政府主办，江苏省体育竞赛管理中心、江苏省自行车运动协会、徐州市体育局、沛县人民政府承办，沛县文体广电和旅游局、安国镇人民政府、鹿楼镇人民政府、沛县自行车运动协会协办。

中国·扬州"烟花三月"国际经贸旅游节开幕　2021 年 4 月 18 日，中国·扬州"烟花三月"国际经贸旅游节开幕式暨重大项目签约仪式在扬州运河大剧院举行。扬州市委书记夏心旻在开幕仪式上致辞，他强调，要进一步健全完善招商大使工作制度，充分发挥好招商大使作用，大力提升扬州市招商引资工作水平，助力"好地方"扬州高质量发展。市长张宝娟作主题推介，市政协主席陈扬、市委副书记孔令俊等领导出席活动。

2021 长江三角洲·中国大运河"驰骋文旅"启动仪式在镇江市举行
2021 年 4 月 23 日，第二届长三角自驾游产业发展大会暨 2021 长江三角洲·中国大运河"驰骋文旅"启动仪式在镇江市举行。此次活动由长三角三省一市旅游协会联合镇江市人民政府主办，旨在推动长三角区域一体化发展，充分宣传大运河沿线文化旅游资源，促进文旅融合高质量发展，同时全面展示镇江运河文化、生态山水、休闲度假、自驾游目的地等方面的良好禀赋和形象。

2021年"大运河姑苏民俗文化旅游节·轧神仙"开幕　2021年5月24日，以"古'运'今风轧神仙　锦绣福地在阊门"为主题的2021年"轧神仙"活动正式拉开序幕。主办方通过设立精品神仙市集、民生百荟集、各类主题特色小屋，开展各类精彩纷呈的互动游戏，多角度展示姑苏风土人情及古城新韵，受到市民的欢迎。

第四届中国（淮安）大运河城市非遗展在淮安市开幕　2021年5月28日，2021年"文化和自然遗产日"江苏省非遗系列活动暨第四届中国（淮安）大运河城市非遗展在淮安市开幕，大运河沿线8省（市）27市90余个非遗项目集中亮相。这是淮安市连续第四年举办此项活动，首次提出"无限定空间非遗进景区"概念，让游客在景区内全程感受、全程共享非遗活态魅力。

苏州·吴江运河文化旅游节开幕　2021年5月28日晚，"平望·四河汇集之江南上运浦湾"苏州·吴江运河文化旅游节开幕式暨"五五购物节"嘉年华在运浦湾举行。该活动由吴江区文体广电和旅游局、吴江区商务局、平望镇人民政府共同主办，围绕大运河主题，讲述运浦湾的变化历程；结合"五五购物节"、"运浦拾光"开业、非遗大赛邀约等内容给观众呈现了一台主题鲜明、底蕴深厚、内容精彩的文化盛会，生动诠释了平望镇"搏动的运河古镇，流淌的吴越史诗"之美誉。

"运河之都 非遗之美"主题摄影大赛在淮安市启动　2021年6月26日，由新华报业传媒集团与淮安市委宣传部主办的"运河之都 非遗之美"主题摄影大赛暨淮安站摄影采风活动启动。江苏省记协主席周跃敏，江苏省记协常务副主席、省新闻摄影学会会长刘守华等人共同按下相机快门，宣告活动正式启动。此次大赛面向全国征集2016~2021年拍摄的、反映中国大运河江苏段自然景观、生态保护、全域旅游、人文风情和沿线百姓幸福生活的摄影作品，全景展现大运河江苏段文化长廊、生态长廊、旅游长廊的建设成果，塑造"水韵江苏"人文品牌，全方位展示淮安的千年运河之美和时代魅力。

中国旅游景区协会大运河主题分会在扬州市成立 2021 年 7 月 11 日，中国旅游景区协会大运河主题分会在扬州市成立。分会成立后，将切实承担促进大运河沿线文化旅游产业发展的责任，完成把大运河打造成为中华文化旅游经典品牌的任务，打造新时期大运河文化旅游的"扬州样板"，为推动大运河文化带建设、弘扬运河文旅品牌、高质量发展大运河和主题文化旅游事业做出积极贡献。

江苏省委统战部启动"华裔菁英青少年大运河文化线上体验活动"
2021 年 7 月 20 日，坐落于扬州三湾的中国大运河博物馆嘉宾云集，共同见证"华裔菁英青少年大运河文化线上体验活动"开幕。意大利、德国、英国、法国、澳大利亚、南非、日本等 46 个国家和地区的 227 所华文学校、华人社团共计 12.84 万名老师和学生参加此次活动。从 7 月 21 日开始，华裔青少年们跟随网络直播镜头，走进南京、无锡、徐州、常州、苏州、南通、泰州、扬州 8 个城市，畅游运河两岸，融入魅力江苏，感受生生不息的运河文化。

"沿着运河看江苏"主题宣传活动在苏州市启动 2021 年 9 月 16 日，由江苏省交通运输厅组织的"沿着运河看江苏"主题宣传活动在苏州市启动。30 余家媒体记者与新媒体"大 V"，以京杭运河苏南段为主线，一路沿河北上，采访多个沿岸城市，直观展现大运河在新时代所焕发出的崭新光彩与交通港航人的奋斗故事。该活动聚焦"经济运河·流金淌银""生态运河·绿色样板""文化运河·世界遗产""红色运河·薪火相传"4 个板块，全方位、多层次、立体式宣传展示大运河服务经济发展、服务社会民生、承载文化传承和交通港航人"争当表率、争做示范、走在前列"的生动实践。

第三届大运河文化旅游博览会在苏州市闭幕 2021 年 9 月 25 日，第三届大运河文化旅游博览会在苏州闭幕。据悉，该届大运河文化旅游博览会六大主题展览的展示面积达 6.1 万平方米，吸引国内 61 个城市、31 个国家驻华机构，共 1100 余家单位 4000 多人参展参会。据不完全统计，累计超过 13.6 万人次走进该届大运河文化旅游博览会六大主题展及相关活动现场，线上受众突破 2.7 亿人次，展会现场销售额突破 1000 万元。

"吴门运河最江南·石湖串月"江南民俗文化旅游活动在苏州市开幕
2021 年 9 月 28 日晚间，作为第三届中国苏州江南文化艺术·国际旅游节的子活动，"吴门运河最江南·石湖串月"江南民俗文化旅游活动在苏州市姑苏区渔家村新郭老街开幕。此次活动集中体现大运河苏州段的江南水韵以及丰厚的人文内涵，旨在积极响应江南文化品牌，助力苏州重塑江南文化的核心地位，打响具有特色的、富有影响力的"石湖串月"品牌。

苏州市姑苏区运河主题美术作品展开幕 2021 年 10 月 12 日，"千载运河润姑苏 百年华章歌盛世"苏州市姑苏区美术作品展开幕。此次展览围绕大运河主题，选取具有历史文化含义的苏州"运河十景"（吴门望亭、浒墅关、枫桥夜泊、横塘驿站、宝带桥、平江古巷、虎丘塔、水陆盘门、石湖五堤、平望·四河汇集），用不同的审美视角，描绘大运河苏州段的秀丽风光和历史人文风采。

"追梦中华·情系大运河"2021 海外华媒江苏采访行在苏州市启动
2021 年 10 月 26 日，"追梦中华·情系大运河"2021 海外华文媒体江苏采访行活动在江苏苏州启动。来自俄罗斯、美国、瑞士、埃及、阿根廷、马来西亚等国的 10 余家华文媒体代表参加此次活动。本次采访活动为期 6 天，海外华文媒体采访团一行将赴苏州、南通、南京等地，参观枫桥文化区、南通群英馆、明清外销瓷博物馆、高淳现代农业产业园，考察滨江片区生态修复保护工程，走进濠河风景区，体验张謇城市建设理念，采访创业新侨等。在活动启动仪式上，"侨见姑苏·江南文化"华文媒体侨界联盟揭牌成立。

第二届"苏州最江南"学术论坛暨苏州运河系列图书首发式活动举行
2021 年 10 月 28 日，"文起江南 因运而盛"——第二届"苏州最江南"学术论坛暨苏州运河系列图书首发式活动举行。活动现场，苏州运河系列图书《苏州运河史》《苏州运河十景》《大运河上的夏令营》正式首发。该论坛是第三届中国苏州江南文化艺术·国际旅游节"文论江南"板块的主体活动之一。论坛现场，来自上海市社会科学界联合会、南京大学历史学院、江苏省社会科学院历史研究所、苏州大学社会学院等高校和科研机构的专家学者在江南文化的视域下，以苏州为点、以运河为线，探讨运河文化的深厚底蕴及其在新时代的创造性转化和创新性发展。

"水韵江苏·有你会更美"文旅消费推广第二季在镇江市启动　2021 年 10 月 29 日，由江苏省文化和旅游厅、江苏省发展和改革委员会、镇江市人民政府主办，镇江市文化广电和旅游局、携程集团、新华日报社镇江分社承办的"水韵江苏·有你会更美"文旅消费推广第一季成果发布暨第二季启动仪式在镇江市举行。第二季系列活动作为第一季的延续和提升，从 2021 年 10 月底开始，持续到 2022 年 2 月底。

2021 吴江运河文化旅游节平望主题日活动在苏州市平望镇举行　2021 年 11 月 6 日，"平望·四河汇集之江南上 | 美好在望"2021 吴江运河文化旅游节平望主题日活动在苏州市平望镇莺脰湖畔举行。活动当天，运河景区游客服务中心启用，北京大学校友水上运动训练基地和北京体育大学体育文化青少年素质成长中心暨畅跃大龙荡水上体育基地揭牌启用，为全民运动、全民健康发展提供支撑。

两岸大学生运河文化体验营在淮安市开营　2021 年 11 月 8 日，"邂逅醉美运河　踏浪最美青春"第四届两岸大学生运河文化体验营开营仪式在淮安市淮阴师范学院举行。来自北京师范大学、江苏师范大学，以及台湾地区的玄奘大学、义守大学、东吴大学、辅仁大学、台中科技大学等两岸高校的 100 余名师生以线上方式参加了开营仪式。此次文化体验营以"运河文化之旅"为主线，两岸大学生相聚云端，通过聆听海峡两岸文化讲座、探访运河古镇、参观吴承恩故居等，领略博大精深的运河文化。

《最美运河地标》新书首发仪式在南京市举行　2021 年 11 月 8 日，《最美运河地标》新书首发仪式在南京市举行。该书由"寻找大运河江苏记忆"活动纪实和江苏 40 处"最美运河地标"介绍两部分内容构成，讲述运河沿线代表性遗产点的历史文化故事，图文并茂呈现这些地标的过去、现在和未来，引导读者了解大运河、欣赏大运河、走近大运河。

首期"大中小学运河思政一体化建设暨大运河文化进校园研训班"在扬州市正式开班　2021 年 11 月 12～13 日，由扬州大学中国大运河研究院、扬州团市委和邗江区教育局联合主办，大运河国家文化公园"研学大运河"云平台承办的首期"大中小学运河思政一体化建设暨大运河文化进校园研训班"在扬州市正式开班，邗江区教育局遴选的50多名中小学老师和志愿者参加了研训。待条件成熟后，这种研训模式将在全市中小学推广实施。

2021运河·盐商美食节在扬州市开幕　2021年12月10日，2021运河·盐商美食节在扬州个园水榭草坪开幕。此次活动由大运河遗产保护管理办公室、扬州市世界遗产保护管理办公室和扬州市个园管理处联合主办，来自"最美渔村"沿湖村的运河美食产品与个园盐商菜馆的渔家宴携手亮相，为广大市民和游客带来一场美食盛宴。

大运河城市足球精英邀请赛在扬州市开赛　2021年12月13日，中国·扬州大运河城市足球精英邀请赛在扬州市体育公园体育场开幕。该赛事由中国足球协会指导，江苏省委宣传部、江苏省体育局、江苏省教育厅、扬州市人民政府主办，江苏省体育竞赛管理中心、江苏省足球运动协会、扬州市体育局、扬州市教育局承办。赛事期间，还举办了2021江苏省青少年足球技术论坛、2021江苏省精英裁判员特训班等系列活动。

"古运文脉"城管杯运河文化书法篆刻作品展在镇江市丹阳市开幕
2021年12月14日，由丹阳市委宣传部、丹阳市新时代文明实践中心办公室、丹阳市文明办、丹阳市城管局、丹阳市文联主办的"古运文脉"城管杯运河文化书法篆刻作品展在新时代文明实践中心文化基地开幕。丹阳市委常委、宣传部部长高飞参加开幕式。此次作品展展出的百余幅作品，是丹阳市书法家根据自身理解，运用艺术家独特的艺术语言创作而成的，集中展示了大运河丹阳段的自然风貌、人文景致和文化遗产，旨在通过对大运河丹阳段文化多形式、多角度的展现，唤醒更多人的运河记忆。

河海大学成立大运河研究中心　2021年12月19日，大运河研究中心揭牌仪式在河海大学商学院举行。该仪式由河海大学大运河研究中心承办，来自国内政界、学术界、企业界的嘉宾、代表就大运河水资源保护、文旅融合发展、区域协同发展、投资开发平台建设、借助主流媒体平台讲好大运河故事等话题展开深入探讨。

水韵江苏——江苏大运河生态文明建设摄影精品图片展（常州溧阳站）开幕 2021 年 12 月 19 日，"水韵江苏——大运河生态文明建设摄影精品图片展（常州溧阳站）"在溧阳市文化馆拉开序幕。活动由南京锦瑟文化艺术有限公司和江苏省艺术摄影学会联合主办。活动历时半年，遴选精品作品100 幅，以最生动直观的影像语言记录了大运河沿线生态文明建设的成果，展示中华人民共和国成立 70 多年来，特别是新时代对大运河文化保护、传承、利用方面的巨大成就。此次展览的 100 幅作品，涵盖了自然风光、民俗文化、人文风光、建筑风貌和航拍风光等多个方面，多维度、多视角展现了江苏的文化之盛、水韵之美。

"运河情·江南韵"大运河民族音乐文化传承展示周在苏州市开幕2021 年 12 月 24 日，由文化和旅游部全国公共文化发展中心、文化和旅游部民族民间文艺发展中心指导，苏州市文化广电和旅游局、苏州高新区管委会和大运河沿线 8 省（市）文化馆（站）联合举办的"运河情·江南韵"大运河民族音乐文化传承展示周在苏州民族管弦乐团音乐厅广场拉开序幕。该活动采取江苏苏州主会场开幕式与北京、天津、河北、山东、河南、安徽、浙江、江苏等省（市）文化馆（站）线上展演相结合的传播形式。展示周为期 3 天，由大运河沿线 8 省（市）文化馆（站）分别推荐经过创新编排的反映当地历史文化底蕴、体现当代优秀作品质量的节目，并以线下线上相结合的创新形式进行展播。同时，举办以"大运河民族民间文化的传承与发展"为主题的线上研讨活动，推动大运河民族音乐文化艺术理论的发展。

浙江省

"第三届大运河之约论坛暨运河雅集活动"在绍兴市举行 2021 年 6 月12 日，"第三届大运河之约论坛暨运河雅集活动"在绍兴市丰惠镇举行。来自全国各地专注农文旅产业发展的专家、学者、企业家、艺术家和当地领导等共 50 余人参加活动。该论坛由绍兴市上虞区人民政府、绍兴市文化广电旅游局主办，绍兴市上虞区文化广电旅游局、绍兴市上虞区丰惠镇人民政府、全联旅游业商会大运河文旅产业工作委员会（筹）承办。

浙东古运河（上虞段）设计竞赛评选颁奖在绍兴市上虞区举行　2021年7月17~18日，2021年全国高等院校浙东古运河（上虞段）设计竞赛评选颁奖暨同济大学建筑与城市规划学院—上虞区校地合作活动在绍兴市上虞区举行。业内知名学者专家、全球近百所高校参赛团队云集上虞区东关街道，共同为保护和开发世界历史文化遗产——浙东古运河（上虞段）出谋划策，通过文化和建设双向发力推动城乡品质大提升，为"创新强区、品质名城"贡献更多力量。据了解，竞赛围绕古运河遗址公园设计、古运河沿岸历史街区保护与更新设计及"荷花荡"生态湿地公园设计3个选题展开。前期共收到90个参赛队伍的102个设计方案，参赛队伍来自哈佛大学、宾夕法尼亚大学、清华大学、同济大学等海内外著名高等院校。经过竞赛组委会专家组两轮盲审，共评选出18个优秀方案，为后续规划建设提供参照和蓝图。

中国大运河（杭州段）世界遗产党建联盟成立　2021年9月6日，中国大运河（杭州段）世界遗产党建联盟成立，并召开第一次全体成员大会，杭州市相关市直部门、相关市属国资企业和运河沿线相关城区约20家单位负责人参会，共同探讨中国大运河（杭州段）世界遗产党建联盟运行机制，共商大运河世界遗产保护管理的大计。会上表决通过了《中国大运河（杭州段）世界遗产党建联盟章程（试行）》。该章程明确了党建联盟的宗旨、主要任务、组织机构、成员单位和运行机制。该党建联盟是依据《杭州市大运河世界文化遗产保护条例》明确的法定职责，由杭州市园林文物局牵头，大运河世界遗产综合保护相关的各市级职能部门、市属国资企业和大运河沿线各属地城区共同组成的党建与遗产保护"双线融促"工作联合体。

杭州市拱宸桥街道举行运河文化传播发展工作座谈会　2021年9月8日，杭州市拱宸桥街道邀请辖区20余位致力于运河文化传播发展的专家、学者，齐聚"拱宸邀月"号游船座谈，探讨如何保护好、传承好和利用好大运河文化，高质量建设文化拱宸。拱墅区政协、人大、大运河文化研究院等单位的领导、专家，辖区共建单位负责人、人大代表、政协委员、街道全体领导班子、机关相关科室负责人、各社区书记参加会议。

"千里长河——中国大运河文化主题展"在杭州市开展 2021 年 9 月 26 日，由杭州市园林文物局指导，杭州工艺美术博物馆（中国刀剪剑、扇、伞博物馆）主办，杭州市京杭运河（杭州段）综合保护中心协办的"千里长河——中国大运河文化主题展"在杭州工艺美术博物馆拉开序幕。此次展览联合了中国丝绸博物馆、杭州博物馆、杭州市文物考古研究所、杭州京杭大运河博物馆、扬州博物馆、淮北市博物馆、常州市文物保护管理中心 7 家文博单位，共精选 170 余件（套）藏品。展览由序厅、运河考古、运河档案、运河百工、运河生活和尾厅 6 个部分构成。

"大运河沿岸城市党建红盟"成立 2021 年 10 月 21 日，由杭州市拱墅区委、浙江日报报业集团、杭州市园林文物局、杭州市运河集团党委主办，杭州市拱墅区委组织部、《浙江共产党员》杂志集团、杭州市京杭运河（杭州段）综合保护中心、杭州市运河集团机关党委承办，拱墅区文广旅体局、朝晖街道党工委、拱宸桥街道党工委协办的"大运河沿岸城市党建红盟"成立暨"新时代运河党建精品示范带"发布仪式在拱墅区西湖文化广场举行，来自河南、河北、安徽、山东、江苏、浙江等大运河沿线六省十市代表、专家学者、企业负责人等齐聚运河畔，现场游览"新时代运河党建精品示范带"，领略杭州运河风光，感受运河千年文脉。在随后举办的"运河·思享会"上，来自杭州、沧州、扬州、淮北、湖州等地代表做交流发言，分享各地党建特色亮点，为大运河文化带建设工作提供有益经验。

"2021 中国大运河文化带京杭对话"系列活动于杭州市启幕 2021 年 10 月 22 日，"2021 中国大运河文化带京杭对话"（本部分简称"2021 京杭对话"）在杭州大运河音乐公园启幕。"2021 京杭对话"以"走向共同富裕的千年运河"为主题，由北京市人民政府新闻办公室、浙江省人民政府新闻办公室、杭州市人民政府、中国新闻社、世界运河历史文化城市合作组织（WCCO）共同主办，杭州市人民政府新闻办公室、杭州运河集团、杭州市园林文物局、中国新闻社浙江分社、拱墅区人民政府、北京市文化和旅游局、中国新闻图片网、《北京月讯》杂志社承办。

2021 年全国"行走大运河"全民健身健步走活动（宁波站）在余姚市举行　2021 年 10 月 24 日，2021 年全国"行走大运河"全民健身健步走活动（宁波站）暨宁波市美丽乡村健身行活动在余姚市牟山镇举行。约 500 名健身爱好者徒步 10 公里，途经宁波市第二大淡水湖——牟山湖、京杭大运河延伸段浙东运河湖塘江，在锻炼的同时领略了古运河风情。

中国大运河沿线城市中小企业联盟正式成立　2021 年 11 月 1 日，第六届杭州全球企业家论坛暨中国市长高峰论坛在杭州 G20 会场召开。作为全球企业家论坛的核心论坛——中国市长高峰论坛备受关注。来自陕西榆林市，江苏淮安市，四川甘孜藏族自治州、成都金牛区、泸州纳溪区，安徽霍邱县，浙江杭州钱塘区、临安区、余杭区、拱墅区等多个市（州）、县（区）的领导出席。此次论坛上正式成立中国大运河沿线城市中小企业联盟。中国大运河沿线城市中小企业联盟，是中国第一个跨省份、跨区域的中小企业合作组织，联盟内互联互通、联动发展、合作共赢、共同富裕。联盟的成立对于大运河沿线 8 省（市）而言，具有重要而深远的意义。

央视大型系列纪录片《运河百家》首发仪式在杭州市举行　2021 年 10 月 30 日，由央视纪录片导演监制拍摄，杭州自然文化遗产保护促进会、浙江中华文化海外传播促进会等联合主创的大型系列纪录片《运河百家》在第十届杭州世界文化遗产国际会议暨 2021 历史城市景观保护联盟年会上首发。系列纪录片《运河百家》通过实地采访拍摄的方式，以杭州等诸多运河城市的文化界、艺术界、科学界、教育界、工商界等各行各业杰出人物为采访对象，以"人物"及"人物故事"为创作载体，以"人物+历史+文化"的创新形式，记录和谱写当代运河城市各行各业杰出人物的奋斗足迹和时代华章。

"迎亚运环保毅行大运河"活动在杭州市举行　2021 年 11 月 6 日，由第 19 届亚运会组委会宣传部、杭州市生态环境局和杭州市科学技术协会指导，中国（浙江）环保博览会组委会、中国杭州低碳科技馆、杭州市生态环境宣教信息中心、杭州日报报业集团城报社共同发起的，2021 第四届中国（浙江）环保博览会"我是低碳环保践行者"系列活动之"迎亚运环保毅行大运河"在杭州举行。活动包括节能减排倡议、"迎亚运环保毅行"、青少年环保画大赛、公益科普体验、环保主题艺术表演等内容。

"千年嘉运·锦绣禾城"全国摄影大赛在嘉兴市启动　2021 年 12 月 13 日起,由嘉兴市发展和改革委员会、嘉兴市文化广电旅游局主办,天目新闻承办的"千年嘉运·锦绣禾城"全国摄影大赛和全民打卡短视频征集活动正式启动。活动旨在激发创作者们主动传播以嘉兴大运河文化为载体的文化遗产、美好人物、民俗风情、美食美景、经济发展等内容,用镜头聚焦运河沿岸人文之美,共享大运河文化带美好建设成果。

安徽省

2021 年中国(宿州)大运河非遗美食展相关活动在宿州市举行　2021 年 5 月 8 日,中国(宿州)大运河非遗美食展暨 5·19 中国旅游日相关活动新闻发布会在宿州市举行。会上发布了中国(宿州)大运河非遗美食展、2021 年非遗进景区——安徽省传统戏剧扶持项目汇演比赛和 5·19 中国旅游日宿州市系列活动的相关情况。

"行走大运河"全民健身健步走活动淮北市分会场举行启动仪式　2021 年 10 月 31 日,2021 年全国"行走大运河"全民健身健步走活动安徽省主会场淮北市分会场启动仪式在淮北绿金湖广场举行。该活动以"健步走大运·开启新征程"为主题,旨在深入挖掘大运河体育旅游资源,实施体育旅游示范工程,打造大运河体育旅游特色示范活动品牌。来自淮北市一县三区的多支健身徒步队伍徒步近 6 公里至圆梦岛,共赏一路美景,走出健康和快乐。

(七)公园建设

北京市

《北京市大运河国家文化公园建设保护规划》正式发布　2021 年 10 月

9 日，在 2021 北京（国际）运河文化节开幕式上，《北京市大运河国家文化公园建设保护规划》（本部分简称《规划》）正式发布。依据《规划》，北京市将全面打造管控保护、主题展示、文旅融合、传统利用 4 个功能分区，扎实推进保护传承、研究发掘、环境配套、文旅融合、数字再现 5 项重点工程，集成推出一批标志性项目，以线串珠，以珠带面，延续壮美运河千年神韵，打造具有首都标准、北京特色、时代气象的北京市大运河国家文化公园，使大运河成为文化之河、生态之河、发展之河、民生之河、融合之河。

天津市

天津市召开长城、大运河国家文化公园建设领导小组会议 2021 年 4 月 1 日，天津市委、市政府召开大运河文化保护传承利用暨长城、大运河国家文化公园建设领导小组会议。会议听取天津市大运河文化保护传承利用工作进展和下一步工作安排，听取大运河主题文艺作品创作、文化内涵挖掘和宣传、文化遗产保护，大运河适宜河段旅游通水通航，大运河绿色生态廊道建设等情况汇报，研究讨论杨柳青大运河国家文化公园规划设计方案和长城国家文化公园（天津段）建设工作。

天津市举行打造杨柳青大运河国家文化公园新闻发布会 2021 年 4 月 15 日，天津市政府新闻办举行打造杨柳青大运河国家文化公园新闻发布会，介绍杨柳青大运河国家文化公园建设以及大运河文化保护传承利用的相关情况。

天津市西青区召开杨柳青大运河国家文化公园建设领导小组会议 2021 年 8 月 24 日，天津市西青区召开杨柳青大运河国家文化公园建设领导小组会议，进一步完善方案核心内容，推动项目尽快落地。会议听取了杨柳青大运河国家文化公园建设整体进展、历史名镇（国潮小镇）前期准备、天津市大运河文化博物馆选址筹建、杨柳青大运河国家文化公园招商等工作情况的汇报，并就各个方案细节进行了交流发言。

山东省

大运河国家文化公园文旅融合建设集中宣传活动在聊城市举办　2021年7月29日，由山东省文化和旅游厅、山东省发展改革委、聊城市政府主办的"千年运河·齐鲁华章"大运河国家文化公园文旅融合集中宣传活动在聊城市举办。活动现场集中展示了大运河沿线其他各省（市）和山东省运河沿线五市国家文化公园建设成果，通过大运河文创活动现场演示、"运河绘事"作品展览等，反映大运河文化保护、传承、利用等方面取得的新成就。

枣庄市扎实推进大运河文化公园建设各项工作　2021年8月6日，大运河国家文化公园（枣庄段）建设指挥部全体成员会议召开。枣庄市政协副主席黄涛在讲话中指出，要统筹保护，规划先行，系统谋划好大运河文化带建设工作；要建立健全组织架构，把各类专家、人才请进来，组成一支专业队伍对大运河文化带建设工作进行管理；要聚焦重点项目、重点工程，明确责任单位、责任人，加强督导考核，以责任落实倒逼工作落实。

《济宁大运河文化公园带总体规划》完成中期论证　2021年9月10日，济宁市文化和旅游局召开《济宁大运河文化公园带总体规划》中期论证会。在论证会上，济宁市直部门有关负责人根据各自的部门职能和工作实践对济宁市大运河文化公园带建设提出了意见建议，评审专家依据丰富的大运河文旅发展理论研究和实践经验，在总体规划的体系、主题和项目策划等方面提出了独到见解，为论证稿完善提升和济宁市大运河文化公园带高水平规划建设提供了理论遵循和发展方向。

2021年台儿庄区大运河国家文化公园建设推进大会召开　2021年11月7日，2021年台儿庄区文旅产业升级发展暨大运河国家文化公园建设推进大会在台儿庄古城召开。大会以"相聚中华古水城 共商文旅新发展"为主题，由枣庄市委宣传部、市文化和旅游局，台儿庄区委、区政府主办，台儿庄区委宣传部、区文化和旅游局和台儿庄古城旅游集团有限公司共同承办。与会领导嘉宾、专家学者、行业协会和项目合作企业代表等90余人出席会议。会上，《台儿庄区文旅产业升级三年行动计划（2022—2024年）》正式对外发布，计划利用三年时间推进总投资约 372 亿元的 5 类 18 个重点项目。

《济宁大运河文化公园带总体规划》顺利通过专家评审　2021 年 12 月 3 日，济宁市文化和旅游局组织召开《济宁大运河文化公园带总体规划》专家评审会。此次会议邀请了江苏省大运河文化带建设研究院、华东理工大学、山东财经大学、德州学院、济南大学等高校、科研机构的专家、学者以及市直部门单位相关负责人共计 30 余人参加。评审会上，北京华汉文旅规划设计研究院对《济宁大运河文化公园带总体规划》做了详细汇报。济宁市直部门相关负责人根据各自的部门职能提出了意见建议。5 位专家对编制规划给予了充分肯定，一致同意《济宁大运河文化公园带总体规划》通过评审。

江苏省

江苏省委常委、宣传部部长张爱军调研宿迁大运河国家文化公园建设　2021 年 9 月 28 日，江苏省委常委、宣传部部长张爱军带领江苏省发展改革委、水利厅、文旅厅等省直相关部门负责人赴宿迁调研、推进大运河国家文化公园重大项目建设。张爱军指出，宿迁是大运河沿线重要节点城市，文化遗产资源丰富，历史文化底蕴深厚，要深入贯彻落实习近平总书记关于大运河文化带建设的重要指示精神，按照江苏省委、省政府部署要求，认真研究思考宿迁在全省大运河文化带建设中的地位和作用，持续加强大运河文化遗产保护工作，努力在江苏省大运河文化带建设中做出更大贡献。

徐州市委常委、宣传部部长李淑侠赴新沂调研窑湾核心展示园项目建设情况　2021 年 11 月 9 日，徐州市委常委、宣传部部长李淑侠赴新沂市窑湾镇调研大运河国家文化公园重大项目建设情况。李淑侠先后到吴家大院、赵信隆酱园店、民俗史话馆等处考察，对以窑湾核心展示园为重点的大运河国家文化公园重大项目概况、规划思路和建设内容进行了详细了解。她指出，新沂市要深入挖掘和丰富大运河文化内涵，多角度展现大运河文化风貌，不断夯实窑湾核心展示园基础和旅游设施建设，打造文旅融合的示范区，让窑湾成为闪耀在大运河文化带上的一颗璀璨明珠。

浙江省

浙江省大运河国家文化公园建设工作专家咨询委员第一次会议在杭州召开 2021 年 5 月 18 日，2021 年度浙江省大运河文化保护传承利用暨国家文化公园建设工作专家咨询委员会第一次会议在杭州召开。会议举行了浙江省大运河文化保护传承利用暨国家文化公园建设工作专家咨询委员会秘书处揭牌仪式以及专家咨询委员会副主任增聘仪式。会议还审议通过了《浙江省大运河文化保护传承利用暨国家文化公园建设工作专家咨询委员会工作规则》与《浙江省大运河文化保护传承利用暨国家文化公园建设工作专家咨询委员会秘书处工作要点》两份文件。

大运河国家文化公园建设现场会暨第三次省部际联席会议在杭州召开 2021 年 5 月 28 日，大运河国家文化公园建设现场会暨第三次文化保护传承利用工作省部际联席会议在杭州召开。国家发展改革委、中央宣传部、文化和旅游部、国家文物局、自然资源部、生态环境部等有关部委相关司局及大运河沿线省（市）有关部门负责人以及业界专家学者和企业代表参加会议。会上，中央宣传部、文化和旅游部、国家文物局、水利部、生态环境部介绍了有关工作进展和具体内容。各省（市）及杭州市运河集团、世界运河历史文化城市合作组织（WCCO）代表发言，各省（市）介绍本地区建设情况，杭州、扬州分别介绍大运河重点谋划建设、论坛举办等典型案例，同时研究审议了《大运河文化保护传承利用"十四五"实施方案》，并布置了下一阶段工作。

《杭州大运河文化保护传承利用暨国家文化公园建设方案（征求意见稿）》正式发布 2021 年 6 月 3 日，杭州市发展和改革委员会发出了《关于〈杭州市大运河文化保护传承利用暨国家文化公园建设方案（征求意见稿）〉公开征求社会意见的通知》。该方案涵盖了大运河国家文化公园杭州段的建设范围、空间布局、任务目标、重大工程和项目等方方面面，涉及文化遗产保护、文旅融合、数字化建设、生态建设、水利航运等具体内容。

文化和旅游部人事司司长汪志刚一行赴拱墅区调研大运河国家文化公园建设　2021年10月19日，文化和旅游部人事司司长汪志刚一行赴拱墅区调研大运河国家文化公园建设情况。调研组详细了解拱墅区深入挖掘"千年运河 繁华武林"的文化底蕴，统筹做好保护传承利用文章，全方位释放行政区划优化调整最大动能，高标准推进大运河文化带、大运河国家文化公园建设，积极建设人民满意的公共文化服务体系等做法，对拱墅区在大运河文化保护传承利用方面取得的成效给予充分肯定，并就推进大运河文化带、大运河国家文化公园建设，进一步讲好运河故事提出意见和建议。

杭州市临平区召开大运河国家文化公园建设动员大会　2021年10月30日，杭州市临平区召开大运河国家文化公园建设动员大会，全面启动该区范围内的大运河国家文化公园建设。大运河国家文化公园（临平段）建设主要针对杭州塘的29公里范围，总整治面积约257万平方米，涉及塘栖、运河、东湖、崇贤4个镇街。根据中央、省、市相关规划，临平区已初步完成了《临平区大运河文化保护传承利用暨国家文化公园建设方案》《大运河国家文化公园（临平段）建设三年行动计划（2021—2023）》的编制，并开展大运河国家文化公园（塘栖古镇）核心区城市设计及概念设计方案国际征集。为更好推进大运河国家文化公园（临平段）建设，临平区成立了大运河国家文化公园暨大运河科创城建设指挥部，以及临平大运河国家文化公园建设管理委员会、大运河科创城建设管理委员会。

《杭州大运河国家文化公园规划（草案）》公示　2021年11月30日，杭州市规划和自然资源局开始对《杭州大运河国家文化公园规划（草案）》进行公示。据悉，预计至2023年底，杭州大运河国家文化公园的示范段落将亮相，示范重点板块基本建设完成，各城区至少1处核心展示园启动建设，相关重大工程、重点项目得以落实。文旅主题游线路建设初见成效，景观提升效果显著，文化活动丰富多样，生态空间布局初显。

河南省

2021 年度河南省国家文化公园项目建设推进会在荥阳市召开 2021 年 3 月 19 日，河南省文化和旅游厅在荥阳市组织召开了 2021 年度河南省国家文化公园项目建设推进会暨"十四五"文化和旅游发展规划座谈会。大会发布了 2020 年度河南省国家文化公园项目建设报告，并对河南省"十四五"文化和旅游发展规划重点工作任务、2021 年豫沪文化旅游合作等事宜进行了安排部署。会议强调，河南将以黄河文化为引领，深入实施中华文明探源工程，统筹推进长城、大运河、长征、黄河等国家文化公园文化地标工程建设，着力推动公共服务体系建设、文化遗产保护、"老家河南"品牌宣传、智慧旅游升级、完善现代旅游产业体系等重点工作，希望河南省文化旅游部门凝心聚力、奋勇争先，为河南省文化和旅游"十四五"高质量发展谋好篇、起好步。

《河南省大运河国家文化公园建设保护规划》审议通过 2021 年 6 月 10 日，河南省委常委、常务副省长周霁主持召开河南省大运河文化保护传承利用暨大运河国家文化公园建设领导小组会议，审议《河南省大运河国家文化公园建设保护规划》和 4 个专项规划，研究部署下一步重点工作。周霁强调，要坚持"规划优先、保护第一，合理开发、永续传承"的原则，加强与国家规划有机衔接，突出通水通航、突出重大标志性项目建设，注重文化遗产保护、注重生态环境优化、注重文旅融合发展，打造大运河璀璨文化带、绿色生态带、缤纷旅游带。要以最高标准、最严要求保护传承利用大运河文化遗产，让大运河文化代代相传。

国家发展改革委调研洛阳市大运河国家文化公园等重大项目 2021 年 9 月 14~15 日，国家发展改革委评估督导司综合处处长李东和河南省发展改革委二级巡视员孙丽珠一行 8 人到洛阳市调研重大政策和重大工程项目有效实施"抓落实"情况和大运河国家文化公园重大项目规划建设情况。14 日下午，调研组召开两场专题座谈会，听取洛阳市发展改革委工作情况汇报，与老城区政府、瀍河回族区政府、文保集团、商务局、工信局、文物局等

21 家部门、单位分管领导及发展改革委业务科室负责人认真交流，详细了解洛阳市重大政策和重大工程项目有效实施"抓落实"情况及大运河国家文化公园重大项目规划建设情况，并征求意见。15 日上午，调研组一行先后来到洛邑古城、隋唐大运河博物馆、隋唐大运河国家文化公园、仓窖遗址保护展示中心、瀍河铜驼暮雨历史文化街等项目现场，详细了解项目建设情况。调研组对洛阳市重大政策和重大工程项目有效实施"抓落实"情况及大运河国家文化公园重大项目规划建设工作的做法和取得的成绩给予充分肯定，并对下一步工作提出了指导意见。

安徽省

国家文化公园——柳孜运河遗址区建设项目正式开工　2021 年 6 月初，总投资 5.7 亿元的国家文化公园——柳孜运河遗址区建设项目正式进入实施阶段，这标志着安徽省大运河国家文化公园标志性项目在淮北市正式开工建设。根据项目建设计划，先期开工的柳孜运河遗址环境综合整治工程正在有序推进，主要建设内容包括 6400 平方米运河生态修复、景区道路建设，以及配套安防监控系统、标识标牌系统等，预计于 2022 年上半年完工。柳孜运河遗址永久性保护大棚、柳孜运河遗址基础设施、游客管理服务中心、考古研究中心等项目也将在"十四五"期间相继开工建设。

《宿州市大运河国家文化公园（先行段）规划（草案）》公示　2021 年 7 月 22 日，宿州市自然资源和规划局公示《宿州市大运河国家文化公园（先行段）规划（草案）》。这标志着大运河国家文化公园工程项目即将开工建设。宿州市大运河国家文化公园（先行段）项目由大运河博物馆、古运飞虹、运河故道、运河书院、非遗合集、活力水岸、文创产业园、古运童趣"八景"组成。该规划通过景观营造，以地形塑造、文化展示墙、情景雕塑及场景再现等形式呈现运河故道及宿州运河历史风情，并依托三八河水绿资源，优化现状驳岸，营造开敞水绿空间。

五　生态环保

（一）规章制度

天津市

天津市印发《天津大运河生态环境保护修复专项规划》　2021年11月中旬，天津市印发《天津大运河生态环境保护修复专项规划》（本部分简称《规划》），涉及大运河天津段的核心区和辐射区。《规划》明确强化生态空间保护与用途管制，充分发挥国土空间规划的约束作用，构建区域联动整体生态空间格局，优化调整大运河沿线自然保护地，建立健全自然保护地管理机制，加强大运河及沿岸自然保护区监督和管理，实施差异化国土空间用途管制，严格生态空间准入管理，进一步健全生态空间用途转用规则。《规划》提出因地制宜实施大运河沿岸国土绿化，开展城乡运河沿岸防护林带建设，拓展绿色生态空间，整体实施乡村保护修复，推进建设用地整治，优化滨河景观廊道，加强湿地生态系统修复治理，构建生物多样性保护网络体系，推进种质资源保护与生物安全管理。

河北省

京津冀联合开展京杭大运河公益保护　2021年4月中旬，河北省廊坊市、北京市通州区、天津市武清区三地检察机关齐聚廊坊市检察院，商讨联合开展京杭大运河（通州廊坊武清段）综合治理暨公益保护专项监督活动，并会签《关于开展京杭大运河（通州廊坊武清段）综合治理暨公益保护专项监督活动的实施意见》（本部分简称《实施意见》）。根据《实施意见》，专项监督活动将按照摸排线索、依法立案、督促整改、刚性落实4个阶段实施。三地检察机关将建立区域案件线索移送、资源共享、联席会议、协同巡查、交叉办案等协作机制，以办理公益诉讼案件为抓手，形成生态环境司法保护合力，共同筑牢京杭大运河生态环境保护司法屏障，积极构建"通武廊"生态检察共同体。

沧州市建立大运河生态环境资源保护司法协作机制　2021年9月10日，沧州市中级人民法院召开新闻发布会。会上宣布，为加大对大运河（沧州段）生态环境资源的司法保护力度，由沧州市中级人民法院组织，运河区、新华区、吴桥县、东光县、泊头市、南皮县、沧县、青县8个县（市、区）的基层人民法院签署《大运河（沧州段）生态环境资源保护司法协作备忘录》，共同构建大运河（沧州段）生态环境资源保护司法协作机制。

江苏省

《江苏省水污染防治条例》颁布实施　2021年6月7日，《江苏省水污染防治条例》（本部分简称《条例》）颁布实施新闻发布会在南京举行。会上介绍了《条例》出台的背景、特点和主要内容以及贯彻落实《条例》的措施、进展，并回答记者提问。《条例》共9章91条，围绕水污染防治体系和能力建设，进一步强调监管需要，加大了法律责任，在标准与规划、监管制度和措施、特殊水体保护以及区域环境协作等方面做了明确规定。《条例》第二条明确规定，本省行政区域内的江河、湖泊、运河、渠道、水库等地表水体和地下水体的污染防治，均适用本条例。根据流域治理特点，《条例》专门设置区域水污染防治协作专章，针对长江、太湖、淮河、京杭运河、洪泽湖、微山湖等跨省水体实施联防联控，并将跨省断面纳入水环境监测网络，努力实现流域共治、共保、共赢目标。

宿迁市扎实推进公益诉讼"1+3"生态保护协作机制　2021年11月24日，宿迁市检察院党组成员、副检察长吴杰，宿迁市生态环境局副局长路黄中，宿迁市宿豫区检察院党组书记、检察长张耀阳，宿迁市交通局水上执法大队党总支书记、大队长钮春来等一行对大运河皂河段开展联合巡查。据悉，京杭大运河宿迁段全长 112 公里，是苏北航运的重要水道和南水北调的主要通道。近年来，宿迁市宿豫区检察院着力推进大运河宿豫段生态文明建设，打造京杭大运河"1+N"检察保护机制。此次联合巡查通过实地查看、现场走访、交流汇报等方式对大运河宿迁段生态环境保护情况、存在的问题、废旧船只处理情况等进行全面了解。特别针对现存 19 艘废旧船只的处置问题展开磋商，相关部门提出整改方案和下一步工作打算。

安徽省

《大运河宿州段生态环境保护修复实施方案（征求意见稿）》发布
2021 年 10 月 9 日，由宿州市生态环境局牵头起草的《大运河宿州段生态环境保护修复实施方案（征求意见稿）》（本部分简称《方案》）正式对外发布，并公开征求公众意见。《方案》由项目概况、大运河宿州段流域生态环境状况、大运河宿州段生态环境现状问题及成因分析、大运河生态环境保护修复方案、大运河宿州段长效保护机制方案、投资估算与资金筹措、工程效益及目标可达性分析、保障措施 8 个部分组成，是宿州市实施大运河生态环境保护修复的重要指导性文件。

（二）会议调研

河北省

黄河、大运河、南水北调工程流域环境资源审判工作推进会在沧州市召开
2021 年 9 月 16 日，最高人民法院在沧州市召开黄河、大运河、南水北调工程流域环境资源审判工作推进会。最高人民法院党组成员、副院长杨临萍出席会议并讲话。杨临萍指出，要深入践行习近平生态文明思想、习近平法治思想，牢记"国之大者"，以伟大建党精神引领生态文明司法实践，服务黄河流域生态保护和高质量发展，推动大运河、南水北调工程流域生态环境保护，为建设美丽中国提供坚实司法保障。

沧州市委书记康彦民听取大运河生态廊道优化方案　2021年11月15日，沧州市委书记康彦民主持召开沧州市委专题会议，听取沧州市中心城区大运河生态廊道项目设计优化方案及南川楼文化街区整体规划、运营方案汇报，就相关工作进行研究部署。会议指出，中心城区大运河生态廊道和南川楼文化街区项目，是推进大运河文化带建设的重要内容，是打造沧州运河名片、提升城市品质和形象的重要载体。各级各部门要深入贯彻习近平总书记重要指示精神和党中央决策部署，紧密衔接国家大运河文化公园建设相关规划，坚持以人为本，精心规划设计，高质高效推进，切实保护好、传承好、利用好大运河宝贵遗产。

廊坊市召开北三县城乡环境综合整治提升工作会议　2021年11月23日，廊坊市召开北三县城乡环境综合整治提升暨北运河旅游通航工作观摩推进会议。廊坊市委书记杨晓和指出，各级各部门要充分认识开展城乡环境综合整治工作的重要意义，聚焦"拆、清、建、管"，补齐民生短板，提升城乡颜值，不断健全完善城乡治理体系，提升城市综合承载能力，为全市经济社会高质量发展提供坚强保障。

江苏省

淮安市政府专题研究推进大运河、里运河"两河四岸"规划建设提升工作　2021年3月6日，在前期实地调研、专题听取汇报基础上，淮安市政府召开专题会议，系统研究"美丽中轴"淮安行动等规划方案，深入推进大运河、里运河"两河四岸"规划建设提升工作。淮安市市长陈之常强调，要认真落实大运河文化带和国家文化公园建设部署要求，以建设江苏"美丽中轴"为引领，系统推进文化保护传承、生态环境修复、岸线景观塑造、绿色航运建设，协同推进一二三产发展，统筹推进城市品质提升和乡村振兴，为淮安发展注入新动能，实现以一轴带动区域发展，充分展现运河之都的时代魅力。

淮安市市长陈之常调研大运河"百里画廊"洪泽湖南部区域规划建设情况　2021 年 5 月 5 日，淮安市市长陈之常赴盱眙县调研大运河"百里画廊"洪泽湖南部区域规划建设情况。大运河"百里画廊"东起淮安船闸，经里运河、京杭大运河至五河口，沿二河、洪泽湖大堤、洪泽湖南岸、老子山镇至龟山村，全长约 125 公里，规划以沿线生态资源保护及生态修复为目标，构建连续贯通的蓝绿生态网络体系，依托城河湖共生关系，塑造特色水域景观空间。

淮安市召开"百里画廊"蒋坝段水生态修复及水文化展示工程（一期）项目设计方案审查会　2021 年 9 月 2 日，江苏省洪泽湖水利工程管理处、淮安市水利局、洪泽区文化广电和旅游局等部门联合召开"百里画廊"蒋坝段水生态修复及水文化展示工程（一期）项目设计方案审查会。会上，南京林业大学工程规划设计院汇报了项目整体思路、空间布局、风格打造、功能定位等方面内容，由省、市、区相关专家组成的审查专家组逐一对项目方案进行点评，提出了意见建议。据悉，"百里画廊"蒋坝段水生态修复及水文化展示工程（一期）项目岸线长度约 1.2 公里，主要内容包括生态修复、堤顶防汛道路拓宽、修建堤后巡查便道、水文化展示、环境改造等。

镇江市副市长胡宗元调研古运河水环境改善工作　2021 年 9 月 9 日，胡宗元赴丹徒闸调研古运河水环境改善工作。在实地查看并听取情况汇报后，胡宗元对水利部门水生态调度和河道长效管理所做工作表示充分的肯定，他强调，要继续保持生态补水力度，加强河岸景观维护，及时打捞河道水面漂浮物，确保古运河水环境质量不断提升。

扬州市召开生态环保督察问题整改工作推进会　2021 年 9 月 18 日，扬州市政府召开全市生态环保督察问题整改工作推进会暨第二轮中央生态环保督察迎检部署会。会议以视频会的形式召开，各功能区、市各有关部门分管负责人在线上出席会议。会上，扬州市生态环境局通报了中央和省级环保督察交办问题整改情况和其他生态环保重点工作。江都区、邗江区、市民政局、广陵区、市经济技术开发区有关部门围绕环保督察反馈问题整改工作，先后做了表态发言。

无锡市代市长赵建军专题调研梁溪河整治提升工作 2021 年 11 月 7 日，无锡市代市长赵建军专题调研梁溪河整治提升工作并开展巡河。他强调，要深入学习贯彻习近平生态文明思想，认真落实无锡市第十四次党代会精神，按照无锡市"两河"整治提升工程建设指挥部第一次会议部署要求，围绕加快实现"水清、岸美、城兴"目标，坚持规划引领、系统治理、民生优先，高标准、高水平、高品位推进美丽河湖"一号工程"，确保梁溪河整治提升工作落地见效、造福于民。

苏州市副市长吴晓东赴吴江区开展巡河调研 2021 年 11 月 17 日，苏州市副市长、江南运河市级河长吴晓东带队赴吴江区，对区内河道环境及水质、运河文化带建设等情况进行现场调研。吴晓东一行对吴江区河湖治理工作取得的成效给予充分肯定，并要求深入落实"十六字"治水思路，在坚持保护优先、生态引领的前提下，加大力度推进大运河文化带建设；同时，密切跟踪专项整治问题整改落实情况，建立健全长效管护机制，推进河湖长制工作常态化、长效化，进一步改善水生态环境。

朱铁军等人赴扬州调研运河区域生态环境修复情况 2021 年 12 月 3~4 日，江苏省第一生态环境保护督察组组长朱铁军、副组长尹荣尧一行先后赴运河三湾生态文化公园、扬州中国大运河博物馆、江都水利枢纽、南水北调东线源头绿廊、长江十二圩段岸线等处，调研了大运河沿线环境整治和文化保护传承利用、南水北调源头水源保护、长江保护与修复情况，督察突出生态环境问题整改情况。朱铁军强调，要把大运河文化遗产保护同生态环境保护提升、沿线名城名镇保护修复、文化旅游融合发展统一起来，为大运河沿线区域经济社会发展、人民生活改善创造有利条件。

江苏省河长办专项督查宿城区河湖长制工作 2021 年 12 月 7 日，江苏省河长办常务副主任、省水利厅副厅长张劲松率队到宿迁市宿城区开展河湖长制工作专项督查。在听取汇报、核查台账后，督查组先后到月堤湖生态公园、印象黄河景区、古黄河雄壮河湾公园、马陵河和运河湾公园等地，实地了解宿迁市宿城区实行河湖长制取得的成绩。

苏南运河市级河长杭勇开展苏南运河巡河督察活动 2021 年 12 月 22 日，常州市委常委、宣传部部长、市委秘书长、苏南运河市级河长杭勇带领有关部门负责人，开展苏南运河巡河督察活动。杭勇强调，各地各部门要坚持以河长制为统领，完善河道管理和保护机制，全力做好各项重点工作，加快建设幸福河湖，为推动常州高质量发展走在前列筑牢生态基底、增添绿色动能。

河南省

王韶华调研大运河商丘段生态环境司法保护情况 2021 年 6 月 8~9 日，河南省高级人民法院党组成员、副院长王韶华带领省高级人民法院环资庭一行到商丘市睢阳区、夏邑县、永城市等地实地调研并召开座谈会，全面了解大运河商丘段暨淮河流域生态环境司法保护情况。

（三）专项治理

北京市

水利部开展"关爱山川河流·保护大运河"全线联动志愿服务活动 2021 年 12 月 10 日，水利部在大运河沿线 28 个城市同时开展"关爱山川河流·保护大运河"全线联动志愿服务活动。水利部副部长田学斌出席北京会场活动并讲话，青年志愿者代表宣读了"关爱山川河流·保护大运河"倡议书。启动仪式后，青年志愿者开展了劝阻河道钓鱼、捡拾白色垃圾、宣传河长制等志愿服务活动。当天，各地水利志愿者围绕"关爱山川河流·保护大运河"主题，结合自身实际，突出地方特色，开展了形式多样、内容丰富的志愿服务活动。

河北省

沧州市全面推进大运河治理修复提升工程 2021 年 3 月 25 日，沧州市召开 2021 阳光政务新闻发布会，大运河治理修复提升工程被列为沧州市 2021 年 10 项民生实事项目之一。该工程主要分为南运河沧州市区段综合治理工程和大运河中心城区堤顶路贯通整治项目。其中南运河沧州市区段综合治理工程建设范围为上游石黄高速—王希鲁闸段、下游新华路—京沪高速段河道，治理长度约 23.46 公里，主要建设内容包括主槽清淤、疏浚，新建、改建原有两岸护坡；大运河中心城区堤顶路贯通整治项目全长 39.4 公里，项目配套建设道路、交安设备、绿化、管线、照明等设施。

泊头市全面开展大运河沿线清拆行动　2021 年 6 月，沧州市泊头市围绕"改善大运河生态环境　推进沿线农村人居环境整治"主题，开展大运河沿线清拆行动，促进实现大运河环境优美，沿线村庄整洁有序、规范卫生的目标。此次大运河沿线清拆行动，主要聚焦清理河道垃圾，清理沿线村庄村道，清理沟塘，拆除大运河沿线残垣断壁、乱搭乱建、临街旱厕等，以及规范垃圾堆放点等重点任务。

沧州市大运河中心城区段（渤海路—海河路）实施生态修复与通航建设　2021 年 11 月 12 日，沧州市中心城区大运河文化战略生态修复与通航（渤海路—海河路）建设项目获批复。项目总投资 8.6 亿元，主要对中心城区运河两岸进行文化战略生态修复与通航建设，包括沿线生态修复及配套工程、慢行系统及配套服务设施优化提升、车行桥改造、亮彩工程、运河生态监测及产业导入等。该项目计划 2022 年 8 月前完成主要建设内容，2023 年 1 月全部建设完成。

山东省

德州市启动南运河等水系连通生态保护工程　2021 年 8 月 17 日，德州市启动中心城区水系连通项目。该项目总投资 51 亿元，将南运河、岔河、减河、马颊河 4 条南北走向骨干河道，从南、北、中 3 个方位依次东西贯通，新挖、扩挖骨干河道 98 公里、支流渠系 150 公里，新建闸坝等控制建筑物 68 座、坑塘湿地 300 公顷，构建城区"四纵三横"水系循环网络。工程竣工后，将实现水资源循环高效利用，提高德州城区防洪排涝能力，提升城市品位。

京杭运河台儿庄段开展渔业资源保护综合执法检查　2021 年 8 月 19 日，枣庄市台儿庄区农业农村局联合水上派出所、区人民法院等多个部门开展京杭运河台儿庄段渔业资源保护综合执法检查，重点打击无证捕捞以及使用"电、炸、毒、拖、锚"等方式的非法捕捞行为。此次执法检查共查扣违规电鱼船只 3 艘，电池电机 4 组，清理违规网具 5 副，违规地笼 200 余米，有效维护了运河生态资源和渔业生态稳定。

江苏省

江苏省启动南水北调沿线及苏北湖库专项监测工作　2021 年 4 月 15 日，江苏省环境监测中心组织各参与单位在南京召开工作推进会。与会人员从技术层面就监测项目、监测方法和研究内容等进行了讨论，通过倒排工期的方式，明确了各项工作时间节点，并就拟提交成果做进一步讨论。自 2021 年 5 月起，江苏省环境监测中心联合南水北调沿线各驻市环境监测中心从水质、藻类水华、围网养殖、沉积物、磷形态等多个方面对南水北调沿线及苏北主要湖库开展为期 1 年的跟踪性监测，并结合水文、气象、闸控、航运等数据，深入分析沿线水质变化特征，为水质源头治理、保障南水北调供水安全、缓解苏北湖库水质改善压力，以及生态环境保护主管部门精准施策提供技术支撑。

大运河无锡段、梁溪河"两河"整治提升工程全面启动　2021 年 10 月 11 日，无锡市召开市美丽河湖"两河"整治提升工程建设指挥部第一次会议，全面启动大运河无锡段、梁溪河"两河"整治提升工程。无锡市委书记、工程建设指挥部总指挥杜小刚强调，要坚决贯彻习近平总书记关于大运河文化保护传承利用的重要讲话指示精神，全面落实党中央和省委、省政府部署要求，从战略和全局高度把握"两河"整治提升工程重大部署，切实增强推进"两河"整治提升"一号工程"的责任感、紧迫感、使命感，打造黄金水带、生活秀带、城市绿带、人文纽带，早日实现水清岸绿、文昌人和、产旺城兴。

浙江省

宁波市开展运河船舶垃圾分类回收体验活动 2021年6月5日，由宁波市分类办联合宁波市交通运输局、宁波海事局组织的"做好垃圾分类，保护运河母亲"船舶生活垃圾接收活动在宁波市甬江中马待泊区开展。在活动现场宁波市民实地体验了船舶生活垃圾分类、码头接收、转运的全过程。宁波港强实业有限公司（下称"港强公司"）负责人宣读了船舶生活垃圾分类倡议书，环保志愿者向宁波市民发放倡议书、环保宣传册。截至2021年5月底，港强公司已在杭甬运河宁波段累计服务船舶9082艘，接收船舶生活垃圾18.037立方米、船舶生活污水382.736立方米、船舶油污水133.647立方米。

杭州市四城区首次联手共治大运河流域 2021年9月24日，杭州市上城区、拱墅区、余杭区、临平区治水办共同签署了《京杭运河流域共治协议书》，翻开了京杭运河杭州段流域治理机制联动、资源共享的新篇章。换句话说，大运河杭州段的上下游、左右岸，将合力破解共治难题。根据协议，4个城区将深化流域共治机制，构建联合共同体，进一步深化区域环境联合治理联席会议制度，互相交流经验，通报信息，共同研究解决上下游的环境问题，集中资源推进治水工作，助力水环境的改善。

河南省

郑州大运河通济渠（郑州段）遗址生态公园开建 2021年5月11日，郑州市举行2021年第二季度重点项目集中开工仪式，115个亿元以上重点项目同时开工。郑东新区、二七区、管城区、惠济区、航空港区、荥阳市、中牟县等地分别举行集中开工仪式，项目涵盖民生社会事业、群众安置、生态保护、产业发展、基础设施、新型城镇化等领域。开工项目中，10亿元以上的项目有2个，其中就有总投资75亿元的大运河通济渠（郑州段）遗址生态公园项目。与此同时，郑州将重点推进郑韩故城、郑州商都、大河村国家考古遗址公园建设，积极支持新密魏长城纳入长城国家文化公园建设。

安徽省

安徽省深化新一轮林长制改革暨长江、淮河、江淮运河、新安江生态廊道建设全面启动仪式在合肥市举行 2021 年 3 月 25 日，安徽省深化新一轮林长制改革暨长江、淮河、江淮运河、新安江生态廊道建设全面启动仪式在合肥市举行。安徽省委书记李锦斌出席并宣布仪式启动。安徽省委副书记、省长王清宪讲话。安徽省委常委，省人大常委会、省政府、省政协、省军区等单位负责同志出席启动仪式。李锦斌指出，大力推进长江、淮河、江淮运河、新安江 4 条生态廊道建设，是深入贯彻习近平总书记视察安徽重要讲话指示精神、认真落实党中央关于大规模开展国土绿化重大部署的具体行动。要坚持因地制宜、分类施策，长江生态廊道重点抓保护修复，淮河生态廊道重点抓系统治理，江淮运河生态廊道重点抓扩量增绿，新安江生态廊道重点抓调优增秀，让绿色成为安徽最美的底色。

六　学术研究

（一）2021 年度运河著作

部分著作简介

北京林业大学圆林学院等编著《长河溯源借古寻今：北京大运河文化带空间管控与风貌引导规划研究》，中国建筑工业出版社。

该书聚焦北京大运河文化带，力图积极利用景观生态网络构建、城市历史景观认知、绿道规划建设等领域的前沿理论和科学分析方法，与现实情况紧密结合，从整体和局部两个层次，创造性地提出既有前瞻性，又具备可行性的系统性城市绿色空间提升、文化景观格局重塑方案。

曹玉华、毛广雄：《大运河文化带节点城市文化创意产业空间演化研究》，东南大学出版社。

该书以大运河文化带节点城市之一的苏州为研究对象，从一般到具体、从理论到实践、从外围到内核，对城市文化创意产业发展及空间问题进行系统全面的分析。通过梳理和总结国内外文化创意产业发展的相关理论，并在继承的基础上力图补充和创新文化创意产业空间演化方面的研究，对城市尺度的文化创意产业发展机理和空间演化规律进行解释，探究出一条共性与个性相结合、具有较强可行性的研究思路。选取苏州市作为案例研究对象，通过建立数理模型，评价和分析苏州市文化创意产业的发展现状和空间分布特征，并基于细分行业类型，运用空间计量经济学的相关分析方法对苏州市文化创意产业空间演化过程进行具体分析，提出文化创意产业集聚发展的思路与对策，拟为大运河文化带建设提供理论支撑和决策参考。

柴洋波：《运河双城记：镇江与扬州的城市形态变迁》，东南大学出版社。

该书以镇江和扬州为例，通过对从古代到近代镇江和扬州城市形态演变过程的分析，厘清运河与城市形态之间互相影响的机制，掌握运河遗产在城市中的分布以及历史延续的规律，进而认清运河沿线城市的核心价值和发展方向。该书对于提升运河沿线城市的文化价值，并引导运河城市在未来的发展过程中重视城市的文化遗产、延续城市的文化特征具有重要的理论价值。同时，该书对当前运河遗产保护以及建设大运河文化带具有重要的现实意义。许多运河遗产在当前的环境中已经成为遗迹，只有将其还原到相应历史时期的城市中，才能完整体现运河遗产对城市的价值。

范世宏主编《世界运河之都》，苏州大学出版社。

扬州是古运河的发祥地，中国历史上最早的运河就诞生在这片土地上。公元前 486 年，吴王夫差在此筑邗城，开邗沟，沟通江淮，由此开启了中国大运河的历史，大运河扬州段自然就成为中国大运河最古老也是最重要的组成部分，大运河与扬州城更是具有了不可分割的密切联系，同生共长的"大运河原点城市"名副其实。该书即以大运河扬州段为红线组织内容，目的是呈现世界运河之都扬州的文化亮点，展现扬州深厚的文化底蕴。

高永国、赵国华编著《大运河河北段经济发展研究》，北京师范大学出版社。

该书对大运河文化带雄安区域宏观经济总体情况、产业结构、特色产业发展状况、名优产品、美丽乡村建设等情况进行了调查研究，比较全面地梳理了雄安区域经济发展的现状，指出了经济发展存在的突出问题，并分县区提出了进一步加快发展的对策建议。该书有助于了解大运河雄安段县域经济发展状况，可以为雄安文化区制定发展规划提供参考，也可以作为外界了解雄安的参考资料，有助于河北省更好地承接北京非首都功能疏解，并为京津冀协同发展的更高层面提供研究资料。

韩子勇主编《黄河、长城、大运河、长征论纲》，文化艺术出版社。

黄河是中华民族的母亲河，几千年来孕育了伟大的黄河文明；长城是中华文明史上的建筑奇迹，如今已积淀为中华民族的象征；大运河沟通了中国南北，不仅促进了南北商贸往来、文化交流，而且培育了中华民族多元统一、开放包容的文化精神；长征是中国共产党领导的革命事业从顿挫走向辉煌的伟大转折，长征精神在新时期仍然鼓舞和激励着中国人民自强不息、攻坚克难。为响应国家关于黄河、长城、大运河、长征国家文化公园重大文化工程建设的号召，中国艺术研究院院长韩子勇主持编撰了"黄河文化""长城文化""大运河文化""长征精神"四部论纲，深入挖掘黄河、长城、大运河、长征的精神文化内涵，以及保护传承这些精神文化资源在新时期的重大意义和价值，以期为国家文化公园的建设提供参照和借鉴。

胡梦飞：《聊城运河文化遗产概论》，中国海洋大学出版社。

得益于明清时期漕运的兴盛，聊城成为运河沿岸九大商埠之一，经济繁荣、文化昌盛达 400 年之久。京杭大运河不仅在聊城区域内留下了异常丰富的物质文化遗产，也留下了内涵深厚、外延广泛的非物质文化遗产。该书主要由前言、正文、参考文献和后记组成。正文共有 20 章，其中前 10 章是对聊城运河文化遗产的梳理和介绍，后 10 章是相关个案研究。该书是国内第一本全面、系统介绍聊城运河文化遗产的著作，力求通过对聊城运河文化遗产的梳理、介绍和分析，展现大运河文化的内涵和魅力，为政府相关部门的决策提供参考和借鉴。

胡梦飞：《山东运河文化遗产保护、传承与利用研究》，中国社会科学出版社。

该书为"聊城大学运河学研究院研究丛书"中的一种，以山东运河文化遗产为研究对象，在对其内涵、特点和价值进行论述和梳理的同时，剖析遗产保护所面临的困境及问题，并在此基础上归纳、总结运河文化遗产保护和传承的具体路径，探寻其开发、利用的策略和方法，以期提高人们对运河文化遗产的认识，更好地实现对运河文化遗产的合理化、科学化和人性化利用，从而助力提升山东运河城市的形象和品位，增强山东文化旅游资源的吸引力，更好地服务沿运地区经济、社会和文化的发展。

姜师立:《活在大运河》,中国地图出版社。

该书约 30 万字,共 12 章。从大运河与服装、饮食、居住、交通、教育、农业、手工业、商业、文学艺术、民俗、宗教信仰和旅游等诸多领域的关系出发,多视角叙述了大运河文化产生、发展、演变的过程,全方位展示了大运河文化的源远流长、博大精深和丰富多彩。

姜师立:《运河王朝:从东周到明清》,中国地图出版社。

该书根据中国的历史脉络展开叙述,内容涵盖从运河始建的春秋末期直到漕运废止的晚清,融合了历史、水利、地理、军事、农业、交通、文化等综合知识,集中讲述了大运河如何深刻影响中国古代王朝的运行和变迁,在历史的时空中发现和认识大运河的作用和价值。对每一个朝代的讲述,主要围绕与大运河相关的重大事件展开,包括都城的选择、军队的部署、粮食税赋的分布及调配运输、运河的水利建设、运河带来的文化融合等方面,深刻地揭示大运河是历代王朝的命脉。另外,该书结合大量的地理地图和图片,方便读者更加直观生动地阅读,描绘出大运河形成、发展和运行以及古老中华文明绵延发展的完整画面。

姜师立编著《大运河文化的传承与创新》,江苏凤凰科学技术出版社。

该书在简要回顾大运河开凿、运行历史的基础上,从大运河在维护国家统一、促进文化交流方面发挥的作用以及取得的工程技术、社会管理成就等方面,结合大运河活态遗产的要素,反映大运河承载、传播、发扬中华优秀传统文化的重要作用和重大价值,并探索研究大运河在新时代的新使命。该书的编写出版,有助于进一步阐释大运河文化的历史、现状与未来,推动大运河文化带、大运河国家文化公园建设,宣传中国形象、展示中华文明、彰显文化自信。

康金莉编著《大运河河北段历史文化记忆》,北京师范大学出版社。

该书介绍了自东汉以来雄安新区附近区域运河变迁的历史,以及运河沿岸文化兴衰,具体包括:运河开凿与管理变迁,运河河道流经区域的演变;运河漕运地位、兴衰变迁历史,近代以来运河漕运地位的下降,运河文化在近代化中的演变;近代以来雄安区域在反侵略战争、革命战争中的地位与作用；历史古迹、人文地理、民俗文化、民间传说等区域文化的传承与变迁；运河流经地区即雄安新区商业城市的兴起，商业贸易与区域经济，手工业与农业等的发展演变；近代以来文化的兴衰变化，阐述近代以来雄安新区区域经济转型历程。

李宏恩等编著《南水北调东线工程堤防安全诊断与评价——以里运河堤防为例》，河海大学出版社。

该书针对里运河东堤安全诊断与对策方法，从里运河东堤调查与险工险段分析、里运河堤防险工险段典型失效模式分析、里运河东堤工程地质勘查、基于综合物探手段的堤防工程隐患快速诊断方法、里运河东堤工程现状安全综合评估、里运河东堤工程应急处置与管理技术等方面进行了系统论述。该书内容丰富、结构清晰、数据翔实、图文并茂，理论与实践相结合，有详细的理论讲解，也有实操案例，具有比较广泛的受众群体。

李泉主编《运河学研究》第 6 辑（2021 年第 1 期）、第 7 辑（2021 年第 2期），社会科学文献出版社。

该书系聊城大学运河学研究院主办的大运河研究专业学术集刊，目前为半年刊，2021 年的两辑共发表学术论文 42 篇。除原有"理论研究""专题研究""研究综述""新书评介"等专栏外，新增"笔谈"和"数字运河"2 个专题。前者邀请 4 位《中国运河志》分卷主编执笔，畅谈修志经历与相关感悟；后者推出首期 2 篇以"数字运河"为主旨的专题文章，分别探讨数字人文时代"数字运河"基础数据平台建设方案以及"数字运河"建设的可能路径。

刘怀玉：《漕运总督张景华》，中国文史出版社。

该书是一部历史人物传记，记述了明朝名臣张景华（1482～1555 年）的一生。张景华，字时美，号白溪，郯城县人，明正德五年考中举人，正德九年考中进士。初任江西吉水县知县。历官大理寺右寺丞、都察院右佥都御史。后升任都察院右副都御史、总督漕运兼巡抚凤阳等地、都察院左副都御史。该书包括 5 个部分：一是张景华传略，二是张景华的年表，三是张景华的著作，四是与张景华相关的资料辑录，五是张景华家谱的历次修订序言选录。

吕春生主编《乾隆与大运河》，西泠印社出版社。

该书以《清高宗实录》《南巡盛典》等记载乾隆南巡之经典史料为依据，采取"综合叙述、图文并茂、还原历史、对应当今"的手法，穿插诗词、书法、绘画、篆刻等文学艺术形式，沿着乾隆南巡的足迹，展示运河沿线 21 座城市重要的运河世界遗产的当今面貌，为读者提供一个既有丰富文化内涵，又有审美意蕴，图文并茂的中国大运河读本。

石永民编《中国大运河：石永民镜头下的世界遗产》，西泠印社出版社。

该书是一本用镜头记录世界遗产——中国大运河的价值特征及各相关遗产点真实性、完整性和保护状态的纪实影集，给读者带来真切的运河触摸和文化贴切。该书介绍了由京杭、隋唐、浙东 3 条运河构成，并由 10 个始建于不同年代、位于南北不同区域且各自相对独立发展演变的河段连接而成的，全长 3200 公里、开凿至今已有 2500 多年、举世闻名的中国大运河的历史与复兴。

田林：《大运河遗产保护理论与方法》，文化艺术出版社。

该书在研究中外运河遗产保护理论与实践的基础上，结合大量实践范例，从中国大运河遗产认定、价值阐释，到大运河遗产分级保护规划编制、遗产本体保护措施制定、环境景观营造、展示利用方式遴选、管理模式确定及文物影响评估方法等方面进行解析，从整体性视角研究中国大运河遗产系统性保护方法，初步建构了中国大运河遗产保护理论与方法体系，并在科学阐释大运河遗产价值与合理利用方法的基础上，提出了大运河文化带和国家文化公园建设的理论框架与具体方法。

王佳宁主编《中国大运河智库报告（第二卷）：八省市总体评估和大运河国家文化公园建设》，经济管理出版社。

本报告由大运河智库观察员执笔的八个专题评估报告组成，分别涉及京杭大运河沿线的北京通州和朝阳、天津武清和西青、江苏扬州和淮安、浙江嘉兴和绍兴、山东聊城和枣庄、河北沧州和衡水，以及隋唐大运河沿线的安徽淮北、宿州和河南开封，内含大运河国家文化公园建设、新区未来走向、渤海大湾区规划和将运河商务区建成全球财富中心等重要选题和若干策论，对当下大运河沿线运河经济文化建设高度衔接、深度融汇、一体评估等方面提出了方向性对策。

王耀编著《历历如绘：舆图内外的运河故事》，学苑出版社。

该书的最大特色是利用了很多较少被引用的古代运河图来进行历史讲述，也可以说是重视挖掘古地图的史料价值，利用运河图来讲述大运河。相比于文字描述，古地图可以提供更好的空间感。烦琐的文字描述往往让人如坠云雾，不知南北，而拿出一张地图来对照，就会化解这些不必要的困惑。这就是中国古人所说"左图右史""左图右书"的读书传统，也正是这本"图书"的追求——图文并茂地进行专业知识传播。

王玉国编著《镇江大运河遗产调查与研究》，江苏大学出版社。

该书是第一部参照中国大运河遗产的标准、分类，梳理、对照、研究镇江大运河遗产的专著，具体分为镇江大运河水工遗产、镇江大运河附属遗产、镇江大运河遗产的保护与利用等内容，确认镇江大运河遗产按功能划分主要有4个类别共42处。

王玉朋：《清代山东运河河工经费研究》，中国社会科学出版社。

该书以清代山东运河河工经费为研究对象，广泛搜集正史、政书、档案、方志、文集等史料，采用计量分析等研究方法，系统研究了山东运河河工的运作机制及河工经费筹销机制，揭示了清廷在河工经费预算、筹集、审核方面的运作程序，以及围绕河工建设形成的河政管理体制、夫役动员机制等一系列问题，最终对清代山东运河河工运作机制的得与失有更准确的评价与定位。该书对于大运河申遗成功后，各地政府实施的运河旅游开发、遗产保护、运河复航等工程项目，以及各地的水利设施建设，有一定的历史借鉴意义。

王越：《走读大运河》，中国工人出版社。

作为科普知识普及读物，该书旨在介绍北京作为中国的历史古都，在起源和发展过程中与众多河流结下的不解之缘；讲述北京3000年开渠济漕的运河故事，大运河文化带作为古都文脉的历史地位，北京在新时代创造性、高质量统筹推进大运河文化带建设的成就。该书结合地理点的有关人文背景配以图片，供走读大运河和准备领略大运河北京段风采的广大读者赏鉴。

吴欣主编《中国大运河发展报告（2021）》，社会科学文献出版社。

该书系聊城大学运河学研究院主办的高端智库系列年度图书项目之一。目前各级政府部门出台的各类大运河规划、规范、法规，涉及遗产保护、旅游规划、河道管理、交通运输等四大类内容，在制度层面为大运河文化的保护、传承、利用及区域经济社会发展提供了目标和框架。该书立足中国大运河发展实际，从大运河国家文化公园、大运河生态环境和交通、大运河文旅融合、大运河区域一体化等角度分析了中国大运河年度发展现状，深入探讨了未来中国大运河发展趋势，为当下大运河保护利用提供了有价值的理论指导和实践对策。

许结主编《运河颂》，江苏凤凰美术出版社。

该书文注与书法相结合，力图通过诗、词、曲、赋的文字和书法力量，抒写赞颂中国大运河波澜壮阔的史诗，使当下读者重温大运河的峥嵘岁月、文脉历史。

杨柳青大运河国家文化公园项目指挥部编著《运河明珠：杨柳青大运河国家文化公园历史文化采珍》，天津人民出版社。

该书是一部反映杨柳青大运河国家文化公园相关文史资源和研究成果的读物。全书根据杨柳青大运河国家文化公园设计、建设的需要，由杨柳青大运河国家文化公园项目指挥部编写。书中分为"宝岛获珠""宝岛轶事""人杰地灵""古籍重光""古韵新彰""古镇趣话""田野调查""专家论见"等部分，涵盖杨柳青大运河国家文化公园的文史往事、名人逸闻、新发现的古籍资料和诗词记录、历史建筑遗存、非物质文化遗产和专家研究成果。该书把西青的运河文化作为关注对象，服务天津文化建设，具有重要的文化价值。

《阅读大运河》编委会主编《阅读大运河》，中国财政经济出版社。

该书以"阅读+行走"的方式，遴选与大运河有关的城市、历史著作、文学作品等，邀请知名作家、运河文化研究专家等在行走中阅读大运河，在阅读中传播和传承大运河文化，围绕中国大运河的历史渊源、传说典故、风俗人情、文学作品、非物质文化遗产、文化遗址、自然景观、文物古迹等多个话题展开，力求通过名家领读的形式展现大运河文化在传统文化中的重要地位和价值，对中国大运河在中华民族历史发展进程中的作用进行梳理和重新定位，并推动大运河在新时代的传承和发展。

张强：《中国运河与漕运研究》，世界图书出版公司。

中国漕运历史悠久，它不仅同中国的各个朝代相始相终，而且也与中国漫长的封建社会同步兴衰。漕运不仅是一种运输方式，经过历代传承、发展，它已经成为经济发展乃至中华民族传统文化的一部分。该书包括先秦两汉卷、三国两晋南北朝卷、隋唐卷、两宋卷、元明清卷，是有关中国古代运河与漕运研究的通史性著作，采用史证手法对中国自先秦两汉至明清时期的运河与漕运史进行了梳理性研究，详细论述了各历史时期运河及漕运的发展情况。

赵乐强：《走读运河》，学林出版社。

该书是大运河走读随笔。2017年春，作者一行从北京通州出发沿京杭大运河徒步南下，历时2个月，行程1630多公里，一日一记，写下了58篇随记，展现了大运河现状及沿线人文风貌。

政协江苏省委员会编《江苏大运河文化名片》，江苏凤凰美术出版社。

大运河江苏段是大运河全线通航里程最长、列入世界文化遗产点段最多、保存状况最好、利用率最高的河段。其至今仍然是一条黄金水道。作为中国大运河的起源地，江苏长期被运河滋养，沿线城市"因运而生，因运而盛"，历史遗存与当代水利工程相互辉映，形成了独具魅力的江苏运河文化。该书以大运河江苏段主干线流经城市为主体，从历史、文化、环境、民生等方面阐述了大运河江苏段对流经城市的影响，集中展现江苏大运河文化的历史厚重和时代风采，意在使社会各界更多地了解中国大运河的历史，提高保护好、传承好、利用好大运河文化的行动自觉。

中共杭州市萧山区委宣传部等编《浙东运河诗选》，浙江工商大学出版社。

浙江省内的60余位作家，通过对浙东运河的主要节点新塘镇、古纤道、笋婆桥等进行采风，创作出一大批反映浙东运河山水人文的现代诗歌作品。该诗选中的作品既有对先贤的崇敬与仰慕，又对新时代的歌咏与赞美，赋予了浙东运河新的生机和活力。

中共山东省委党史研究院、山东省地方史志研究院、聊城大学运河学研究院编《京杭大运河山东段志》，中华书局。

该书系中共山东省委党史研究院（山东省地方史志研究院）委托聊城大学运河学研究院编纂而成。京杭运河山东段全长 600 多公里，自北向南流经德州、聊城、泰安、济宁、枣庄 5 个地市，大部分为人工开凿，有"闸河"之称，是运河全线通航条件最困难、闸坝水工最多、水利科技最为集中的河段。该书分为上、下两卷，紧扣京杭大运河山东段本体，兼及运河沿线的文化与社会，全面、系统、翔实地记述了京杭大运河山东段流经区域的相关历史，包括自然环境、河道变迁、水工设施、管理制度、与运河相关的重要事件、区域经济发展、文化现象及文化遗存、与运河相关的人物、重要文献等，真实反映了京杭大运河山东段的历史全貌。

郑民德：《明清运河漕运仓储与区域社会研究》，人民出版社。

该书共分 7 个部分，以明清运河沿线的京通仓、大型水次仓、基层社会漕仓为研究对象，在探讨仓储历史沿革、管理、运作的基础上，论述了明清运河漕仓与区域社会之间的互动关系暨京杭大运河对国家、社会的辐射与影响。对漕运仓储中不同组织环节、人员分布、系统建构方面的研究，既揭示明清漕运发展演变的一般性规律，指出漕仓变迁与国家政治、军事、文化之间的关系，又深刻凸显"人"在制度建设中的地位与作用，并指出国家的调控与平衡举措导致漕仓与区域社会之间的关系日趋复杂。

周广骞：《山东方志运河文献研究》，中国社会科学出版社。

山东是中国大运河流经的重要省份，也是方志纂修大省。山东沿运地域方志存录的大量运河文献，是山东地域文献的重要组成部分，具有很高的研究价值。该书梳理了山东运河区域方志的纂修脉络，探究了方志运河文献的纂修特色，从运河本体、运河河务、运河文化、运河建筑等角度，对山东方志运河文献进行了解读，并对文献的价值及现实作用进行了探究，较为全面系统地展现了山东方志运河文献的独特风貌，对山东运河文化的保护、传承、利用亦具有较大的意义。

周竞风、谢世诚编著《大运河传奇：京杭大运河与中华优秀传统文化》，上海科学技术文献出版社。

该书非常系统地梳理了以运河为载体的南北文化交流、中外文化交流情况，展示了运河文化不一般的文化魅力。当下，国家高度重视文化自信，运河文化是中华优秀传统文化的重要组成部分，整理和宣扬运河文化，有助于践行文化自信。

部分著作目录

陈璇主编《苏州运河十景》，古吴轩出版社。

冯立、方博主编《运河沿岸西青文脉》，天津人民出版社。

高春香、邵敏：《大运河，从哪儿来到哪儿去》，北京师范大学出版社。

宫辉力主编《运河研究年度文选（2019）》，社会科学文献出版社。

杭州市临平区运河街道编纂委员会编《运河街道志》，方志出版社。

何宝善编《明实录大运河史料》，北京燕山出版社。

黄泽岭、赵文泽主编《隋唐大运河：南乐逸事》，中国文史出版社。

马新贻等编《浙江海运漕粮全案重编》，浙江古籍出版社。

李东平：《中国大运河全景图》，中国摄影出版社。

《漳卫南运河年鉴》编纂委员会编《漳卫南运河年鉴（2020）》，中国水利水电出版社。

米莱童书：《忙忙碌碌的大运河》，电子工业出版社。

南京博物院编著《大运河的故事》（初中版），江苏凤凰文艺出版社。

南京博物院编著《大运河的故事》（小学中高年级版），江苏凤凰文艺出版社。

南京博物院、中国大运河博物馆编《中国大运河博物馆》，江苏凤凰文艺出版社。

南京博物院、中国大运河博物馆编《大运河文化研究论集》，科学出版社。

南京图书馆编《运河帆影——江苏运河史话》，东南大学出版社。

邱江宁、孟国栋编著《京杭运河诗文赏析》，中国社会科学出版社。

王清义主编《中华源·河南故事——大运河》（中英文双语），河南大学出版社。

魏向清、郭启新、邓清主编《世界运河辞典》，南京大学出版社。

夏锦文、韩显红主编《近代大运河史料丛编》，凤凰出版社。

徐金星主编《隋唐大运河：洛阳段词条释读》，中州古籍出版社。

徐丽、贾冬雪、蔺雨坤：《运河之畔》，北京联合出版公司。

燕海鸣编著《大运河画传》，江苏凤凰科学技术出版社。

杨鸣起、冯立主编《西青大运河诗钞》，天津人民出版社。

杨士兰：《你好，大运河》，北京理工大学出版社。

叶艳萍主编《运河南端：〈运河·南端〉优秀作品选》，九州出版社。

俞燕君、卫军英等：《运河南端文化剪影》，首都经济贸易大学出版社。

张明福：《德州运河文化探微》，济南出版社。

张启晨：《流动的历史——图说中国大运河》，南京出版社。

《中国大运河文化旅游揽要》编委会编《中国大运河文化旅游揽要》，河海大学出版社。

周建国主编《望亭撷粹：运河古镇望亭可移动文物精华》，苏州大学出版社。

（二）2021 年度大运河学术论文

报刊论文

曹晶：《淮北柳孜运河遗址出土的寿州窑瓷探析》，《文物鉴定与鉴赏》2021年第 14 期。

陈彩云：《元初族群政治与帝国漕粮海运体制》，《中国史研究》2021 年第1 期。

陈彩云、郑凯伦：《元代漕粮海运与江南滨海地区的空间开发》，《浙江师范大学学报》（社会科学版）2021 年第 3 期。

陈霏、李永乐：《扬州古运河旅游生态环境感知研究》，《国土与自然资源研究》2021 年第 2 期。

陈华、汪涛：《运河古镇扬州市邵伯镇历史文化特色保护》，《山西建筑》2021 年第 6 期。

陈静：《元代少数民族诗人萨都剌的运河诗》，《档案与建设》2021 年第 2 期。

陈萍：《"新运河时代"建筑文化遗产的活化利用研究——以无锡运河文化公园为例》，《文物鉴定与鉴赏》2021 年第 10 期。

陈锐：《宿迁地区运河音乐文化的特征及创新文化传播研究》，《艺术评鉴》2021 年第 15 期。

陈喜波、贾濛：《漂来的繁华：明清北运河水系变迁与通州张家湾码头兴衰——兼论张家湾运河文化遗产保护、传承和利用》，《首都师范大学学报》（社会科学版）2021 年第 5 期。

陈萧芸：《山东运河音乐文化研究——以济宁与临清为例》，《山东艺术》2021 年第 2 期。

陈新平、唐峰、何雅辰：《淮河漕运年画的数字化保护与传播研究》，《商业文化》2021 年第 27 期。

陈彦：《京杭运河徐州城区景观带公共艺术嵌入设计研究》，《文化产业》2021 年第 23 期。

陈逸、汪伟涛：《京杭运河水系杭州段水上客运现状分析与发展思考》，《中国水运》2021 年第 2 期。

陈宇：《京杭运河苏北段电子航道图建设及应用研究》，《中国水运》2021 年第 5 期。

陈忠：《大运河沿线城市文化旅游联动研究——苏州盛泽运河小镇文旅融合研究》，《江苏丝绸》2021 年第 2 期、第 3 期连载。

成越、何丽丽：《运河秧歌"伞棒舞"生存现状的调查与研究》，《齐鲁艺苑》2021 年第 2 期。

程志：《泇运河庙会文化溯源》，《枣庄学院学报》2021 年第 4 期。

戴显红：《江苏古盐运河的河道谱系及其变迁》，《档案与建设》2021 年第
　　10 期。

党晓戈等：《基于 MIKE11 闸坝联合调控的北运河生态流量保障模拟》，《中
　　国农村水利水电》2021 年第 7 期。

邓海莲、黄立安：《广西古运河沟通的水运网沿岸古陶瓷窑遗迹》，《文史春
　　秋》2021 年第 6 期。

丁修真：《举人的进击：明清时期大运河上的科举、社会与国家》，李泉主
　　编《运河学研究》（第 7 辑），社会科学文献出版社，2021。

杜庆有、徐放：《北运河和海河干流水生植物的初步调查研究》，《海河水
　　利》2021 年第 5 期。

杜芮、谭俊涛：《京杭运河（徐州段）旅游形象感知研究》，《合作经济与科
　　技》2021 年第 8 期。

樊锡刚：《千秋运河　肇始伯渎——无锡运河的历史轨迹与城市格局塑造》，
　　《江苏地方志》2021 年第 3 期。

樊锡刚：《浅谈无锡运河之前世今生》，《江南论坛》2021 年第 5 期。

范佳翎、张子璇：《通州与威尼斯的运河生态水城模式对比分析》，《新视
　　野》2021 年第 2 期。

方佳倩：《浦南运河十年水环境质量评价分析》，《中国资源综合利用》2021
　　年第 11 期。

方其军：《余姚与浙东运河：人烟稠密处，活着古老的诗行》，《宁波通讯》
　　2021 年第 7 期。

方晔：《关于运河滨水带产业园区设计的探讨——以宁波前洋 E 商小镇为
　　例》，《华中建筑》2021 年第 12 期。

冯彪、渠爱雪、宁琦：《徐州运河城镇空间格局演变及其形成机理》，《江苏
　　师范大学学报》（自然科学版）2021 年第 2 期。

付琳、曹磊、霍艳虹：《世界遗产运河保护管理中的公众参与研究》，《现代

城市研究》2021 年第 8 期。

傅瑜芳：《绍兴运河园景观建设途径与脉络研究》，《美与时代》（城市版）
　　2021 年第 3 期。

高丹：《扬州地区露筋娘娘运河女神形象研究》，《扬州教育学院学报》2021
　　年第 2 期。

高竞、刘学应：《基于遗产保护视角的古水闸地基加固研究——以高邮里运
　　河灌区界首闸为例》，《浙江水利水电学院学报》2021 年第 4 期。

高嵩、刘畅：《北运河游艇新业态发展的必要性及路径选择》，《水运管理》
　　2021 年第 9 期。

高逸凡：《城前浦口即是京口：早期江南运河入江口"京口"位置考》，李
　　泉主编《运河学研究》（第 7 辑），社会科学文献出版社，2021。

高元杰：《黄运关系与明清时期的改漕治河思潮》，李泉主编《运河学研究》
　　（第 6 辑），社会科学文献出版社，2021。

高元杰：《宁阳新见元马之贞〈改修堽城坝闸记〉列碑考释》，《中国国家博
　　物馆馆刊》2021 年第 7 期。

葛剑雄：《中国历史地理中的运河》，《江苏地方志》2021 年第 4 期。

耿艳芬等：《基于时空关联的京杭运河苏北段通行状态研究》，《东南大学学
　　报》（自然科学版）2021 年第 5 期。

龚珍：《运河、农业与景观：明晚期嘉兴地区的韧性景观建构》，《民俗研
　　究》2021 年第 4 期。

官士刚、黄文：《秦汉时期漕仓的考古学观察》，李泉主编《运河学研究》
　　（第 7 辑），社会科学文献出版社，2021。

郭珊伶：《宫崎市定"大运河"研究述论》，李泉主编《运河学研究》（第 7
　　辑），社会科学文献出版社，2021。

洪梅：《小论数字美学视角下"诗画运河"景观艺术》，《陶瓷研究》2021
　　年第 3 期。

胡克诚：《皇权与财政：试论明代大运河上的宦官角色》，李泉主编《运河
　　学研究》（第 6 辑），社会科学文献出版社，2021。

胡梦飞：《2020 年运河学研究综述》，李泉主编《运河学研究》（第 7 辑），
　　社会科学文献出版社，2021。

胡梦飞：《策彦周良〈入明记〉中的明代沧州运河》，《沧州师范学院学报》
　　2021 年第 3 期。

胡梦飞：《策彦周良〈入明记〉中的明代江苏运河城镇》，《档案与建设》
　　2021 年第 1 期。

胡梦飞：《权近〈奉使录〉所载京津冀运河风物考述》，《沧州师范学院学
　　报》2021 年第 4 期。

胡梦飞：《日本遣明使眼中的明代浙东运河——基于策彦周良〈入明记〉文
　　本研究的视角》，《浙江水利水电学院学报》2021 年第 5 期。

胡梦飞：《山东运河非物质文化遗产的保护、传承与利用》，《湖北职业技术
　　学院学报》2021 年第 2 期。

胡梦飞：《山东运河文化遗产旅游开发现状及策略研究》，《淮阴工学院学
　　报》2021 年第 4 期。

胡其伟：《清代"藉清敌黄"政策对苏鲁豫皖接壤地带的环境及社会影响》，
　　李泉主编《运河学研究》（第 6 辑），社会科学文献出版社，2021。

胡兴宁：《"运漕古镇"历史文化传承与创新发展研究》，《现代营销》（学
　　苑版）2021 年第 10 期。

胡勇军：《"厚古薄近"：近四十年来江南水利史研究的回顾与展望》，李泉
　　主编《运河学研究》（第 6 辑），社会科学文献出版社，2021。

黄杰、程雨璠：《让古运河重生：大运河文化带建设的新使命》，《江苏地方
　　志》2021 年第 3 期。

黄学伟等：《北运河旅游通航水源条件分析》，《海河水利》2021 年第 5 期。

吉利娜、刘泽娟：《北运河水生态环境保护和修复的实践历程》，《北京水
　　务》2021 年第 3 期。

江晓成：《嘉庆时代再认识——〈困境中的挣扎：嘉庆朝政治与漕运治理研
　　究〉》，《学术评论》2021 年第 2 期。

姜建国：《元明清时期苏州运河河道地理研究》，《苏州科技大学学报》（社

会科学版）2021年第6期。

蒋鑫等：《城运相依：运河影响下淮扬沿运城镇传统空间范式演进与驱动机制研究》，《城市发展研究》2021年第11期。

蒋鑫等：《基于多源数据的运河历史文化街区（名镇）"原真性"感知评价与更新对策研究》，《现代城市研究》2021年第7期。

金怡君、金绣辰、陆冠东：《运河文化对城市视觉形象设计的研究——以常州段为例》，《中国商论》2021年第21期。

赖星好等：《城市空间精细化体验路线设置初探——以杭州运河卖鱼桥至大关桥路段为例》，《建筑与文化》2021年第10期。

雷悦等：《京杭运河徐州段滨水景观设计策略探讨》，《现代园艺》2021年第9期。

李标标、张明哲：《关于大运河"运河文化"与功能转变的思考——以河南省大运河为例》，《农村·农业·农民》（B版）2021年第5期。

李成：《争折：明代湖广永折漕额的分派——以麻城为中心》，《中国经济史研究》2021年第4期。

李德楠：《台儿庄与清江浦：中运河担起的两颗明珠——〈枣庄运河文化研究〉读后》，《淮阴师范学院学报》（哲学社会科学版）2021年第5期。

李建、郝峻弘：《运河水韵，德善联结——江苏省泗阳县天后宫历史片区城市设计》，《安徽建筑》2021年第12期。

李乃馨、张京祥：《运河城市历史地段的文化基因传承研究——以江苏省常州市石龙嘴历史地段为例》，《上海城市规划》2021年第6期。

李乔：《隋朝于黎阳修建漕仓原因探析》，《中原文化研究》2021年第5期。

李舒涵、王长松：《基于新闻数据挖掘的京杭运河治理网络与影响因素研究》，《南京社会科学》2021年第1期。

李舒涵、王长松：《京杭运河文化遗产空间的声音景观感知研究——以杭州大兜路历史文化街区为例》，《城市发展研究》2021年第11期。

李雯、张馨月：《运河流域聊城段民间舞蹈调查报告》，《大众文艺》2021年第12期。

李想：《文化自信与淮安"运河之都"名片品质提升》，《江苏地方志》
　　2021 年第 3 期。

李修建、王芯克：《扬州风物最相思——扬州运河考察记》，《中国摄影家》
　　2021 年第 10 期。

李旭东：《论〈明史·河渠志〉对运河与沁河的记载》，《历史教学》（下半
　　月刊）2021 年第 2 期。

李雪等：《京杭运河杭州段城市景观格局对河网水环境的影响》，《生态学
　　报》2021 年第 13 期。

李雪红、王娜、陈月：《基于知识产权淮安漕运镇民俗文化产业化路径》，
　　《淮阴工学院学报》2021 年第 2 期。

李燕：《浅析运河古镇孟河的文化基因特质传承》，《文化创新比较研究》
　　2021 年第 10 期。

李雨蓁：《拱墅：加码"月光经济"点亮夜运河》，《杭州》2021 年第 6 期。

林凯：《文化资本视野下运河文化遗产资源保护研究——以淮安市为例》，
　　《特区经济》2021 年第 10 期。

刘灿等：《运河文化带视角下的宿迁东关口商业空间更新》，《山西建筑》
　　2021 年第 24 期。

刘军：《苏北运河与国内外著名河流航务比较》，《中国水运》2021 年第
　　2 期。

刘芹：《唐代的邗沟运河风物地情——以〈全唐诗〉为中心的考察》，《档案
　　与建设》2021 年第 8 期。

刘晓玲：《从地名中解读运河文化——以山东济宁地名为例》，《山东档案》
　　2021 年第 4 期。

刘晓青、芮潇：《绿色航道建设背景下淮安段运河河岸景观设计研究》，《绿
　　色科技》2021 年第 21 期。

刘雪光：《无锡古运河工商文化旅游开发研究》，《太原城市职业技术学院学
　　报》2021 年第 8 期。

刘耀辉：《凸显漕仓文化特色，打造休闲文旅小镇——以德州北厂运河休闲

文旅小镇开发建设为例》，《德州学院学报》2021 年第 2 期。

刘毅飞：《超级 IP 视角下常州运河文化品牌的塑造》，《常州工学院学报》（社科版）2021 年第 3 期。

刘颖、杜守帅：《地域文化在运河沿岸景观中的设计探析》，《设计》2021 年第 1 期。

刘玉梅：《2019 年运河学研究综述》，李泉主编《运河学研究》（第 6 辑），社会科学文献出版社，2021。

刘志宏：《苏州大运河沿线特色小镇数字化保护与建设路径》，李泉主编《运河学研究》（第 6 辑），社会科学文献出版社，2021。

龙圣：《明清时期京鲁运河的盗贼及其防治》，《民俗研究》2021 年第 6 期。

卢毅等：《欧美国家运河建设开发经验与湖南的战略构想》，《中国水运》2021 年第 11 期。

路璐、吕金伟：《运河社会变迁与扬州杖头木偶戏的艺术重构》，《民俗研究》2021 年第 6 期。

路伟东：《数字人文时代的"数字运河"基础数据平台建设》，李泉主编《运河学研究》（第 7 辑），社会科学文献出版社，2021。

吕婉玥、吴迪、郭巍：《扬州地区运河影响下的传统聚落布局与营建》，《小城镇建设》2021 年第 6 期。

罗斌：《馆陶县保障卫运河行洪安全的应对措施及取得成效》，《河北水利》2021 年第 10 期。

罗清：《通州与江苏城市运河文化旅游开发利用的对比分析》，《现代商业》2021 年第 8 期。

马婕：《传承运河文化 弘扬民族精神——衡水运河传统架鼓的传承发展研究》，《戏剧之家》2021 年第 10 期。

毛巧晖：《北运河流域民间文艺资源的传承与转化》，《美术观察》2021 年第 10 期。

毛巧晖、张歆：《运河记忆与村落文化变迁：以北京通州里二泗小车会为中心的考察》，《西北民族研究》2021 年第 2 期。

孟祥晓：《"保漕"背景下明清卫河转漕吏民群体形象初探》，《青海社会科学》2021 年第 4 期。

钮希强：《嘉道时期扬州卫三帮漕运档案》，《历史档案》2021 年第 3 期。

钮希强：《道光二十八年扬州卫三帮漕运水程清册研究》，《农业考古》2021 年第 3 期。

潘春华：《镇江古运河上的石拱桥》，《建筑》2021 年第 1 期。

潘凡：《复兴大道跨江汉运河桥工程总体设计》，《城市道桥与防洪》2021 年第 9 期。

潘莉：《运河的游荡者——卫德骥及其"运河中国"影像》，《读书》2021 年第 1 期。

裴一璞：《历史时期山东小清河盐运述论》，李泉主编《运河学研究》（第 7 辑），社会科学文献出版社，2021。

彭伟：《视觉传达设计视域下江南运河古桥文化的传承发展研究》，《常州工学院学报》（社科版）2021 年第 3 期。

彭兆荣、李春霞：《"走运之路"：作为人类文化遗产的运河》，《北方民族大学学报》2021 年第 1 期。

彭兆荣、李春霞：《运河体系中的水遗产》，《原生态民族文化学刊》2021 年第 2 期。

钱俊君、卢毅：《湘粤运河的战略价值和比较优势》，《长江技术经济》2021 年第 3 期。

秦宗财：《新时代"千年运河"文旅品牌形象塑造》，《江西社会科学》2021 年第 1 期。

饶永才等：《京杭运河（徐州段）水质评价及污染源分析》，《复旦学报》（自然科学版）2021 年第 5 期。

任强：《京杭运河江苏段绿色现代航运综合整治建设必要性分析》，《中国水运》2021 年第 10 期。

任泽俭、任斐：《浅议韩庄运河开凿治理及对台儿庄的影响》，《山东水利》2021 年第 2 期。

邵苗苗等：《基于文化基因的常州运河文化遗产保护研究》，《山西建筑》
　　2021 年第 10 期。

石伟楠、胡克诚：《20 世纪以来通惠河史研究综述》，李泉主编《运河学研
　　究》（第 7 辑），社会科学文献出版社，2021。

史习隽：《试析明清时期大运河沿岸的天主教传播——以淮扬运河与江南运
　　河沿岸为中心》，李泉主编《运河学研究》（第 7 辑），社会科学文献出
　　版社，2021。

宋春花：《试谈美丽乡村建设中运河文化元素的应用》，《新农业》2021 年
　　第 10 期。

宋玉姗：《基于空间句法的运河沿线村镇空间形态分析与优化——以常州奔
　　牛镇为例》，《城市建筑》2021 年第 1 期。

苏博等：《胶莱运河的修建对莱州湾水交换及海洋环境影响初探》，《海岸工
　　程》2021 年第 1 期。

苏绕绕、赵珍：《16 世纪末以来北运河水系演变及驱动因素》，《地球科学
　　进展》2021 年第 4 期。

苏雁：《深情笔墨　礼赞运河》，《光明日报》2021 年 7 月 12 日，第 9 版。

孙凤娟、王万里：《时间浓缩与遗产化：中国大运河遗产表述“当下”的可
　　能——以镇江谏壁闸为例》，李泉主编《运河学研究》（第 7 辑），社会
　　科学文献出版社，2021。

孙光、李硕、刘宇：《低影响开发理念下的“绿道”规划设计策略研究——
　　以天津南运河杨柳青段“绿道”为例》，《艺术与设计》（理论）2021
　　年第 6 期。

孙洪军、李英姿：《科学技术视角下江南运河镇江段的开凿》，《镇江高专学
　　报》2021 年第 4 期。

孙洁：《清代漕运总督施世纶生平政绩考述——〈施公案〉主人公原型研
　　究》，《档案与建设》2021 年第 5 期。

孙凯：《京杭大运河会通河台前段考古调查勘探简报》，李泉主编《运河学
　　研究》（第 6 辑），社会科学文献出版社，2021。

孙勇、张旭：《揭秘里运河-高邮灌区的古往今来》，《扬州日报》2021 年 12 月 10 日，第 3 版。

唐建、吕微露、张曦：《基于"文化基因"传承的运河流域古镇更新策略研究——以东浦古镇为例》，《建筑与文化》2021 年第 10 期。

唐丽媛、何春利、张耀方：《北运河上游流域典型降雨下不同土地利用类型面源污染特征分析》，《北京水务》2021 年第 4 期。

滕亚秋：《20 世纪以来宋代运河研究的回顾与反思》，《中国史研究动态》2021 年第 5 期。

田肖红：《20 世纪上半期中国的巴拿马运河研究》，李泉主编《运河学研究》（第 1 辑），社会科学文献出版社，2018。

佟佩华、刘健康、吴双成：《南旺分水枢纽工程考古发掘相关问题的思考》，《运河学研究》2021 年第 2 期。

童剑：《京杭运河智慧航运建设方案研究》，《现代交通技术》2021 年第 3 期。

屠泳博、陈萍：《文化基因视角下常州运河沿岸工业遗产保护与传承更新》，《产业与科技论坛》2021 年第 13 期。

王德胜：《隋唐时期的运河德州段》，《德州日报》2021 年 3 月 12 日，第 3 版。

王光庆：《京杭运河台儿庄三线船闸工程对张庄水源地的影响分析》，《中国水运》2021 年第 9 期。

王光庆：《京杭运河枣庄段航道建设发展理念探究》，《山东交通科技》2021 年第 5 期。

王广禄：《高质量推进长江文化和大运河文化建设》，《中国社会科学报》2021 年 12 月 3 日，第 2 版。

王洪见、吕路平：《千年运河　浸润古今——郭守敬与京杭大运河》，《自然资源科普与文化》2021 年第 4 期。

王建华、仇志斐：《基于 CHGIS 古城镇信息的沧州段运河遗产廊道研究》，《沧州师范学院学报》2021 年第 2 期。

王健：《大运河本体的空间划分与古今运河"一轴两面"保护建设》，《现代城市研究》2021 年第 7 期。

王京传、郭静：《大运河：中国儒学遗产的共生空间》，《中国社会科学报》2021 年 8 月 23 日，第 A05 版。

王铭、刘爽：《运河京门：张家湾运河古镇的独特定位及其当代塑造》，《新视野》2021 年第 3 期。

王鹏：《绘就大运河文化带建设的新画卷》，《扬州日报》2021 年 10 月 19 日，第 1 版。

王韬：《运河文化与江苏社会风尚变迁研究》，《档案与建设》2021 年第 4 期。

王卫、姜波、李晓媚：《宿迁市中运河"一河一策"治理方案探讨》，《绿色科技》2021 年第 4 期。

王文箫：《乾隆中叶江西漕运屯租改革及其影响》，《清史研究》2021 年第 5 期。

王雪绒：《千里运河话税收》，《中国税务》2021 年第 6 期。

王雪如等：《浙东运河流域水乡滨水空间与茶文化场所的关联研究——以绍兴安昌古镇为例》，《福建茶叶》2021 年第 3 期。

王飏：《打造江南运河文化保护传承利用的苏州样本》，《唯实》2021 年第 2 期。

王雨馨、许悦：《洪水神话下的运河精神研究——以大运河（江苏段）为例》，《今古文创》2021 年第 27 期。

王玉朋：《清代前期山东运河湖田开发的讨论与实践》，《聊城大学学报》（社会科学版）2021 年第 2 期。

王越、仝晖：《鲁运河影响下济宁古城风景体系特征解析》，《中国园林》2021 年第 1 期。

吴鹏：《万里江海通，九州天地宽——刘晏与唐代漕运改革》，《中国三峡》2021 年第 2 期。

吴琦、李想：《清代漕河中的百万"衣食者"——兼论清代漕运对运河大众

生计的影响》，《华中师范大学学报》（人文社会科学版）2021 年第
    6 期。

吴思慧、曾鹏：《运河流域乡村三生空间重构路径研究——以河北沧州南霞
    口镇为例》，《小城镇建设》2021 年第 6 期。

吴滔：《祖先记忆的再创作：一个运河沿线丝业市镇家族的故事》，《民俗研
    究》2021 年第 6 期。

吴欣：《大运河：载起文化之舟》，《中国社会科学报》2021 年 11 月 10 日，
    第 A09 版。

吴元芳：《洳运河的名实之辩》，《枣庄学院学报》2021 年第 4 期。

吴志刚：《京杭大运河山东段码头考古资料整理与研究》，李泉主编《运河
    学研究》（第 6 辑），社会科学文献出版社，2021。

吴志龙等：《运河航道开发过程中生态带建设技术方案》，《水运工程》2021
    年第 10 期。

夏林：《省际矛盾、治运分歧与制度演进——民初督办江苏运河工程总局的
    成立》，《档案与建设》2021 年第 2 期。

肖潇等：《河北省运河文化带发展 "旅游+非遗" 的制约因素和对策研究》，
    《河北科技大学学报》（社会科学版）2021 年第 3 期。

肖潇等：《河北运河文化带非遗传承利用的现状和问题研究》，《沧州师范学
    院学报》2021 年第 3 期。

谢光前、应晓萍：《无锡水文化与城市变迁发展——基于对太湖、运河、梁
    溪河的历史考察》，《江南论坛》2021 年第 7 期。

辛苑等：《强降雨对北运河流域沙河水库水质的影响》，《环境科学学报》
    2021 年第 1 期。

徐凤丹：《运河江苏段对本区域经济的影响》，《商展经济》2021 年第 6 期。

徐昕昕、林箐：《运河影响下的常州古城景观体系研究》，《广东园林》2021
    年第 4 期。

徐业龙：《运河水工文化记忆："马头"地名源流考略》，《江苏地方志》
    2021 年第 4 期。

许佩瑶、陈诗越、陈影影：《明清时期黄河下游河工建设及对洪水事件的响应》，《人民黄河》2021 年第 7 期。

许芝浩：《1898—1937 年淮扬运河民族资本轮船航运业的发展》，《档案与建设》2021 年第 3 期。

颜伟、杨波：《新见武城县旧城山西会馆〈创建并重修会馆碑记〉考述》，李泉主编《运河学研究》（第 7 辑），社会科学文献出版社，2021。

杨长海：《千年运河，魅力南浔》，《小康》2021 年第 9 期。

杨朝亮、胡志娟、宫新越：《试论明中后期东昌王学学术特征》，李泉主编《运河学研究》（第 7 辑），社会科学文献出版社，2021。

杨帆：《协同治理视角下农村江河水利风景区的水环境治理研究——以广西古运河"灵渠"为例》，《皮革制作与环保科技》2021 年第 4 期。

杨静、张怡青：《"运河文化带"建设下五杭水乡旅游开发策略》，《现代商贸工业》2021 年第 13 期。

杨丽娜、欧阳友：《北运河水环境特征分析》，《北京水务》2021 年第 5 期。

杨山：《基于生态优化的城市边缘区滨水景观规划设计策略解析——以无锡市锡北运河为例》，《现代园艺》2021 年第 22 期。

杨晓维：《让千年运河历久弥新　宁波积极打造大运河文化带"地标"城市》，《宁波通讯》2021 年第 14 期。

叶设玲、杨双、梁峰：《无锡运河码头遗存的历史追溯与活化利用》，《无锡商业职业技术学院学报》2021 年第 3 期。

衣长春、李想：《论清代直隶总督职能的嬗变》，《河北学刊》2021 年第 1 期。

应金飞：《美术馆视阈下的运河文化"再生产"》，《美术观察》2021 年第 10 期。

于长雷、赵磊：《山东运河区域民间信仰的兴衰与其现状》，《边疆经济与文化》2021 年第 4 期。

于法霖：《明代马濠运河的兴衰及其影响》，《中国民族博览》2021 年第 15 期。

于坚、徐清：《淮安漕运文化保护开发现状及对策》，《治淮》2021 年第 6 期。

于腾、卫蓝心、朱欣悦：《浅析明清运河沿岸济宁饮食生活的变迁与影响》，《今古文创》2021 年第 36 期。

余洪红：《漕运与淮安的城市发展》，《城市住宅》2021 年第 1 期。

余敏辉：《试论徽商对运河城市发展的作用和影响》，《常州工学院学报》（社科版）2021 年第 1 期。

袁丁、徐静雯：《运河与清代淮安外来文人的文学活动》，《档案与建设》2021 年第 6 期。

岳广燕：《明清时期南运河区域的号子》，《沧州师范学院学报》2021 年第 3 期。

岳广燕、郑民德：《运河与苏州平望镇的历史变迁》，《邢台学院学报》2021 年第 3 期。

张岸、秦媛、张新荣：《基于〈姑苏繁华图〉的运河城市街巷形态浅析——以苏州古城阊门西中市街巷景观设计为例》，《常州工学院学报》（社科版）2021 年第 2 期。

张程娟：《长运之后：明代中后期漕运派兑改革与卫所分帮机制》，《学术研究》2021 年第 9 期。

张崇：《运河乡村与大运河活态文化遗产实践研究》，《文博学刊》2021 年第 3 期。

张飞越、陈海鹏：《基于扬州运河文化活态数字化发展构建研究》，《中国新通信》2021 年第 12 期。

张见心、田家霖：《香河县高标准打造北运河景观绿化工程》，《河北林业》2021 年第 4 期。

张捷：《大运河文化带立法的现状、问题及对策——从北美运河国家遗产廊道立法谈起》，《淮阴师范学院学报》（哲学社会科学版）2021 年第 6 期。

张可辉：《清代京杭运河水马驿考证札记》，《中国水运》2021 年第 9 期。

张克成：《基于运河文化的淮安特产包装设计策略研究》，《华东纸业》2021年第5期。

张磊：《数智时代运河文化带建设中非物质文化遗产的保护与传播研究》，《枣庄学院学报》2021年第4期。

张鹏程：《"数字运河"：从设想到可能》，李泉主编《运河学研究》（第7辑），社会科学文献出版社，2021。

张强：《论运河与江淮盐运》，《江苏社会科学》2021年第6期。

张胜等：《建设中西部地区湘粤运河江海新通道可行性分析》，《珠江水运》2021年第16期。

张士闪：《运河社会文化研究的理念与方法》，李泉主编《运河学研究》（第6辑），社会科学文献出版社，2021。

张树辉：《基于运河活态保护的工业景观遗产再利用探讨》，《工程建设与设计》2021年第15期。

张甦：《安徽泗县运河出土镇水石兽探析》，《文物鉴定与鉴赏》2021年第8期。

张小思：《中国古代水利文献整理出版问题初探——〈中国古代河工技术通解〉为例》，《出版参考》2021年第4期。

张衍户：《中运河沿线本土戏剧音乐的研究》，《戏剧之家》2021年第34期。

张叶：《"行夫"与"折夫"：明末清初淮安的牙行埠头和运河徭役》，《中国经济史研究》2021年第3期。

张轶、洪祝：《非遗传承视域下的运河视觉文化基因模型构建》，《南京理工大学学报》（社会科学版）2021年第2期。

张雨卉等：《浙东运河文化线路视角下的书院建筑遗产研究》，《浙江建筑》2021年第3期。

赵春阳：《周馥与山东河工的治理》，《山东开放大学学报》2021年第3期。

赵雷、张婉玉、杨柳青：《运河文化影响下的景观规划研究——以济宁市南阳古镇为例》，《黑龙江环境通报》2021年第1期。

赵珍、苏绕绕：《清代北运河杨村剥运与水环境》，《中国历史地理论丛》
　　2021 年第 4 期。

郑俊华：《竹枝词所见清代钱塘江的水运业实态》，李泉主编《运河学研究》
　　（第 7 辑），社会科学文献出版社，2021。

郑民德：《明清小说中运河城市临清与淮安的比较研究》，《明清小说研究》
　　2021 年第 2 期。

郑珊霞、刘晓宏：《基于融媒体的运河文化"微传播"路径研究——以扬州
　　运河文化为例》，《湖北职业技术学院学报》2021 年第 2 期。

郑珊霞、刘辕：《地域文化基因视角下运河非遗传播路径研究——以"扬州
　　工"为例》，《传媒论坛》2021 年第 22 期。

郑学富：《运河漕运进入山东的第一枢纽——台儿庄》，《春秋》2021 年第
　　1 期。

郑永华：《漕运孔道朝阳门》，《前线》2021 年第 9 期。

仲波：《保护利用运河宗教遗存　弘扬淮安开放包容文化》，《淮阴师范学院
　　学报》（哲学社会科学版）2021 年第 4 期。

周广骞：《聊城海源阁杨氏家风略论——基于对晚清经世名臣杨以增藏书及
　　仕宦经历的考察》，李泉主编《运河学研究》（第 7 辑），社会科学文献
　　出版社，2021。

周嘉、张佩国：《"把持"与"共利"之间——明清山峡商人之制度伦理》，
　　《史林》2021 年第 5 期。

周建香、潘宏恩：《运河美食：宋代诗人笔下的淮白鱼》，《档案与建设》
　　2021 年第 12 期。

周健：《贡赋与市场：19 世纪漕运之变革与重构》，《中国经济史研究》
　　2021 年第 2 期。

周敬祥等：《京杭运河济宁段"三改二"工程智慧港航方案设计》，《水运工
　　程》2021 年第 10 期。

周峻：《大运河文化场馆设计——以中国扬州运河大剧院为例》，《美术观
　　察》2021 年第 10 期。

周立婕、黄文泽、赵淑颖：《我国航运产业危机应对与发展研究——基于苏伊士运河堵塞问题》，《中国水运》2021 年第 8 期。

朱道焓、孔佩璇、蓝健：《坝上江南，运河新生——高邮湖庄台河村庄改造》，《建筑与文化》2021 年第 10 期。

朱年志：《归有光的两篇运河纪行》，《档案与建设》2021 年第 12 期。

朱年志：《明清山东运河小城镇渡口驿的历史考察——以地方志资料为中心》，李泉主编《运河学研究》（第 6 辑），社会科学文献出版社，2021。

朱士光：《关于深入开展中国大运河研究的几点见解》，李泉主编《运河学研究》（第 6 辑），社会科学文献出版社，2021。

朱文博：《基于 BIM 技术的运河航道整治工程实践研究》，《中国水运》2021 年第 10 期。

祝昊天、潘威：《西汉"漕水道"及相关问题辨析》，李泉主编《运河学研究》（第 7 辑），社会科学文献出版社，2021。

邹晓华：《论明清小说中的运河文化审美意象》，《文化创新比较研究》2021 年第 35 期。

学位论文

曹梦卉：《运河遗产廊道与沿线村庄发展策略研究——以大运河洛阳段及二里头村为例》，硕士学位论文，郑州大学，2021。

陈娟娟：《徐则臣小说运河叙事研究》，硕士学位论文，陕西理工大学，2021。

陈仪：《大运河郑州段运河故事的转化利用研究》，硕士学位论文，华中师范大学，2021。

陈煜琛：《运河杭州段工业遗产廊道构建评价体系和策略研究》，硕士学位论文，浙江大学，2021。

程欣：《济宁大运河文化创意产品设计研究》，硕士学位论文，齐鲁工业大学，2021。

崔艺：《大运河江南流域明墓出土服饰纹样研究》，硕士学位论文，江南大学，2021。

党晓戈：《多闸坝河流分段分类生态流量调控研究——以北运河为例》，硕士学位论文，河北工程大学，2021。

邓斌：《基于网络文本挖掘的遗产地旅游意象研究——以大运河苏州段为例》，硕士学位论文，长安大学，2021。

董嘉：《歌剧〈运河谣〉的艺术特征与重点唱段演唱分析》，硕士学位论文，沈阳师范大学，2021。

杜芳：《基于景观格局演变的北运河流域生态系统功能与影响因素研究》，硕士学位论文，中国矿业大学，2021。

付昊：《大运河山东段传统城镇民居的景观基因及其传承途径研究》，硕士学位论文，山东大学，2021。

付文婕：《基于地缘文化的运河文创设计研究——以台儿庄古城为例》，硕士学位论文，山东大学，2021。

付雅雯：《清中后期大运河南线民俗服饰文化探究》，硕士学位论文，江南大学，2021。

韩帆帆：《基于图数据库的非遗知识图谱构建与语义关系发现研究——以京杭大运河沿线非遗为例》，硕士学位论文，河北大学，2021。

韩涵：《基于大运河文化的江南历史街区更新设计研究——以常州市青果巷为例》，硕士学位论文，江西师范大学，2021。

韩雪：《基于运河文化保护的微山县夏镇运河古镇景观改造模式研究》，硕士学位论文，中国矿业大学，2021。

呼凡：《徐则臣小说的运河书写研究》，硕士学位论文，西北大学，2021。

霍童：《基于 VSD 模型和层次分析法 - 熵权法的生态脆弱性时空变化评价及相关分析——以中国大运河苏州段为例》，硕士学位论文，苏州科技大学，2021。

贾泽慧：《运河文化的叙事性思维——以天津历史风貌景观改造开发为例》，硕士学位论文，天津美术学院，2021。

蹇宇珊：《基于遗产廊道构建的无锡古运河滨水区域优化研究》，硕士学位

　　　　论文，江南大学，2021。

孔颖：《VR视角下京杭运河张秋古镇景观保护与更新》，硕士学位论文，聊
　　　　城大学，2021。

刘栋：《跨域治理视角下京杭运河山东段水运问题与对策研究》，硕士学位
　　　　论文，山东大学，2021。

刘帼英：《大运河文化带建设中淮安市政府职能履行研究》，硕士学位论文，
　　　　中国矿业大学，2021。

刘洁君：《明清时期京杭大运河山东段沿线城市的空间形态研究》，硕士学
　　　　位论文，山东建筑大学，2021。

刘利敏：《大运河文化带无锡段短视频传播研究》，硕士学位论文，西安工
　　　　程大学，2021。

孟惟：《北运河流域病原菌的污染特征诊断与控制技术研究》，硕士学位论
　　　　文，河北工程大学，2021。

任天晓：《元代运河诗研究》，硕士学位论文，浙江师范大学，2021。

沈晔：《安徽柳孜运河遗址第二次发掘出土唐宋瓷器研究》，硕士学位论文，
　　　　山西大学，2021。

唐丽媛：《北运河上游流域农业面源污染特征及治理措施》，硕士学位论文，
　　　　河北工程大学，2021。

王芳惠：《运河文化背景下工业遗产改造设计研究——以济宁文化展览馆为
　　　　例》，硕士学位论文，山东建筑大学，2021。

王冠群：《河长制绩效审计研究——以京杭大运河苏北段为例》，硕士学位
　　　　论文，华东交通大学，2021。

王凯：《北运河城区段水质净化的生物生态修复技术研究》，硕士学位论文，
　　　　天津农学院，2021。

王凯伦：《游憩视角下苏州古城段运河遗产廊道规划与虎丘西运河公园设
　　　　计》，硕士学位论文，北京林业大学，2021。

王璞榕：《京杭大运河（京津冀段）沿岸传统会馆建筑群的价值研究》，硕
　　　　士学位论文，天津理工大学，2021。

王馨曼：《江南运河沿岸传统聚落空间研究》，硕士学位论文，江南大学，2021。

王鑫宇：《"故事性"视角下历史文化遗产的量化分析与评价研究——以大运河杭州段为例》，硕士学位论文，华东理工大学，2021。

翁婷：《渠道策略优化研究——以京杭大运河杭州景区为例》，硕士学位论文，浙江工商大学，2021。

吴春雨：《江南运河美学意蕴》，硕士学位论文，南京师范大学，2021。

吴怡楠：《歌剧〈运河谣〉关砚砚主要唱段的演唱实践及其研究》，硕士学位论文，泉州师范学院，2021。

武秋平：《徐则臣小说的运河叙事研究》，硕士学位论文，辽宁师范大学，2021。

武文婷：《基于图式语言的京杭大运河山东段城镇型运河聚落景观体系研究》，硕士学位论文，山东建筑大学，2021。

徐基晟：《天津运河文化课程资源在高中地理教学中的应用研究》，硕士学位论文，天津师范大学，2021。

杨勤亮：《扬州大运河文化带沿线古镇保护研究》，硕士学位论文，苏州科技大学，2021。

杨颖：《北运河沉积物污染分布特征及再生水对内源污染释放影响研究》，硕士学位论文，天津工业大学，2021。

袁瑾睿：《基于景观质量评价的无锡古运河滨水景观优化设计研究》，硕士学位论文，江南大学，2021。

张佳琪：《基于大运河文化元素的文化创意产品设计》，硕士学位论文，北京化工大学，2021。

张雨航：《北运河流域水质时空演变趋势预测与评估》，硕士学位论文，北京化工大学，2021。

赵燕妮：《扬州城东区古运河滨水景观改造设计》，硕士学位论文，河北科技大学，2021。

赵云强：《北运河流域污染源解析及其清单研究》，硕士学位论文，北京化工大学，2021。

周丽晨：《山东省济宁市运河新城老运河滨水景观规划设计研究》，硕士学
　　位论文，西北农林科技大学，2021。

朱加豪：《大运河苏州段水质污染时空特征演化规律及主要影响因子评价分
　　析》，硕士学位论文，苏州科技大学，2021。

朱颖：《无锡运河建筑遗产周边环境空间设计研究》，硕士学位论文，江南
　　大学，2021。

祝宇菲：《大运河（北京段）典型性滨水泊岸景观形态分析及优化策略研
　　究》，硕士学位论文，天津理工大学，2021。

会议论文

柴梅璇、刘树鹏、许熙巍：《运河古镇的创意空间发展模式研究——以天津
　　市杨柳青为例》，2020/2021 中国城市规划年会暨 2021 中国城市规划学
　　术季，成都，2021 年 9 月 25 日。

华晶晶等：《"双修"语境下的湾区城市设计与探索——以无锡运河湾地区
　　为例》，2020/2021 中国城市规划年会暨 2021 中国城市规划学术季，成
　　都，2021 年 9 月 25 日。

李娇玥：《运河资源在幼儿美术教育运用中的实践与思考》，华南教育信息
　　化研究经验交流会 2021，厦门，2021 年 1 月 11 日。

李景韵、唐芃：《基于可达性优化的建筑布局构型生成方法研究——以淮安
　　里运河地段城市设计为例》，2021 年全国建筑院系建筑数字技术教学与
　　研究学术研讨会暨 DADA2021 数字建筑学术研讨会，武汉，2021 年 9
　　月 26 日。

刘洁君：《明清时期山东运河沿线城市的空间形态研究——以临清为例》，
　　2020/2021 中国城市规划年会暨 2021 中国城市规划学术季，成都，
　　2021 年 9 月 25 日。

刘婧等：《杭州运河流域水环境空间治理新角度》，2020/2021 中国城市规划
　　年会暨 2021 中国城市规划学术季，成都，2021 年 9 月 25 日。

穆冬靖、邢斌:《"十四五"期间南运河生态补水可行性研究》,中国水利学
　　会 2021 学术年会,北京,2021 年 10 月 25 日。

倪圆桦、吕勤智:《基于环境美学理论的大运河文化遗产景观设计策略研
　　究——以江南运河嘉兴段为例》,中国建筑学会室内设计分会第 31 届
　　(泉州)年会,泉州,2021 年 11 月 19 日。

钱雨梦、刘思利:《城市运河片段滨水文化空间更新策略探究——以苏州吴
　　中区郭巷片区为例》,2020/2021 中国城市规划年会暨 2021 中国城市规
　　划学术季,成都,2021 年 9 月 25 日。

邱雨斯、马驰骋、徐婧:《坚持文化自信,保护运河遗产——天津市大运河
　　沿线历史文化名镇独流镇规划设计研究》,2020/2021 中国城市规划年
　　会暨 2021 中国城市规划学术季,成都,2021 年 9 月 25 日。

邵嘉妍等:《基于自组织原理的城市滨水区公共空间结构生成——以淮安市
　　里运河概念性城市设计为例》,2021 年全国建筑院系建筑数字技术教学
　　与研究学术研讨会暨 DADA2021 数字建筑学术研讨会,武汉,2021 年 9
　　月 26 日。

沈硕:《盐运影响下的苏中城镇结构演进机制研究——以沿通扬运河城镇形
　　成、发展为例》,2020/2021 中国城市规划年会暨 2021 中国城市规划学
　　术季,成都,2021 年 9 月 25 日。

郑兆唯等:《"九河下梢、运河天津"——记大运河国家文化公园(天津段)
　　国土空间专项规划》,2020/2021 中国城市规划年会暨 2021 中国城市规
　　划学术季,成都,2021 年 9 月 25 日。

七 大事记

1 月

1 月 6 日 山东省自然资源厅等 8 部门发布实施《大运河山东段核心监控区国土空间管控导则（试行）》，将大运河山东段划分为辐射区、拓展区、核心区。

1 月 8 日 宿迁市召开大运河文化带中心城市重点项目建设工作推进会。

1 月 12 日 苏州市文化产业高质量发展大会召开。江苏省委常委、苏州市委书记许昆林出席大会并讲话。

1 月 12 日至 13 日 浙江省港航管理中心美丽经济交通走廊考核组对杭甬运河宁波段美丽航道进行考核验收。

1 月 13 日下午 扬州市市长张宝娟专题调研大运河文化带三湾核心区建设工作。

1 月 18 日上午 邳州市大运河文化传承基地揭牌仪式在运河小学举行。

1 月 21 日 京杭运河施桥船闸至长江口门段航道整治工程召开六圩大桥主桥钢桁梁安装专项施工方案专家评审会。

2 月

2 月 4 日 淮安市大运河文化研究会正式成立。

2月9日 国家文化公园专家咨询委员会秘书处挂牌仪式在北京市举行，标志国家文化公园专家咨询委员会正式组建，国家文化公园工作机制建设开启新的阶段。专家咨询委员会内设长城专家组、大运河专家组、长征专家组，分别对接服务长城、大运河、长征国家文化公园建设，下一步还将根据工作需要设置黄河专家组。

2月9日 廊坊市委副书记柴宝良到香河县就运河旅游通航工程进展情况进行专题调研。

2月10日 江苏省文化和旅游厅印发《关于公布 2021 年江苏省重点文化和旅游产业项目的通知》。

2月17日 扬州市委书记夏心旻调研大运河文化带项目建设。

2月18日 淮安市市长陈之常赴大运河和里运河交汇处的西南化工片区、新港物流园片区，京杭运河、古淮河、盐河、二河、淮沭新河交汇处的五河口片区，以及二河两岸，调研重点片区规划、建设、管理和发展工作。

2月22日 浙江省人民政府办公厅印发《浙江省大运河核心监控区国土空间管控通则》。

2月23日 江苏省委常委、宣传部部长张爱军赴扬州调研中国大运河博物馆等重大项目建设及文化事业发展情况。

2月27日 无锡市市长杜小刚深入黄埠墩、西水墩和公花园，实地调研文明城市建设工作。

2月28日 江苏省人民政府正式印发《大运河江苏段核心监控区国土空间管控暂行办法》。

2月 京杭运河二通道海宁段项目获得浙江省 2020 年交通建设平安工地省级示范施工、监理合同段荣誉称号。

3 月

3月1日 国家发展改革委会同有关部门和沿线省（市）共同编制印发

《大运河文化保护传承利用 2021 年工作要点》。

3 月 6 日 淮安市政府召开专题会议，研究部署京杭运河淮安段绿色现代航运综合整治工程。

3 月 9 日 江苏省发展改革委组织召开大运河江苏段文化遗产保护传承、文化价值阐释弘扬、生态环境保护修复、河道水系治理管护、现代航运建设发展、文化旅游融合发展 6 个省级专项规划评审会。

3 月 9 日 宿迁市召开"1+X"新闻发布会，《宿迁市古黄河运河风光带风景名胜区管理办法》自 2021 年 4 月 1 日起施行。

3 月 9 日 扬州市市长张宝娟专题调研运河大剧院建设情况。

3 月 14 日 由中国运河网与无锡日报报业集团"无锡观察"融媒中心共同主办的"龙抬头，新春走大运"徒步活动在无锡运河畔成功举办。

3 月 15 日 苏北航务管理处、宿迁市交通运输局在宿迁市召开京杭运河绿色航运综合整治工程宿迁段项目内容座谈会。

3 月 17 日 沧州市委书记王景武到运河区、沧县、南皮县、泊头市、东光县、吴桥县调研检查大运河文化带建设。

3 月 18 日 德州市 2021 年文化和旅游重点工作动员大会召开，安排部署"十四五"时期及 2021 年重点任务。

3 月 19 日 河南省文化和旅游厅在荥阳市组织召开了 2021 年度河南省国家文化公园项目建设推进会暨"十四五"文化和旅游发展规划座谈会。

3 月 23 日 生态环境部副部长翟青率领调研组，赴微山县调研南四湖流域治理保护工作。

3 月 23 日上午 扬州市委书记夏心旻到大运河文化带三湾核心区，调研督查扬州中国大运河博物馆、大运河非遗文化园、三湾东门区域环境优化提升等重点项目建设。

3 月 27 日 河北省委常委、常务副省长袁桐利赴廊坊市香河县北运河中心码头施工现场实地调研，并召开全省大运河文化保护传承利用工作推进会。

4 月

4 月 1 日　天津市委、市政府召开市大运河文化保护传承利用暨长城、大运河国家文化公园建设领导小组会议。

4 月 7~8 日　京津冀大运河文化保护传承利用协调推进会——北运河旅游通航专题会议在香河县召开。

4 月 8 日　由江苏省委宣传部、江苏省体育局主办的"2021 年大运河系列赛"暨官方网站上线启动仪式在南京市举行。

4 月 8 日　以"绿色城市、健康生活"为主题的 2021 年扬州世界园艺博览会在扬州市仪征枣林湾开幕。

4 月 9 日　济宁市梁山港正式通航,成为领航运河、通江达海、辐射全国的枢纽,开启了济宁内河水运、多式联运、智慧港航事业的新篇章。

4 月 10 日　"中国大运河曲艺文化联盟"在文化古都淮安市成立。

4 月 14 日　江苏省发展改革委、江苏省交通运输厅在南京市联合组织召开了《京杭运河江苏段绿色现代航运综合整治工程初步设计(江北段)》评审会。

4 月 15 日　天津市政府新闻办举行"打造杨柳青大运河国家文化公园"新闻发布会。

4 月 16 日　中国残联党组成员、副理事长相自成率省、市残联相关负责人赴杭州市开展大运河无障碍环境建设公益诉讼专项监督工作调研。

4 月 16 日　扬州市委书记夏心旻主持召开北护城河文化旅游集聚区建设推进会。

4 月 18 日　2021 中国·扬州"烟花三月"国际经贸旅游节开幕式暨重大项目签约仪式在江苏扬州运河大剧院举行。

4 月 19 日　沧州市委书记王景武赴大运河(青县段)调研检查。

4 月 22 日　由世界运河历史文化城市合作组织(WCCO)与扬州报业传媒集团联袂组建的"大运河传媒"在北京市成立。

4月25日 苏州市"运河十景"之一的高新区浒墅关古镇项目正式开工。

4月26日 扬州市市长张宝娟专题督查推进扬州中国大运河博物馆开馆筹备工作。

4月28日 山东省文化和旅游厅出台《关于推进黄河流域、大运河沿线非物质文化遗产保护传承弘扬的意见》。

4月28日 浙江省发展改革委、浙江省交通运输厅在杭州市联合主持召开了杭甬运河新坝二线船闸工程初步设计审查会议。

4月28日 浙江省发展改革委举行新闻通气会,发布《大运河诗路建设、钱塘江诗路建设、瓯江山水诗路建设三年行动计划(2021—2023)》。

4月 大运河智库发布《"十四五"时期北京大运河文化保护传承利用总趋势》报告。

5月

5月4日 沧州市市长梅世彤带领运河区、市大运河办、市大运河集团相关负责同志,就大运河文化带建设工作进行督导检查。

5月5日 淮安市市长陈之常赴盱眙县调研大运河"百里画廊"洪泽湖南部区域规划建设情况。

5月10日 山东省委副书记、省长李干杰主持召开省政府常务会议,研究大运河(山东段)文化和旅游融合发展、县域经济高质量发展差异化评价、最低工资标准和企业工资指导线调整等工作。

5月11日 江苏省文化和旅游厅党组书记、厅长杨志纯赴扬州市调研扬州中国大运河博物馆开馆筹备工作等情况。

5月14日 邢台市委办、市政府办印发《邢台市大运河文化保护传承利用实施规划》。

5月18日 2021年度浙江省大运河文化保护传承利用暨国家文化公园建设工作专家咨询委员会第一次会议在杭州市召开。

5 月 18 日 江苏省委常委、宣传部部长张爱军调研扬州中国大运河博物馆开馆筹备工作。

5 月 18 日 2021 世界运河古镇合作机制会议在扬州市开幕。

5 月 18 日 由商务部与河北省政府共同主办的 2021 年中国·廊坊国际经济贸易洽谈会，在河北廊坊丝绸之路国际文化交流中心举行。

5 月 24 日 德州市政协召开"运河德州段整体保护开发"深度调研碰头会。

5 月 24 日 淮安市召开 2021 年"文化和自然遗产日"江苏省非遗系列活动暨第四届中国（淮安）大运河文化带城市非遗展筹备会。

5 月 25 日 宁波市委办公厅、市政府办公厅联合印发《大运河（宁波段）文化保护传承利用实施规划》。

5 月 27 日 江苏省交通运输厅副厅长丁峰一行赴扬州市，调研京杭运河施桥船闸至长江口门段航道整治工程品质工程建设情况。

5 月 28 日 2021 年"文化和自然遗产日"江苏省非遗系列活动暨第四届中国（淮安）大运河城市非遗展正式揭幕。

5 月 28 日 大运河国家文化公园建设现场会暨第三次文化保护传承利用工作省部际联席会议在杭州市召开。

5 月 山东省文化和旅游厅出台《关于推进黄河流域 大运河沿线非物质文化遗产保护传承弘扬的意见》。

5 月 江苏省印发《江苏省大运河文化旅游融合发展规划》。

6 月

6 月 1 日 北京市文物局与中国艺术研究院共建的大运河文化研究中心成立。

6 月 1 日 德州市政协主席、党组书记翟长生率调研组，赴河北省沧州市调研大运河文化带建设工作。

6 月 3 日 江苏省大运河文化带建设工作领导小组举行全体会议。

6月3日 京杭运河运行调度与监测系统建设工作调研会在连云港市召开。

6月5日 扬州中国大运河博物馆工程顺利通过竣工验收。

6月8日 河北省委书记、省人大常委会主任王东峰在沧州市调研检查大运河文化带建设情况。

6月10日 河南省委常委、常务副省长周霁主持召开省大运河文化保护传承利用暨大运河国家文化公园建设领导小组会议。

6月10日 浙江省交通运输厅副厅长胡嘉临率厅法规处一行赴杭州市港航行政执法队检查指导基层站所规范化建设和执法领域突出问题整治工作。

6月11日 扬州市委书记夏心旻赴运河三湾片区检查大运河博物馆开馆筹备工作。

6月15日 江苏省文旅厅和扬州市政府共同签署《扬州中国大运河博物馆共建合作协议》。

6月16日 坐落于扬州市运河三湾文化生态公园的扬州中国大运河博物馆正式开馆。

6月18~21日 沧州市委书记王景武,市委副书记、市长梅世彤等领导就大运河文化带建设工作在市区调研检查。

6月22日 "百年红色印记 千年运河文化"首届浙江大运河世界文化遗产宣传周活动在杭州市开幕。

6月24日 第三届大运河文化旅游博览会文旅精品展专题部署会在苏州国际博览中心召开。

6月26日 大运河北京段全线游船正式通航,市民游客可乘船沿北运河领略40公里优美水域景观。

6月 邢台市交通局印发《〈邢台市大运河文化保护传承利用实施规划-交通体系建设专项规划〉实施方案》。

6月 江苏省印发《江苏省大运河现代航运建设发展规划》《江苏省大运河河道水系治理管护规划》《江苏省大运河生态环境保护修复规划》《江苏省大运河文化价值阐释弘扬规划》。

7 月

7 月 8 日　淮安市发展改革委正式批复，同意实施淮安市里运河文化长廊"四行"系统提升项目（大运河国家文化公园淮安段）。

7 月 11 日　由中国地理信息产业协会大运河工作委员会、中国网议库研究室、中国网大运河频道主办，聊城大学运河学研究院、首都师范大学北京文化带研究院、水资源安全北京实验室承办的"2021 年大运河文化带建设专题研讨会"在聊城市召开。

7 月 13~14 日　国家发展改革委区域开放司司长徐建平率调研组赴扬州市调研长江经济带上共建"一带一路"支点建设情况。

7 月 14 日　洛阳市委副书记、代市长徐衣显主持召开市政府第八十七次常务会议，研究大运河文化保护传承利用、应急管理、全国生态文明建设示范市创建等工作。

7 月 15 日　淮安市自然资源和规划局发布了《淮安历史文化名城保护规划（2020—2035 年）公示》。

7 月 15~16 日　第十一届京杭大运河美食节暨第七届中国渔家文化艺术节在运河之都济宁市开幕。

7 月 18 日　中国扬州运河大剧院正式启用。

7 月 18~24 日　山东省文化和旅游厅组织开展了全省黄河流域、大运河沿线非遗寻访调研活动。

7 月 19 日　国家发展改革委牵头会同相关部门编制的《大运河文化保护传承利用"十四五"实施方案》正式对外发布。

7 月 20 日　中共苏州市委召开党外人士专题调研协商座谈会，围绕打造"运河十景"和做好古城保护与更新两个重点课题，听取意见建议。

7 月 21 日　浙江省人大常委会副主任、省级河长史济锡到京杭运河桐乡段巡河，并主持召开巡河座谈会。

7 月 22 日　扬州市政协召开主席会议，就"加快运河旅游产业发展，建设文化旅游名城"议题开展专题协商。

7月25日　山东省黄河、大运河非遗寻访调研、非遗课题成果汇报暨非遗传承人群研培交流活动在聊城大学举办。

7月27~28日　新万福河复航工程质量核验会议在菏泽市召开。

7月27~29日　山东省第七届运河论坛在微山县顺利召开。

7月28日　"运河明珠，魅力荷都"首届微山湖运河文化节暨第二十八届荷花节在济宁市微山县开幕。

7月29日　"千年运河·齐鲁华章"——大运河国家文化公园文旅融合集中宣传活动在聊城中国运河文化博物馆正式拉开序幕。

7月29日　由《中国青年报》、中国文化管理协会等共同发起的"千年大运河·文脉颂中华"公益直播活动在北京通州大运河畔正式启动。

7月31日　京杭运河湖西航道（二级坝-苏鲁界）改造工程交工验收会召开。

7月　国家发展改革委会同相关部门编制了《大运河文化保护传承利用"十四五"实施方案》，经大运河文化保护传承利用工作省部际联席会议审议通过，正式印发。

7月　由洛阳市文物局、洛阳市文物勘探中心和洛阳丝绸之路与大运河研究会联合编纂的《隋唐大运河洛阳段词条释读》出版发行。

8月

8月4日　杭州市副市长缪承潮一行到杭州市建德市梅城古镇项目建设现场，实地调研梅城美丽城镇建设工作。

8月6日　大运河国家文化公园（枣庄段）建设指挥部全体成员会议召开。

8月6日　浙江省发展改革委等部门印发《浙江省大运河核心监控区建设项目准入负面清单（试行）》。

8月8日　临清市委书记刘培国调研运河文化保护传承工作，详细了解遗址保护和运河文化传承情况。

8月11日 隋唐大运河文化博物馆主体实现封顶。

8月12日 无锡市召开市大运河文化带建设工作领导小组全体会议。

8月12日 淮安市委副书记张国梁赴清江浦区调研大运河"百里画廊"规划建设情况。

8月14日 无锡市委书记杜小刚专题调研梁溪河、京杭大运河。

8月17日 徐州市船舶碰撞桥梁隐患专项治理领导小组联合京杭运河苏北航务管理处等部门，组织制定了《京杭运河桥梁标志标牌及防撞设施设置指南》。

8月17日 淮安市清江浦区委书记朱海波专题调研推进大运河文化带建设暨社会治理工作。

8月17日 淮安市委书记陈之常率队赴淮安区调研指导高质量发展工作，详细了解淮安区经济社会发展、基层党建、乡村振兴、社会治理、大运河文化带建设等情况。

8月18日 《大运河德州段保护利用总体规划编制流程工作方案》汇报会召开。

8月23日 无锡市滨湖区召开区大运河文化带建设工作领导小组全体会议。

8月24日 天津市西青区召开杨柳青大运河国家文化公园建设领导小组会议，进一步完善方案核心内容，推动项目尽快落地。

8月24日 嘉兴市政协副主席马玉华一行赴嘉兴市文化广电旅游局开展主席会议专题研讨。

8月25日 济宁市港航融合发展工作专班调度会议暨工作专班第一次全体会议召开。

8月26日 京杭运河江苏省交通运输厅苏北航务管理处处长金坚良赴徐州市商讨京杭运河徐州段绿色现代航运综合整治工程建设事宜。

8月27日 天津市市长廖国勋主持召开市政府第161次常务会议，研究天津市大运河文化保护传承利用工作。

8月　国家文化公园建设工作领导小组印发《长城国家文化公园建设保护规划》《大运河国家文化公园建设保护规划》《长征国家文化公园建设保护规划》，要求各相关部门和沿线省份结合实际抓好贯彻落实。

9月

9月1~3日　江苏省委书记娄勤俭在大运河苏南段考察调研。

9月2日　2021年中国国际服务贸易交易会在北京市开幕。

9月4日　宿迁市宿豫区委书记殷其国主持召开大运河文化带重点项目建设工作推进会。

9月4日、9月6日　淮安市举行大运河文化带重点项目拉练暨大运河"百里画廊"建设动员会。

9月6日　中国大运河（杭州段）世界遗产党建联盟成立，并召开第一次全体成员大会。

9月7日　苏州市委常委、宣传部部长金洁，副市长王飏赴保护区、姑苏区，就"江南文化"品牌建设工作进行专题调研。

9月8日　山东社会科学院临清运河研究院揭牌仪式在山东省临清市举行。

9月8日　"天下开港——宁波的港与城"特展在中国港口博物馆临展厅揭幕。

9月9日　德州市政协主席、大运河保护利用指挥部指挥长翟长生带队到德城区开展运河沿线工业遗存旧址设施情况调研。

9月9日　镇江市副市长胡宗元赴丹徒闸调研古运河水环境改善工作。

9月9日　拱墅区运河文化红盟在中国京杭大运河博物馆正式成立。

9月10日上午　扬州市第八届人大常委会召开第78次主任会议，听取了市政府关于扬州市大运河文化遗产保护情况的汇报和市人大常委会教科文卫工委关于扬州市大运河文化遗产保护情况的调研报告。

9月11日　淮北市文化旅游体育局在市博物馆举办了大运河文化保护

传承利用调研暨《大运河文化辞典·安徽卷》专家座谈会。

9月13日 作为"通州堰"分洪体系的重要组成部分，温榆河综合治理工程全部完工。

9月14日 河北省委书记、省人大常委会主任王东峰在廊坊市调研检查。

9月14日 大运河保护利用指挥部组织中国建筑设计院规划团队与德州市地域文化专家对接座谈。

9月14~15日 国家发展改革委评估督导司综合处处长李东和河南省发展改革委二级巡视员孙丽珠赴洛阳市调研重大政策和重大工程项目有效实施"抓落实"情况和大运河国家文化公园重大项目规划建设情况。

9月16日 苏南运河常州段三级航道整治工程通过竣工环境保护验收。

9月16日 由江苏省交通运输厅组织的"沿着运河看江苏"主题宣传活动在苏州市启动。

9月20日 大运河吴桥段9个运河驿站全部建设完工，驿站由南向北依次为：燕赵风情园、摆渡慈航、良店水驿、御河扬帆、戌漕军屯、安陵古郡、赵家茶棚、莫场星火、禅林殊缘。

9月22~25日 第三届大运河文化旅游博览会在苏州市举办。

9月24日 杭州市上城区、拱墅区、余杭区、临平区治水办共同签署了《京杭运河流域共治协议书》。

9月25日 德州市首个以运河漕仓文化为主要展示内容的村级展览馆——德州运河漕仓文化展馆正式开馆。

9月27~28日 2021年廊坊市文化旅游产业发展大会在香河县召开。

9月28日 京杭大运河江苏段绿色现代航运综合整治高邮先导段工程开工。

9月28日 江苏省委常委、宣传部部长张爱军带领省发展改革委、省水利厅、省文旅厅等省直相关部门负责人赴宿迁市调研推进大运河国家文化公园重大项目建设。

9月28日 2021中国·宿迁绿色产业洽谈会开幕式暨投资环境说明会

在宿迁国际会展中心举行。

9月30日　非遗传承·国潮来袭——第五届山东文化和旅游惠民消费季"运河国潮文化周"在临清市宛园景区开幕。

9月　天津市大运河文化保护传承利用领导小组印发《天津市北运河适宜河段旅游通航实施方案》。

9月　济宁市人民政府印发《〈关于加快推进济宁内河水运高质量发展的意见〉的通知》，明确了加快推进济宁内河水运高质量发展的重点任务。

9月　河南省文物局、发展改革委联合印发《河南省大运河文化遗产保护传承规划》。

10月

10月8日　2021年扬州世界园艺博览会正式落下帷幕。

10月9日　2021北京（国际）运河文化节开幕。

10月9日　以"游运河行大运"为主题的2021北京（国际）运河文化节开幕。

10月9日　"世界运河文化对话会"在北京城市副中心通州区举办。

10月9日　2021年沧州市旅游产业发展大会开幕式在沧州国际会议中心举行。

10月9日　由北京市委宣传部、中国新闻社主办的2021北京（国际）运河文化节在通州区大运河森林公园漕运码头开幕。

10月9日　苏南运河常州段荷园里—西口门段航道疏浚工程通过竣（交）工验收。

10月9日　北京市印发实施《北京市大运河国家文化公园建设保护规划》。

10月13日　2021年长三角水上运动节暨京杭大运河（杭州）运动·文旅嘉年华新闻发布会在杭州市召开。

10月14日　中国南水北调集团有限公司党组书记、董事长蒋旭光一行赴扬州市调研南水北调东线工程。

10月15日 江苏省人民政府办公厅印发《江苏省"十四五"文化和旅游发展规划》。

10月18日 江苏省政协副主席姚晓东率领调研组，赴镇江市调研大运河文化带建设工作。

10月18日 淮安市淮安区委书记张笑带领相关部门负责人调研推进大运河文化带"百里画廊"建设。

10月19日 淮安市委副书记赵正兰一行赴淮河入海水道大运河立交、大运河里运河城区段市管水利设施景观提升工程等地检查指导工作。

10月19日 文化和旅游部人事司司长汪志刚一行赴拱墅区调研大运河国家文化公园建设情况。

10月20~24日 2021第八届中国大运河庙会在京杭大运河杭州景区举办。

10月22日 2021中国大运河文化带京杭对话在杭州市开幕。

10月22~24日 2021中国大运河非遗旅游大会在无锡市举办。

10月25日 淮安市委副书记、代市长史志军率队调研古淮河绿道工程建设工作。

10月25日下午 世界运河历史文化城市合作组织（WCCO）、扬州市职业大学（YPC）和印度尼西亚教育大学（UPI）三方在扬州市中国联通大厦国际会议厅召开世界运河文化项目论证暨合作研讨会。

10月27日 国家文化公园建设工作领导小组印发《大运河国家文化公园建设保护规划》。

10月28日 第四届中国（淮安）国际食品博览会开幕。

10月28~29日 浙江省交通工程管理中心在嘉兴市组织召开京杭运河浙江段三级航道整治工程嘉兴段思古大桥、九里亭桥交工质量鉴定会。

10月29日 "水韵江苏·有你会更美"文旅消费推广第一季成果发布暨第二季启动仪式在镇江市举行。

10月29日 菏泽市万丰港正式开港。万丰港位置优越，位于新万福河航道一期工程最西端，属综合性码头，水运业务可通过京杭运河直达长三角地区。

10月30日 沧州市委书记康彦民，市委副书记、市长向辉就大运河文化带和园博园建设到中心城区调研检查。

10月30日 大型系列纪录片《运河百家》在第十届杭州世界文化遗产国际会议暨2021历史城市景观保护联盟年会上举行首发仪式。

10月 按照中办、国办印发的《长城、大运河、长征国家文化公园建设方案》要求，国家文化公园建设工作领导小组印发了《大运河国家文化公园建设保护规划》。

11月

11月1日 山东省政府新闻办召开"全面小康 奋进山东"主题系列新闻发布会济宁专场，济宁市委副书记、市长于永生表示，济宁持续放大"黄金水道"优势，组建了济宁港航集团，全力打造全国一流内河航运体系，努力建设中国北方内河航运中心。

11月2日 徐州市委常委、宣传部部长李淑侠带队调研徐州大运河文化集中展示带建设情况并召开座谈会。

11月2日 苏北运河绿色航运示范区建设标志标牌及航标工程顺利竣工并通过验收。

11月3日 衡水市委常委、常务副市长王伟就大运河文化带建设工作赴故城县调研。

11月3日 无锡市江南运河文化公园正式启动并举行开工仪式。

11月5~6日 全国政协农业和农村委员会副主任薛延忠率住晋全国政协委员一行赴扬州市，就"大运河文化带建设"情况开展专题调研。

11月5日 大运河文化带建设研究院盐城分院成立大会暨第三届大运河文化带建设智库峰会在盐城市举办。

11月7日 2021台儿庄区文旅产业升级发展暨大运河国家文化公园建

设推进大会在台儿庄古城召开。

11 月 7 日 无锡市代市长赵建军专题调研梁溪河整治提升工作并开展巡河。

11 月 8 日 联合国教科文组织官网宣布淮安市成功申创"世界美食之都"。

11 月 9 日 徐州市委常委、宣传部部长李淑侠赴新沂市调研大运河国家文化公园重大项目建设情况。

11 月 10 日 江苏省社科联与扬州大学共同主办的"长江文化与大运河文化高层论坛"在扬州市召开。

11 月 11 日 德州市大运河保护利用指挥部开展运河沿线实物资产注入工作现场调研，德州市政协主席翟长生，副市长马俊昀带队调研。

11 月 11 日 湖州市德清县委副书记、县长王波专题调研水运交通和运河相关工作。

11 月 12 日 浙江省交通运输厅党组成员、副厅长、一级巡视员夏炳荣现场调研京杭运河二通道项目，实地踏勘了新开挖航道、八堡船闸的关键节点。

11 月 15 日 中国民间组织国际交流促进会举办的第六届中非民间论坛开幕会在中共中央对外联络部举行。

11 月 15 日 沧州市委书记康彦民主持召开沧州市委专题会议，听取沧州市中心城区大运河生态廊道项目设计优化方案及南川楼文化街区整体规划、运营方案汇报，就相关工作进行研究部署。

11 月 15 日 扬州市委书记张宝娟主持召开 2021 年世界运河城市论坛专题协调会。

11 月 16 日 济宁市召开港产融合发展工作现场办公会，调度建设进展情况，明确工作重点，研究解决堵点卡点问题，加快打造港产融合发展新高地。

11 月 17 日 京杭运河江苏段绿色现代航运综合整治工程（江南段）镇江段工程指挥部正式成立。

11 月 17 日 苏州市副市长、江南运河市级河长吴晓东带队赴吴江区，就河段的河道环境及水质、运河文化带建设等情况进行现场调研。

11 月 18 日 江苏省交通运输厅港航事业发展中心主任陈胜武带队赴宿连航道中交一航局军屯河枢纽项目调研指导。

11 月 19 日 江苏省水利厅专家组赴瓜洲泵站开展扬州市瓜洲枢纽国家水利风景区复核工作。

11 月 23 日 廊坊市召开北三县城乡环境综合整治提升暨北运河旅游通航工作观摩推进会议。

11 月 23 日 河南省新乡市辉县市自然资源和规划局组织召开《大运河新乡段核心监控区国土空间管控细则》工作座谈会。

11 月 24 日 衡水市政协副主席王成宗带领调研组到故城县、景县，就大运河文化保护利用和董子文化传承进行专题实地调研。

11 月 24 日 新台高速韩庄运河特大桥顺利实现合龙。

11 月 30 日 江苏省委副书记、代省长许昆林主持召开省大运河文化旅游发展基金管委会第三次会议。

11 月 《扬州市瓜洲枢纽国家水利风景区总体规划》正式通过专家审核。

11 月 《嘉兴市水运发展"十四五"规划》正式印发。

11 月 位于京冀交界处的北运河杨洼船闸正式开建，2022 年夏天有望实现大运河京冀通航。

11 月 济宁市地方史志研究院编纂的《济宁老商号（工业篇）》出版发行。

12 月

12 月 2 日 湖州市委书记王纲专题调研湖州市文化保护与传承工作。

12 月 4 日 沧州市委书记康彦民主持召开市委专题会议，听取大运河非遗展示中心展陈设计及园博园片区、南川楼片区、中心城区 31 公里生态廊道等工作进展情况汇报，研究部署相关工作。

12 月 7 日 江苏省河长办常务副主任、省水利厅副厅长张劲松率队到宿城区开展河湖长制工作专项督查。

12 月 9 日 德州市委常委、常务副市长刘长民到宁津县开展漳卫南运河德州段四季度巡河巡林活动。

12 月 10 日 水利部在大运河沿线 28 个城市同时开展"关爱山川河流·保护大运河"全线联动志愿服务活动。

12 月 15 日 世界运河历史文化城市合作组织（WCCO）秘书处与聊城大学运河学研究院召开编委会视频会议。"中国大运河蓝皮书"主编、烟台大学教授吴欣，聊城大学运河学研究院副院长郑民德等参加视频会议。

12 月 18 日 聊城市古韵运河经济文化研究中心成立暨第一届一次会员代表大会在聊城市阿尔卡迪亚酒店召开。

12 月 19 日 大运河研究中心揭牌仪式在河海大学商学院举行，与会国内政界、学术界、企业界的嘉宾、代表共同围绕"运河文化"开展深入探讨。

12 月 19 日 "水韵江苏——大运河生态文明建设摄影精品图片展（常州溧阳站）"在溧阳市文化馆开幕。

12 月 22 日 河南省文物局局长田凯赴商丘市调研文物保护展示利用工作，就隋唐大运河商丘南关码头遗址展示、宋国故城考古、商丘古城保护利用等提出指导意见。

12 月 22 日上午 常州市委常委、宣传部部长、市委秘书长、苏南运河市级河长杭勇带领有关部门负责人，开展苏南运河巡河督查活动。

12 月 23 日 山东省文化和旅游厅、泰安市人民政府主办的"河和之契：2021 黄河流域、大运河沿线非物质文化遗产交流展示周"在泰安市举办。

12 月 23 日 无锡市港航事业发展中心组织召开苏南运河无锡城区段航道疏浚工程（二期）、惠山段航道疏浚工程（二期）竣工验收会议。

12 月 24 日 "运河情·江南韵"大运河民族音乐文化传承展示周在苏州民族管弦乐团音乐厅广场拉开序幕。

12 月 28 日 江苏省文投集团承担的大运河国家文化公园数字云平台

（一期）通过评审。

12 月 29 日　通扬线南通市区段（通枡线—幸福竖河段）航道整治工程航道工程顺利通过交工验收。

12 月 29 日　北京市通州区文化和旅游局主办的运河嘉年华系列活动在通州区文化馆正式启动。

12 月 30 日　德州市发展改革委正式印发《德州市大运河文化保护传承利用实施方案》。

12 月　《大运河（天津段）沿岸乡村产业发展规划》发布。

12 月　河南省印发《河南省大运河文化和旅游融合发展规划》。

图书在版编目（CIP）数据

中国大运河年鉴.2022 / 丁延峰主编；周广骞，胡
梦飞副主编 . --北京：社会科学文献出版社，2022.10
　ISBN 978-7-5228-0533-7

　Ⅰ.①中… Ⅱ.①丁… ②周… ③胡… Ⅲ.①大运河
-中国-年鉴-2022　Ⅳ.①K928.42-54

　中国版本图书馆 CIP 数据核字（2022）第 143147 号

中国大运河年鉴 2022

主　　　编 / 丁延峰
副 主 编 / 周广骞　胡梦飞

出 版 人 / 王利民
组稿编辑 / 宋月华
责任编辑 / 韩莹莹
文稿编辑 / 李惠惠
责任印制 / 王京美

出　　　版 / 社会科学文献出版社 · 人文分社（010）59367215
　　　　　　地址：北京市北三环中路甲 29 号院华龙大厦　邮编：100029
　　　　　　网址：www.ssap.com.cn
发　　　行 / 社会科学文献出版社（010）59367028
印　　　装 / 三河市东方印刷有限公司

规　　　格 / 开 本：787mm×1092mm　1/16
　　　　　　印 张：15.5　字 数：234 千字
版　　　次 / 2022 年 10 月第 1 版　2022 年 10 月第 1 次印刷
书　　　号 / ISBN 978-7-5228-0533-7
定　　　价 / 168.00 元

读者服务电话：4008918866